ENZYKLOPÄDIE
DEUTSCHER
GESCHICHTE
BAND 72

ENZYKLOPÄDIE
DEUTSCHER
GESCHICHTE
BAND 72

HERAUSGEGEBEN VON
LOTHAR GALL

IN VERBINDUNG MIT
PETER BLICKLE
ELISABETH FEHRENBACH
JOHANNES FRIED
KLAUS HILDEBRAND
KARL HEINRICH KAUFHOLD
HORST MÖLLER
OTTO GERHARD OEXLE
KLAUS TENFELDE

ADEL, MINISTERIALITÄT UND RITTERTUM IM MITTELALTER

VON
WERNER HECHBERGER

2. AUFLAGE

R. OLDENBOURG VERLAG
MÜNCHEN 2010

Bibliografische Information der Deutschen Nationalbibliothek
Die Deutsche Nationalbibliothek verzeichnet diese Publikation in der
Deutschen Nationalbibliografie; detaillierte bibliografische Daten sind im
Internet über <http://dnb.d-nb.de> abrufbar.

© 2010 Oldenbourg Wissenschaftsverlag GmbH, München
Rosenheimer Straße 145, D-81671 München
Internet: oldenbourg.de

Das Werk einschließlich aller Abbildungen ist urheberrechtlich geschützt. Jede
Verwertung außerhalb der Grenzen des Urheberrechtsgesetzes ist ohne Zustimmung des Verlages unzulässig und strafbar. Das gilt insbesondere für Vervielfältigungen, Übersetzungen, Mikroverfilmungen und die Einspeicherung und Bearbeitung in elektronischen Systemen.

Umschlaggestaltung: Dieter Vollendorf
Umschlagabbildung: Rex facit Rud[olfum] duce[m] Bauw[arie] et multos milites, qui pugnant ou prey Noiron. Der König erhebt Rudolf, den Herzog von Bayern, und viele andere, die auf der Wiese von Noiron kämpften, in den Ritterstand. Trierer Bilderhandschrift, Landeshauptarchiv Koblenz

Gedruckt auf säurefreiem, alterungsbeständigem Papier (chlorfrei gebleicht)
Gesamtherstellung: R. Oldenbourg Graphische Betriebe Druckerei GmbH,
München

ISBN 3-486-59758-5 (brosch.)

Vorwort

Die „Enzyklopädie deutscher Geschichte" soll für die Benutzer – Fachhistoriker, Studenten, Geschichtslehrer, Vertreter benachbarter Disziplinen und interessierte Laien – ein Arbeitsinstrument sein, mit dessen Hilfe sie sich rasch und zuverlässig über den gegenwärtigen Stand unserer Kenntnisse und der Forschung in den verschiedenen Bereichen der deutschen Geschichte informieren können.
Geschichte wird dabei in einem umfassenden Sinne verstanden: Der Geschichte der Gesellschaft, der Wirtschaft, des Staates in seinen inneren und äußeren Verhältnissen wird ebenso ein großes Gewicht beigemessen wie der Geschichte der Religion und der Kirche, der Kultur, der Lebenswelten und der Mentalitäten.
Dieses umfassende Verständnis von Geschichte muss immer wieder Prozesse und Tendenzen einbeziehen, die säkularer Natur sind, nationale und einzelstaatliche Grenzen übergreifen. Ihm entspricht eine eher pragmatische Bestimmung des Begriffs „deutsche Geschichte". Sie orientiert sich sehr bewusst an der jeweiligen zeitgenössischen Auffassung und Definition des Begriffs und sucht ihn von daher zugleich von programmatischen Rückprojektionen zu entlasten, die seine Verwendung in den letzten anderthalb Jahrhunderten immer wieder begleiteten. Was damit an Unschärfen und Problemen, vor allem hinsichtlich des diachronen Vergleichs, verbunden ist, steht in keinem Verhältnis zu den Schwierigkeiten, die sich bei dem Versuch einer zeitübergreifenden Festlegung ergäben, die stets nur mehr oder weniger willkürlicher Art sein könnte. Das heißt freilich nicht, dass der Begriff „deutsche Geschichte" unreflektiert gebraucht werden kann. Eine der Aufgaben der einzelnen Bände ist es vielmehr, den Bereich der Darstellung auch geographisch jeweils genau zu bestimmen.
Das Gesamtwerk wird am Ende rund hundert Bände umfassen. Sie folgen alle einem gleichen Gliederungsschema und sind mit Blick auf die Konzeption der Reihe und die Bedürfnisse des Benutzers in ihrem Umfang jeweils streng begrenzt. Das zwingt vor allem im darstellenden Teil, der den heutigen Stand unserer Kenntnisse auf knappstem Raum zusammenfasst – ihm schließen sich die Darlegung und Erörterung der Forschungssituation und eine entsprechend gegliederte Auswahlbiblio-

graphie an –, zu starker Konzentration und zur Beschränkung auf die zentralen Vorgänge und Entwicklungen. Besonderes Gewicht ist daneben, unter Betonung des systematischen Zusammenhangs, auf die Abstimmung der einzelnen Bände untereinander, in sachlicher Hinsicht, aber auch im Hinblick auf die übergreifenden Fragestellungen, gelegt worden. Aus dem Gesamtwerk lassen sich so auch immer einzelne, den jeweiligen Benutzer besonders interessierende Serien zusammenstellen. Ungeachtet dessen aber bildet jeder Band eine in sich abgeschlossene Einheit – unter der persönlichen Verantwortung des Autors und in völliger Eigenständigkeit gegenüber den benachbarten und verwandten Bänden, auch was den Zeitpunkt des Erscheinens angeht.

Lothar Gall

Inhalt

Vorwort des Verfassers XI

I. *Enzyklopädischer Überblick* 1
   1. Zur Gesellschaft des Mittelalters 1
   2. Aspekte des Adels 2
   3. Die Zeit der Merowinger 5
   4. Die Zeit der Karolinger 11
   5. Die Auflösung des Karolingerreiches 15
   6. Adel im Hochmittelalter 17
   7. Ministerialität 27
   8. Rittertum 34
   9. Adel im Spätmittelalter 38

II. *Grundprobleme und Tendenzen der Forschung* 57
   1. Adelsforschung: Die mittelalterlichen Wurzeln 57
   2. Adelsforschung als Teil von Rechts- und Verfassungsgeschichte 58
   3. Probleme der Etymologie 62
   4. Die Zeit der Merowinger 63
   5. Die Zeit der Karolinger 69
   6. Die Auflösung des Karolingerreichs und das ostfränkisch-deutsche Früh- und Hochmittelalter (9.–13. Jahrhundert) 72
   7. Der Strukturwandel im Adel (9.–13. Jahrhundert) und die Folgen 74
   8. König und Adel im ostfränkisch-deutschen Reich (10.–13. Jahrhundert) 80
   9. Materielle Grundlagen der Adelsherrschaft 82
   10. Adelsleitbild, Erziehung, Bildung 86
   11. Adel und Kirche im Hochmittelalter 89

12. Ministerialität		91
13. Rittertum		99
14. Das Spätmittelalter		107

III. Quellen und Literatur 119

    0. Handbücher und Lexika 119
    1. Allgemeines 120
    2. Probleme der Sozial- und Verfassungsgeschichte . . . 121
    3. Genealogien, Memoria 122
    4. Die Gesellschaft im Früh- und Hochmittelalter 122
    5. Adel im Frühmittelalter 123
        5.1 Senatorischer Adel, „Militäradel" 123
        5.2 Merowingerzeit 123
        5.3 „Adelsheil", „Adelsheiliger" 124
        5.4 Archäologie 125
        5.5 Karolingerzeit 125
        5.6 Principes, Duces, Comites 126
        5.7 Adel in anderen gentes 126
    6. Lehnswesen 127
    7. Zeitgenössische Gesellschaftstheorie 127
    8. Hochmittelalter 128
        8.1 Adel und Königtum 128
        8.2 Die ottonisch-salische Reichskirche 129
        8.3 Reichsfürstenstand, Heerschildordnung,
            Kurfürsten 129
        8.4 Einzelne Räume 130
        8.5 Adelsburgen 131
        8.6 Wappen 131
    9. Familienstruktur und adliges Selbstverständnis 131
   10. Namengebung 133
   11. Leitbilder und Wertvorstellungen 133
   12. Erziehung, Bildung 134
   13. Grundherrschaft und Lehnsbesitz 136
   14. Adel und Kirche im Hoch- und Spätmittelalter 138
   15. Ministerialität 140
       15.1 Allgemeines 140
       15.2 Reichsministerialität 140
       15.3 Reichsklöster 140

15.4 Einzelne Räume	141
15.5 Ministerialität und Stadt	141
15.6 Niederer Adel und Stadt	142
15.7 Ministerialität und höfische Literatur	143
16. Rittertum	143
16.1 Allgemeines	143
16.2 Schwertleite und Ritterschlag	145
16.3 Höfische Kultur	145
16.4 Ritterorden	145
17. Spätmittelalter	145
17.1 Allgemeines	145
17.2 Landesherrschaft und Landstände, Höfe und Residenzen	146
17.3 Standeserhebungen, Briefadel, Wappenbriefe	147
17.4 Adelsgruppen, Adelsfamilien	148
17.5 Adelsgesellschaften, Reichsritterschaft	149
17.6 „Adelskrise" des Spätmittelalters	150
17.7 Fehden und „Raubrittertum"	151
17.8 Kriegswesen	151
Register	153
1. Personen und Autoren	153
2. Orte, Länder und Regionen	159
3. Sachen	160
Themen und Autoren	165

Vorwort des Verfassers

Es dürfte nur wenige Bereiche der modernen Mediävistik geben, die nicht in irgendeiner Form mit den Themen „Adel, Ministerialität und Rittertum" in Beziehung stehen. Angesichts des Zwangs, im Rahmen der Vorgaben dieser Reihe einen bestimmten Umfang nicht zu überschreiten, ergaben sich für den Autor daher vor allem zwei Aufgaben: auszuwählen und wegzulassen. Diese Anforderungen zu erfüllen erwies sich als überaus schwierig. Nicht eben wenige Gesichtspunkte und – vor allem – Arbeiten, die zweifellos auch zur modernen Adelsforschung beigetragen haben, fanden in diesem Band keine Erwähnung. Es liegt demnach auf der Hand, dass in diesem Rahmen keine erschöpfende Abhandlung des Themas vorgenommen werden konnte; vielmehr galt es, sich auf wesentliche Aspekte und auf die Grundlinien der damit verbundenen Forschungsgeschichte zu beschränken. Dass diese Verfahrensweise ein subjektives Element beinhaltet, ist ebenso selbstverständlich wie unvermeidlich.

Zu danken habe ich für wertvolle Hinweise und Korrekturen Herrn Prof. Dr. Otto Gerhard Oexle und Herrn Prof. Dr. Lothar Gall. Herr Prof. Dr. Egon Boshof, Herr Dr. Johann Englberger und Herr Dr. Bernhard Löffler haben mir nach ihrer Lektüre des Manuskripts wichtige Ratschläge gegeben. Frau Gabriele Jaroschka vom Oldenbourg Verlag machte sich um die formale Gestaltung verdient. Der größte Dank gebührt aber Frau Andrea Buchmann, die über einen Zeitraum von mehreren Jahren hinweg meine Klagen ertragen musste. Ihr sei dieses Buch daher gewidmet.

I. Enzyklopädischer Überblick

1. Zur Gesellschaft des Mittelalters

Die mittelalterliche Gesellschaft war geprägt durch soziale und rechtliche Ungleichheit, die bereits durch die Geburt begründet wurde. Aus heutiger Sicht fallen besonders die verschiedenen Abstufungen von Freiheit bzw. Unfreiheit und die Existenz des Adels ins Auge: Sie zeigen deutlich unterschiedliche Ausprägungen der Herrschaft von Menschen über Menschen. I. Allg. wurde dies offenbar akzeptiert. Zeitgenössische metaphysisch-religiös begründete Gesellschaftsmodelle propagieren (funktionale) „Harmonie in der Ungleichheit" und zeichnen das Bild einer im Wesentlichen statischen Ordnung, die auf gottgewollter Verschiedenheit der Menschen beruhte.

Soziale und rechtliche Ungleichheit

Dennoch wurde Ungleichheit zu keiner Zeit als völlig selbstverständlich hingenommen. Christliches Gedankengut (etwa der Verweis auf den Sündenfall, die Ermordung Abels durch Kain oder den Fluch Noahs über seinen Sohn Ham bzw. dessen Sohn Kanaan) konnte zwar durchaus zur Legitimation von gesellschaftlichen Unterschieden herangezogen werden, doch war insbesondere das allgemeine christliche Gleichheitsgebot während des gesamten Mittelalters immer wieder Ausgangspunkt für alternative Entwürfe menschlichen Zusammenlebens und für Kritik an Vorrechten wie an sozialen Hierarchien. Radikale Stimmen, die sozialrevolutionäre Forderungen formulierten, wurden allerdings offenbar erst am Ende des Mittelalters laut und blieben vereinzelt.

Rechtfertigung und Kritik

Schwer zu rechtfertigen war zunächst das Phänomen der Unfreiheit; manchmal traf aber auch die hervorgehobene Stellung des Adels auf Ablehnung. Implizite oder (seltener) explizite Kritik kam aus Kreisen des Mönchtums, dessen Grundidee auch darin bestand, eine auf brüderlicher Gemeinschaft basierende Lebensform im Kloster zu realisieren. Antikisierende Ideen vom Tugendadel wurden christlich umgeformt und dienten dazu, ein bestimmtes Verhalten einzufordern; im Spätmittelalter diskutierte, (früh)humanistische Vorstellungen über das Wesen des Adels propagierten alternative Kriterien für soziale Wertschätzung.

Soziale Mobilität Selbstverständlich war auch die Gesellschaft selbst nicht statisch. Sozialen Wandel und vertikale Mobilität gab es, sie wurden von den Zeitgenossen wahrgenommen und gedanklich „verarbeitet". Steile Einzelkarrieren als Ausdruck sozialen Aufstiegs sind zu allen Zeiten festzustellen, sie blieben insgesamt aber eher selten und waren fast immer Gegenstand zeitgenössischer Kritik. Intergenerationenmobilität (Aufstieg oder Abstieg von Familien im Laufe mehrerer Generationen) ist ebenfalls nachweisbar, in manchen Zeiten – soweit erkennbar – sogar in größerem Umfang. Die mittelalterliche Gesellschaft war damit ebensowenig statisch wie das zeitgenössische Denken über Gesellschaft. Gerade die Geschichte des Adels verdeutlicht dies.

2. Aspekte des Adels

Probleme der Definition Adel ist also ein historisches und demnach auch ein sich veränderndes Phänomen. Dies wirft für die Forschung Definitionsprobleme auf, die durch weitere Schwierigkeiten verkompliziert werden: Nur auf einer sehr abstrakten Ebene kann man von „einer" mittelalterlichen Gesellschaft sprechen. Zudem beruht die heute übliche Unterscheidung zwischen „Staat" und „Gesellschaft" auf Entwicklungen der Neuzeit und ergibt für das Mittelalter wenig Sinn. Adel ist nicht nur ein soziales Phänomen. Dies zeigt sich in der Forschungspraxis daran, dass viele und höchst verschiedene Aspekte mit dem Thema verknüpft werden. Zu genealogischen Fragestellungen traten früh ständegeschichtliche Ansätze; im Rahmen rechts- und verfassungsgeschichtlicher Theorien wurden dann allgemein politik- und sozialgeschichtliche Aspekte hervorgehoben. Jüngeren Datums sind mentalitäts- und kulturgeschichtliche Fragestellungen sowie eine sozialanthropologische Betrachtungsweise.

nobilis und edel Für die Zeitgenossen kennzeichnen der (steigerungsfähige) Begriff *nobilis* oder der Begriff *edel* – wenn sie in einem sozial gemeinten Sinn verwendet werden – einen gesellschaftlichen Vorrang, der insbesondere durch die Herkunft begründet wird. Dieser Vorrang beruht also zumindest implizit auf dem Glauben an die Vererbung von positiv besetzten Eigenschaften, die bestimmte Verhaltensweisen fordern, durch eine bestimmte Lebensweise demonstriert werden und eine besondere Stellung anderen gegenüber rechtfertigen.

Moderne Definitionskriterien Historiker definieren Adel unterschiedlich, gewöhnlich aber mit Hilfe eines Kriterienbündels. Die beiden grundlegenden Kriterien sind

2. Aspekte des Adels

Herkunft und Grundbesitz; aus beiden Wurzeln lassen sich Herrschaftsrechte über Menschen in allen Bereichen des sozialen Lebens ableiten, wenngleich die Gewichtung in der Sicht der Historiker schwankt. Adel wird als universalhistorisches Phänomen der Vormoderne betrachtet, das zunächst in Agrargesellschaften entstand. Als hypothetischer Ausgangspunkt gilt eine Entwicklungsstufe, in der ein Mehrwert realisiert werden konnte, der zur dauerhaften Freistellung bestimmter Personengruppen von der gewöhnlichen Arbeit verwendet wurde und damit „Abkömmlichkeit" (M. Weber) für bestimmte Funktionen (v. a. religiöse und militärische) erlaubte. Als (wiederum hypothetische) Grundlage der hervorgehobenen Stellung erscheint überdurchschnittlicher Besitz (erlangt durch Akkumulation oder Eroberung), der zum Ausgangspunkt werden konnte für einen gesellschaftlichen, dann vererbbaren und schließlich rechtlichen Vorrang von unterschiedlich strukturierten Familien sowie für durch Geburt erworbene Herrschaftsrechte über Menschen. Die Hervorhebung einer besonderen Abstammung dient als Legitimation, sichert Kontinuität, begründet ein besonderes Traditionsbewusstsein und hat Auswirkungen auf das Heiratsverhalten. Die Folgen sind ein erhöhtes Ansehen sowie eine besondere Mentalität und Lebensweise.

Für Historiker ist Adel also ein Idealtyp. Nicht immer liegen alle Definitionskriterien vor. Da es sich um ein Entwicklungsmodell handelt, kann man unterschiedlicher Auffassung sein, ab welcher Stufe man überhaupt von Adel sprechen soll. Insbesondere für das frühe Mittelalter wurde die Angemessenheit des Begriffs ausführlich diskutiert, da eine erbliche rechtliche Sonderstellung nicht sicher zu erweisen ist. Prinzipiell gibt es zwei Möglichkeiten, dieses Problem zu behandeln und Missverständnisse zu vermeiden: Man wählt einen Ersatzbegriff (am gebräuchlichsten: „Oberschicht" und „Aristokratie") oder verzichtet auf eines oder mehrere dieser Kriterien bei der Definition von „Adel". *Adel als Idealtyp*

In der heute vorherrschenden, wenngleich nicht unumstrittenen Sicht betrachtet man Adel als sozial- und verfassungsgeschichtlichen Typus, der als geistig-mentale Konstruktion mit sozialen Folgen aus der Antike übernommen und in die Neuzeit tradiert wurde. Die Entwicklung des mittelalterlichen Adels erscheint in dieser Perspektive als Veränderungs- und Umformungsprozess. Vorstellungen von *nobilitas* als Tugend- und Wertesystem stammen aus der Antike; biologische Kontinuitäten werden mindestens seit der Merowingerzeit angenommen, wenngleich sie nicht für einzelne Familien zu erweisen sind. Spätestens seit der Karolingerzeit kann von einem Adel als (heterogener) *Adel als mentale Konstruktion* gesellschaftlicher Oberschicht gesprochen werden. Als soziale Kategorie war der Adel im Früh- und Hochmittelalter nicht abgeschlossen; Aufstieg und Integration ursprünglich unfreier Dienstmannen (Ministerialität) gelten als Beleg für diese soziale Transparenz. Die rechtliche Stellung wurde erst seit dem Hochmittelalter genauer fixiert (12./ 13. Jahrhundert). Als Kollektivsubjekt – im Hinblick auf das Selbstverständnis der Zeitgenossen – ist „der Adel" ein Produkt des Spätmittelalters; er entstand in defensiver Abgrenzung als Reaktion auf neue politische und soziale Entwicklungen (Entstehung der Landesherrschaft und Bedeutungsgewinn der Städte). Erst als sich auf diese Weise die sozialen Schranken festigten, konnte Adel auch „verliehen" werden. Eine einigermaßen exakte Grenze zwischen Adel und „Nicht-Adel" zu ziehen ist allerdings im Grunde erst seit Beginn der Neuzeit möglich. Als Hintergrund dieser Entwicklung gilt die Entstehung einer „Gesamtgesellschaft" im Spätmittelalter, nicht zuletzt als Parallelerscheinung zur Herausbildung ständisch geprägter politischer „Verfassungen" auf Reichs- und Landesebene.

Soziologische Begriffe und Modelle

Unterschiedliche Bilder der mittelalterlichen Gesellschaft in der modernen Forschung resultieren aus unterschiedlichen Modellen und Theorien der Sozialstrukturanalyse und führen zur Verwendung verschiedener soziologischer Termini, mit denen „der Adel" erfasst werden soll. Selten wird der Begriff der „Kaste" benutzt; er dient eher als Stilmittel, um den Gedanken der Abgrenzung zu betonen (etwa: sächsische Frühzeit). Der Begriff „Stand" wird in einem engeren (v. a. rechtlichen) und einem weiteren Sinn (definiert durch Bewusstsein und Wertschätzung) verwendet; in der zeitgenössischen Gesellschaftstheorie beinhaltet der Begriff *ordo* auch eine metaphysisch-theologisch begründete funktionale Komponente. Schichtenmodelle lassen sich mit verschiedenen Kriterien konstruieren; sie zielen auf sozial relevante Unterschiede, die spezifische Wertschätzungen begründen. Von „Klassen" wird man sprechen, wenn man entweder das Verhältnis zu Herrschaft oder zu den Produktionsmitteln als zentral betrachtet. Der Begriff „Rang", eine ethnosoziologische Kategorie, dient zur Hervorhebung einer hierarchischen Ordnung von Personen oder Familien, die durch unterschiedliches „Ansehen" begründet wurde. Auch von einer Gesellschaft aus „Gruppen" kann man sprechen, wobei im Hinblick auf den Adel generell zwischen natürlichen (Familien und Verwandtschaftsverbände) oder „vereinbarten" Gemeinschaften (Adelsgesellschaften u. ä.) unterschieden werden kann.

3. Die Zeit der Merowinger

Das merowingische Frankenreich gilt als das Resultat einer Synthese zwischen germanischen und spätantik-römischen Traditionen. Die Gewichtung der Komponenten ist im Einzelnen umstritten. Dies zeigt sich auch bei der Untersuchung des Adels. Drei Wurzeln sind hervorzuheben; die Frage nach Überschneidungen dieser Traditionsstränge wird unterschiedlich beantwortet.

Insbesondere im Süden und Westen des Frankenreiches, wo sich die sozialen Verhältnisse der Antike ohnehin kaum änderten, blieb die Stellung der gallorömischen Senatorenaristokratie weitgehend erhalten. Gesellschaftliche und rechtliche Privilegien, Bildung, reicher Grundbesitz und eine besondere Lebensweise kennzeichnen die Angehörigen dieses aus der Antike stammenden, erblichen Standes. Aus ihren Reihen kamen die Vertreter der öffentlichen Gewalt, über große Teile der Bevölkerung übten sie eine Schutzherrschaft *(patrocinium)* aus. Im Verlauf der fränkischen Eroberung wurde die Senatorenaristokratie nur anfänglich und auch nur aus Teilen Galliens zurückgedrängt. Ausweichmöglichkeiten bot die Kirche; das Kloster Lérins des 5. Jahrhunderts hat man sogar als adliges Fluchtkloster bezeichnet (F. Prinz). Von besonderer Bedeutung war – und blieb – das Amt des Bischofs, das (*via facti* oder durch Delegation) zunehmend auch politische, administrative und militärische Aufgaben umfasste. Bei manchen senatorischen Familien kann man geradezu von Bischofsdynastien sprechen, die eigene Herrschaftsbereiche aufbauten. Auch zahlreiche Amtsträger des Merowingerreiches waren romanischer Abstammung; fast die Hälfte der bekannten *comites* des 6. Jahrhunderts trug einen romanischen Namen.
Senatorenaristokratie

Die Frage nach dem germanischen „Uradel" wirft mehrere Probleme auf. Die heutige Forschung ist sich nicht mehr sicher, ob es überhaupt sinnvoll ist, von „den Germanen" (und damit von „einer" germanischen Sozialstruktur) zu sprechen. Die schriftlichen Quellen für die Frühzeit (v. a. Caesar und Tacitus) lassen verschiedene Interpretationen zu. Archäologische Quellen (v. a. Grabbeigaben, Siedlungen) zeigen spätestens seit der Kaiserzeit beträchtliche soziale Unterschiede; „Herrenhöfe" sind seit der späten Urnenfelderzeit nachzuweisen. Die Interpretation der Befunde allerdings ist unklar.
Germanischer „Uradel"?

Auch die „Landnahme" der Franken in Gallien kann sehr unterschiedlich beschrieben werden: als Volkssiedlung, als kriegerisches Unternehmen von König und Kriegeradel oder als dynastische Reichsgründung in der nordgallischen Romania mit vollständiger Übernahme der römischen Staatlichkeit. Methodische Probleme wirft die Interpretation der schriftlich fixierten *Leges* auf, die man nur mit Vorsicht als „Stammes-" oder „Volksrechte" bezeichnen sollte. Im Wergeldkatalog der fränkischen *Lex Salica* (wohl 507–511), der nach diversen Kriterien gestaffelte Bestimmungen über die Kompensation von Tötungen und Verletzungen enthält, ist kein Adel verzeichnet. Der Bischof und Geschichtsschreiber Gregor von Tours (538/39–593/94) verwendete die Bezeichnung *nobilis* nur für Angehörige der Senatorenaristokratie, der er selbst angehörte, sprach für die Franken aber von *maiores natu*, von *potentes*, *primores* oder *optimates*. Von *proceres* ist im Prolog des wohl 524 entstandenen *Pactus pro tenore pacis*, einer Ergänzung zur *Lex Salica*, die Rede.

Lex Salica

Dieser Befund lässt sich unterschiedlich erklären und hat die Forschung bis in die Gegenwart beschäftigt, ein Konsens ist allerdings nicht erzielt worden. I. Allg. zögert man heute – aus mehreren Gründen –, die in der *Lex Salica* beschriebenen Verhältnisse als Indikator für das Fehlen eines fränkischen Adels zu betrachten. Die biologische Kontinuität führender Familien aus der Zeit vor der Völkerwanderung gilt als plausibel. Belegbar ist sie freilich nicht.

Dienst- oder Amtsadel

Für die soziale Stellung von besonderer Bedeutung waren Beziehungen zum König. Die Mitgliedschaft in der königlichen Gefolgschaft (Antrustionat), die Übernahme von Ämtern und – ganz konkret – Zuwendungen aus dem Schatz des Königs boten die Möglichkeit sozialen Aufstiegs. Dies galt auch für Minderfreie, wenngleich schwer zu entscheiden ist, ob etwa Leudast, der im 6. Jahrhundert zum Grafen von Tours ernannt wurde, eine typische oder eine Ausnahmekarriere machte. Letztlich muss sogar die Frage offen bleiben, ob der „Dienstadel" als eigenständige Wurzel einer merowingischen Aristokratie gelten kann oder (abgesehen von den gallorömischen Amtsträgern) weitgehend identisch mit einem germanischem „Uradel" war. Wenn sich in der neueren Forschung Stimmen mehren, die eher von einem „Amtsadel" sprechen wollen, so basiert dies zum einen auf der Vorstellung, dass der Adel die Ämter besetzt habe, zum anderen soll damit ausgedrückt werden, dass das antike Ämterwesen fortbestand. Vielleicht kann man sogar – zumindest aus der Perspektive des Königs – von einer Übernahme der spätantiken *nobilitas* als Rangklasse sprechen. Diese umfasste die Gesamtheit der vom König in dessen Stellung als *princeps* eingesetzten Amtsträger (K. F. Werner). Demgemäß erscheint der fränkische *comes civitatis* in den Quellen stets als *vir inluster*, also mit dem Attribut dieser höchsten Rangklasse. Auf jeden Fall war

Königsnähe im Mittelalter ein sehr wichtiger Faktor für die soziale Stellung. Antrustionen und Amtsträger des Königs waren in der *Lex Salica* durch ein erhöhtes Wergeld geschützt.

Die Integration der führenden Familien unterschiedlicher ethnischer Herkunft vollzog sich im Zeitraum zwischen dem 6. und dem 8. Jahrhundert. Es entstand eine Oberschicht, die sich durch Reichtum, Grundbesitz und Verfügung über die Ämter auszeichnete. Eine konkret fixierte rechtliche Sonderstellung genossen ihre Angehörigen wahrscheinlich nicht. Ob man von einem „Adel" sprechen will, hängt nicht zuletzt davon ab, ob man auf das Definitionskriterium „erbliche Rechtsstellung" verzichtet oder nicht.

<small>Entstehung einer Oberschicht</small>

Die Hinwendung der führenden fränkischen Familien zum Christentum begann mit der Taufe Chlodwigs und wurde seit dem Ende des 6. Jahrhunderts durch die iroschottische Mission verstärkt. Das von Columban in den Vogesen gegründete Kloster Luxeuil übte – nach dem Bericht der Vita des Heiligen – beträchtliche Anziehungskraft auf die merowingische Aristokratie aus. Aus Luxeuil stammte eine Reihe bedeutender Bischöfe fränkischer Herkunft, die den Episkopat der folgenden Zeit prägen sollten. Auch in anderer Hinsicht wurde diese Bewegung unterstützt: Fränkische Adlige gründeten Klöster und „Eigenkirchen" auf eigenem Grundbesitz. Erst in einem lange dauernden Prozess gerieten diese unter bischöfliche Aufsicht und entwickelten sich teilweise zu Pfarrkirchen, ohne dass damit schon alle Rechte des Herren schwanden. Gegen 700 ging die Reihengräberkultur zu Ende; die jetzt auftauchenden Separatfriedhöfe und Gräber in Kirchen gelten als Ausdruck der Absonderungsbewegung der Oberschicht. Ganz allgemein kann man von einer „Aristokratisierung der Kirche und des Heiligenideals" sprechen (F. Graus), doch ist umstritten, inwieweit damit genuin germanische Vorstellungen aus vorchristlicher Zeit umgedeutet wurden.

<small>Einfluss des Christentums</small>

Die politische Bedeutung der Oberschicht nahm in der Zeit nach Chlodwig zu. In den Auseinandersetzungen der späteren Merowingerzeit (seit dem letzten Drittel des 6. Jahrhunderts) waren die Könige auf Helfer angewiesen, die sie mit Landschenkungen gewannen. Diese waren wohl ursprünglich auf Lebenszeit gedacht, später aber vom König nicht mehr kontrollierbar. Die Teilungen des Reichs führten zu regionalen Adelsgruppierungen; für das 7. Jahrhundert lässt sich von einem geographisch bestimmten Zusammengehörigkeitsgefühl des Adels in den verschiedenen Teilen des Reichs (v. a. Austrasien, Neustrien, Burgund) sprechen.

<small>Die politische Entwicklung im Merowingerreich</small>

Die führende Stellung der merowingischen Königsdynastie beruhte auf politischen Faktoren (Chlodwig hatte die Angehörigen ande-

<small>König und Adel</small>

rer Königsdynastien beseitigt), auf einem besonderen Abstammungsmythos, der vielleicht sogar einen sakral begründeten Anspruch auf die Königsherrschaft rechtfertigen sollte („Königsheil"), und – nicht zuletzt – auf der offiziellen Anerkennung durch den oströmischen Kaiser, die mit der Verleihung des Ehrenkonsulats an Chlodwig ihren Anfang nahm und sich schließlich im ursprünglich kaiserlichen Titel *princeps* manifestierte. Der „ideologische" Abstand zwischen der merowingischen Königsdynastie und anderen Familien war zunächst groß. Diese hervorgehobene Stellung blieb, auch als das Königtum in den Kämpfen der folgenden Zeit deutlich an Ansehen einbüßte und der Königsschatz ebenso schwand wie das Fiskalgut. Die zunehmende politische Bedeutung der Aristokratie wird an königlichen Verfügungen sichtbar (587 Andelot). 614 wurde Chlothar II. im Edikt von Paris darauf festgelegt, bei der Ernennung der Grafen Angehörige des regionalen Adels zu berücksichtigen. In der späten Merowingerzeit schwand die Integrationskraft des Königtums. Insbesondere an der Peripherie des Reiches verselbständigten sich Herrschaftsgebiete von faktisch autonomen *duces* und *principes*. Das für die Hof- und Reichsverwaltung zentrale Amt des Hausmeiers entwickelte sich zum repräsentierenden Organ des Adels; demgemäß war es das Ziel der Kämpfe rivalisierender Adelsgruppen, ehe sich 687 die Karolinger durchsetzen konnten.

Die sozialen Entwicklungen in anderen *gentes* („Stämmen" oder „Völkern") weisen große Unterschiede auf, die schwer auf einen Nenner zu bringen sind. In der wohl 517 entstandenen *Lex Burgundionum* werden bei den Wergeldbestimmungen drei Stände unterschieden. An der Spitze stehen die Freien, die in drei Gruppen unterteilt werden: *optimates (nobiles, proceres), mediocres personae* und *minores (inferiores personae, leudes)*. Der – wie bei allen frühen *Leges* – deutlich erkennbare Einfluss römischer Vorstellungen gerade bei der Terminologie darf nicht übersehen werden; vielleicht wird man aber doch von einer rechtlich abgegrenzten Spitzengruppe sprechen können, die allerdings ein Teil des Standes der Freien war. Daneben spielte gerade in diesem stark von romanischen Traditionen geprägten Reich die Senatorenaristokratie eine große Rolle.

Burgunder

Alamannen

Die Quellensituation ist im Fall der Alamannen etwas günstiger, die Interpretation wirft jedoch große Probleme auf. Ammianus Marcellinus erwähnt bei seiner Schilderung der Schlacht von Straßburg (357) zehn bis zwölf *reges*, weitere *reguli*, Angehörige der Königssippe *(regales)* und *primates (optimates)*. In der frühesten Fassung des alamannischen Rechts, dem *Pactus Legis Alamannorum* (erste Hälfte 7. Jahrhundert), sind drei Stände erwähnt (Freie, Halbfreie, Unfreie), wobei die Freien in drei Kategorien zerfallen *(primi Alamanni, mediani, minofledi)*. Die im ersten Viertel des 8. Jahrhunderts abgefasste *Lex Alamannorum* kennt dagegen keine eigene, freie Oberschicht mehr; unterschieden wird in der Kategorie der Freien nur noch zwischen *medius* und *liber*. Die Deutung ist umstritten, zumal auch die archäologischen Quellen unterschiedliche Schlüsse zulassen. Ob die alamannischen Burgen des 4. und 5. Jahrhunderts vielleicht als eine Art Vorform der hochmittelalterlichen Adelsburg gelten können, ist unklar.

Die laut Prolog von König Dagobert (623–639) erlassene, allerdings erst in der ersten Hälfte des 8. Jahrhunderts aufgezeichnete *Lex Baiuvariorum* unterscheidet zwischen *liber*, *frilaz* und *servus*. Dem Geschlecht *(genus)* der Agilolfinger wird der erbliche Besitz des Herzogtums zugesichert; daneben kennt die *Lex* fünf namentlich aufgeführte *genealogiae* (Huosi, Drazza, Fagana, Hahilinga, Anniona), deren Angehörige durch das doppelte Wergeld eines Freien geschützt werden. Struktur und Stellung dieser *genealogiae* sind unklar, zumal nur Angehörige der Huosi und der Fagana (diese nur einmal) in anderen Quellen zu fassen sind. Konkrete Kontinuitäten zur späteren Zeit lassen sich nur vermuten. Urkundlich belegt sind im 8. Jahrhundert weitere *genealogiae* (Feringa, Mohingara, Albina) und auch eine romanische Oberschicht hat man feststellen können.

Bajuwaren

Im 8. Jahrhundert wird die Absetzung einer Führungsschicht in den Quellen erkennbar. 715 ist von *primarii gentis* die Rede und auf der Dingolfinger Synode Tassilos III. (769/770 oder 776/777?) wurde die Forderung erhoben, Rechtsgeschäfte durch mindestens drei *testes fideles et nobiles* bezeugen zu lassen. Als besonderes Phänomen gelten herzogliche Gefolgsleute *(servi principis, qui dicuntur adalscalhae)*, die durch ein höheres Wergeld geschützt wurden. Vielleicht wird schon an diesem Begriff deutlich, dass durch den Herzogsdienst unfreie Herkunft und Nobilität verbunden werden konnten. Die Bezeichnung *(vir) nobilis* erscheint (von einer Ausnahme abgesehen) in Urkunden erst nach 788, wird dann aber schnell allgemein gebräuchlich.

Am wenigsten Probleme bereitet es der Forschung, für die frühen Sachsen von einem Adel zu sprechen, doch beruht genau dies auf der Annahme, bei diesem Stamm liege ein Sonderfall der historischen Entwicklung vor. Zudem stammt die *Lex Saxonum*, die man geradezu als „Adelsgesetz" bezeichnet hat (M. Lintzel), wohl erst aus den Jahren 802/803, als nach einem etwa dreißig Jahre dauernden Krieg Karl der Große die *Leges* der Sachsen, der Friesen und der Thüringer niederschreiben ließ. Die Wergeldkataloge unterscheiden sich nur unwesentlich. Die sächsischen *nobiles* sind durch ein exorbitant hohes Wergeld

Sachsen

von den Freien *(ingenui)* getrennt, während das Wergeld für die minderfreien (?) *liti* kaum niedriger ist als das der Freien. Quellen des 9. Jahrhunderts (Nithard, Vita s. Lebuini, Translatio s. Alexandri) berichten für die Frühzeit von einer scharfen Trennung der drei Stände *(edhilingui, frilingi, lazzi).* Die Heirat zwischen einem Sachsen und einer Frau des jeweils höheren Standes soll sogar mit der Todesstrafe geahndet worden sein. Diesen Befund hat man mit dem Verweis auf die in späteren Quellen überlieferte Stammessage der Sachsen zu erklären versucht. Die Edelinge könnten eine Eroberschicht (oder: „Kaste") sein, die in die Ethnogenese miteinbezogen wurde, aber ihre herausragende soziale Stellung behielt.

<small>Gab es eine gemeinsame Entwicklungslinie?</small>

Ob es überhaupt sinnvoll ist, aus diesen Ergebnissen eine gemeinsame Entwicklungslinie zu konstruieren, ist unklar. Immerhin bleibt in den frühen *Leges* das Bild der oberen Schicht sehr undeutlich, während in karolingischer Zeit *nobiles* in unterschiedlichen Quellen belegt sind. Vielleicht lässt sich dies als Ausdruck einer Absonderungsbewegung der oberen Schicht der Freien interpretieren.

<small>Materielle Grundlage</small>

Reichtum und Grundbesitz bildeten die materielle Grundlage der adligen Stellung. Wegen der unzureichenden Quellenbasis sind Aussagen für die Frühzeit mit erheblichen Unsicherheitsfaktoren belastet, doch dürften die führenden fränkischen Familien wohl erst im Verlauf des 6. Jahrhunderts lokale und regionale Wurzeln geschlagen und sich damit von einer kriegerischen zu einer Grundbesitzeraristokratie entwickelt haben.

<small>Grundbesitz</small>

In manchen Regionen geschah dies durch die Übernahme von Positionen der Senatorenaristokratie. Wenn man den Bericht von Tacitus über germanische Gebräuche als auch für diese Zeit zutreffend hält, so wurde schon bei der Verteilung des eroberten Besitzes die soziale Stellung berücksichtigt. Allerdings ist nicht auszuschließen, dass erst allmählich entstandener Großgrundbesitz zum Ausgangspunkt für einen dauerhaften sozialen Vorrang werden konnte. Bewirtschaftet wurden adlige Güter offenbar noch lange durch Sklaven bzw. Unfreie.

<small>Ämter</small>

Die vom König verliehenen Ämter waren noch nicht erblich, doch dürften die führenden Familien schon früh einen Anspruch auf Positionen artikuliert haben, die ihrem Rang entsprachen. Dies war der Ausgangspunkt für eine Erblichkeit via facti.

<small>Zusammenfassung</small>

Insgesamt erscheint die Entwicklung bis ins 8. Jahrhundert durch den Bedeutungsgewinn führender Familien (im Hinblick auf den König) gekennzeichnet. Zumindest für die ausgehende Merowingerzeit spricht die Forschung generell von der Existenz eines Adels, versteht darunter aber zumeist keinen Stand im rechtlichen Sinn. Als Kennzeichen gelten ein ererbtes gesellschaftliches Ansehen und konkrete

Machtmittel. Da die gentile Integrität der rechtsrheinischen *gentes* weitgehend gewahrt blieb, ist es fraglich, ob man von einer „merowingischen Reichsaristokratie" sprechen sollte. Die integrative Kraft des Königtums war nach Chlothar II. und Dagobert (gest. 639) gering; in den Quellen wird gewöhnlich die ethnische oder die regionale Herkunft angegeben.

4. Die Zeit der Karolinger

Mit dem Aufstieg der Karolinger seit 687 gewann eine Reihe von austrasischen Familien aus dem Maas-Mosel-Raum an Bedeutung, wenngleich man kaum von der Ablösung einer älteren, merowingischen Aristokratie sprechen kann. Die 751 bei der Erhebung Pippins eingeführte Salbung verhalf dem Königtum zu einer neuen dynastischen Legitimität und hatte wohl auch den Zweck, den Unterschied zu den adligen Familien hervorzuheben, zu denen die Karolinger ursprünglich selbst gehört hatten. *Aufstieg der Karolinger*

Den karolingischen Königen schreibt man im Hinblick auf den Adel eine umfassende Integrationspolitik zu. Als Höhepunkt dieser Bemühungen gelten die Zeit Karls des Großen und die ersten Jahre Ludwigs des Frommen; die Randgebiete des Reiches waren schon seit Karl Martell wieder stärker eingebunden worden. Eine aus zahlreichen Familien bestehende „Reichsaristokratie" (G. Tellenbach) mit Besitz im gesamten Reich bildete das Reservoir der königlichen Amtsträger. Ihre Angehörigen waren vornehmlich, aber keineswegs ausschließlich, fränkischen Ursprungs. Die Familien dieses Reichsadels waren häufig durch Heiratsbeziehungen miteinander verbunden und unterstützten die königliche Politik, die in mancher Hinsicht auf die Vereinheitlichung der politischen Verhältnisse zielte. Nicht zuletzt trugen sie den Gedanken der Einheit des Reiches mit. Dabei konnten die Familien, die zu dieser Spitzengruppe gehörten, wechseln. Gewaltsame Auseinandersetzungen, Ehen und die königliche Politik von Ein- und Versetzungen hielten die Fluktuation groß. Eine scharfe Grenze zum „sonstigen" Adel, dessen Bezeichnung in der Forschung schwankt (Stammes-, Regional-, Landes- oder Partikularadel), kann schon deshalb nicht gezogen werden, weil weit reichende verwandtschaftliche Beziehungen nachzuweisen sind. *König und Adel* *Reichsaristokratie*

Im Unterschied zu den Edikten der Merowingerzeit enthalten die Kapitularien der Karolinger gewöhnlich die Formel, dass der Konsens *Kapitularien* der Getreuen eingeholt worden sei. Der karolingische Adel wirkte also bei der „Gesetzgebung" des Königs mit. Ob dieser Konsens nötig oder sogar konstitutiv für die Geltung der Kapitularien war, ist in der Forschung umstritten. Die Annahme liegt nahe, dass er immer eine gewisse Rolle spielte und mit dem Niedergang des Königtums in der Zeit nach Karl dem Großen an Bedeutung gewann. Sicher kamen in der Konsensformel aber auch die Integrationsbemühungen der Könige zum Ausdruck.

Ämter in der Kirche   Die Kirche des Reiches wurde in karolingischer Zeit ebenfalls für „staatliche" Aufgaben herangezogen und die Vergabe der hohen kirchlichen Ämter geriet zunehmend unter die Kontrolle des Königs. So bildete sich ein hoher Klerus aus zumeist adligen Bischöfen und Äbten heraus, die Konturen der „Adelskirche" wurden schärfer. Die These, dass die immer wichtiger werdenden Immunitätsverleihungen an die Kirche die Macht des weltlichen Adels begrenzen sollten, ist nicht von der Hand zu weisen, muss angesichts derselben sozialen Herkunft des hohen Klerus und der weltlichen Amtsträger allerdings wohl etwas eingeschränkt werden.

Dennoch bot die Kirche gerade in der Karolingerzeit auch Möglichkeiten für sozialen Aufstieg. Berühmt geworden ist der Fall des aus
Ebo von Reims   der Unfreiheit stammenden Erzbischofs Ebo von Reims (816–835/ 851), der sich allerdings von Thegan, dem Biographen Ludwigs des Frommen, vorhalten lassen musste, dass ihn der König zwar zum Freien *(liber)* gemacht habe, aber nicht zum Adligen *(nobilis)*, da dies unmöglich sei. Die karolingische Reform verhinderte jedenfalls eine „adlige Kastenkirche".

Bedeutungsgewinn   Gravierende soziale Folgen hatten die militärischen Änderungen
der Reitertruppe   der Karolingerzeit. Die Reitertruppe gewann seit der zweiten Hälfte des 8. Jahrhunderts an Bedeutung. Die Kosten für diese neuartige und immer effektiver werdende Kampfweise waren beträchtlich und erforderten überdurchschnittlichen Besitz. Dies warf Probleme für „kleine" Freie auf. Bestimmungen Karls des Großen aus den Jahren 804, 807 und 808, die als „Heeresreform" bezeichnet werden, zeigen die Schichtung der Freien nach der Größe des Besitzes und machen die Bemühungen des Kaisers deutlich, den allgemeinen Heeresdienst als Grundlage der Kriegsverfassung zu bewahren. Die Heerpflicht der Freien wurde an eine bestimmte Besitzgröße geknüpft; die *pauperes* sollten Gestellungsverbände bilden.

Entstehung des   Es liegt nahe, diese Entwicklung mit dem Entstehen des Lehns-
Lehnswesens   wesens in der frühen Karolingerzeit in Verbindung zu bringen. Als Wurzeln dieses Rechtsverhältnisses gelten die germanische Gefolg-

schaft und die römische Vasallität; zumindest die Form dürfte auch von kirchlichen Vorstellungen beeinflusst worden sein. Ältere Arten der Verknüpfung von Herrschaft und Dienst wurden auf eine neue Weise geregelt, allerdings erst im Hochmittelalter rechtlich systematisiert. Idealtypisch verpflichtete sich der (freie) Lehnsmann in bestimmten Formen (Handgang) zur Leistung von Diensten (Rat und Hilfe). Der Lehnsherr sicherte Schutz und Schirm zu. Die Bindung war also persönlicher Art und wurde durch gegenseitige Treueeide beschworen. Die dingliche Seite des Verhältnisses bestand im Lehnsgut, das der Lehnsherr dem Lehnsmann als Besitz übertrug. In fränkischer Zeit handelte es sich dabei zumeist, aber keineswegs grundsätzlich, um Landbesitz, häufig aus Kirchengut, der zum Lebensunterhalt und vor allem zur Sicherstellung der geschuldeten militärischen Dienste diente.

Mit dieser Entwicklung begann die Entstehung eines Kriegertums als „Berufsstand", der zunächst eine Aristokratie mit reichem Eigen- und (v. a.) Lehnsbesitz umfasste. Die Folge war die soziale Distanzierung vom Rest der freien Bevölkerung. Letztlich ist das Volksaufgebot der Frühzeit durch das Aufgebot der berittenen Vasallen verdrängt worden.

Kriegertum als „Berufsstand"

Eine dazu analoge Entwicklung zeigt sich auf einer anderen Ebene. Für die karolingische Zeit kann man von einem zunehmenden Ausbau der Grundherrschaften sprechen. Freie gerieten oder stellten sich selbst unter den Schutz bzw. die Herrschaft von Grundherren. Auslöser dieser Entwicklung dürften wirtschaftliche Probleme, ein gewisses Schutzbedürfnis oder auch schlicht Zwang gewesen sein. Vor allem die „Wehrpflicht" der Freien könnte angesichts der steigenden Kosten und der Ausweitung der kriegerischen Unternehmungen ein Problem gebildet haben. Wenn man von einer weit reichenden Kontinuität des spätantiken Steuerwesens ausgeht, so waren die Grundbesitzer verantwortlich für das Steueraufkommen ihrer Güter oder agierten als Mittler; dies führte zu einer „Abgabenherrschaft" als Vorstufe der Unterwerfung freier Bauern und letztlich zu deren Hineinziehen in die Grundherrschaft. Allerdings ist diese Entwicklung bei Adelsherrschaften und insbesondere für die Gebiete östlich des Rheins nur schwer nachzuweisen. Die „klassische", zweigeteilte Grundherrschaft entstand dort wohl erst im 9. Jahrhundert nach dem Vorbild von Königtum und Kirche. Typisch für adligen Grundbesitz sind Streubesitz, rascher Wandel und große Fluktuationen durch Erbteilungen. Erst allmählich entwickelte sich ein individuelles Verfügungsrecht über Grund und Boden, das es erlaubte, bei Erbschaftsregelungen Verwandte auszuschließen. Kirch-

Ausbau der Grundherrschaft

liche Institutionen, die neue Formen der Besitzübertragung ermöglichten und als eine Art „Makler" fungieren konnten, spielten dabei eine nicht zu unterschätzende Rolle.

Adel als gestufte Oberschicht

Als Ergebnis ist in der Karolingerzeit ein Adel als eine in sich abgestufte Oberschicht der Freien fassbar. Zentral für die soziale Position war sicher die Größe des Besitzes, doch wird die Zugehörigkeit aus zeitgenössischer Sicht durch die Geburt definiert. Erstmals ist auch die Rede von Armen vornehmer Abstammung. Die Grenze nach „unten" lässt sich nicht präzise ziehen, wurde aber offenbar weniger durchlässig. Eine Tendenz zum Abschluss ist unverkennbar. Von einer rechtlichen Sonderstellung allerdings sollte man wohl noch immer nicht sprechen. Noch Karl der Große hat eine Anfrage seiner Boten mit dem Diktum beantwortet, dass es im Reich nur Freie und Unfreie gebe *(Non est amplius nisi liber et servus)*.

potentes – pauperes

Die Unterscheidung zwischen *potentes* (Mächtigen) und *pauperes* (Unvermögenden) prägt die karolingische Gesellschaftstheorie. Darunter ein zeitgenössisches Zwei-Klassen-Modell zu verstehen, ist nicht ganz unproblematisch, da dieses (nicht aus der Antike übernommene) Begriffspaar wegen seines metaphysischen Kerns nicht primär der Beschreibung einer Gesamtgesellschaft, sondern zur Formulierung normativer Forderungen diente: Die *potentes* hatten den *pauperes* Schutz zu leisten.

Adelsleitbild

Das Adelsleitbild der fränkischen Zeit war geprägt durch Vorstellungen, die aus der Antike übernommen worden waren. Die Bedeutung von Bildung und Erziehung wurde betont; die antike Vorstellung vom Tugendadel war keineswegs untergegangen, wenngleich ihre tatsächlichen Auswirkungen für das Verhalten unterschiedlich eingeschätzt werden können. Die Schilderungen Gregors von Tours lassen durchaus daran zweifeln, dass diese Normen in der Merowingerzeit von praktischer Relevanz waren. In den zeitgenössischen Heiligenviten wurde gewöhnlich die vornehme Herkunft hervorgehoben, doch dürfte es sich dabei um einen Topos handeln, der auf spätantike Verhältnisse zurückzuführen ist. Edles Verhalten setzte demnach die edle Abstammung voraus, doch konnte bei Heiligen ein solches Verhalten gerade darin bestehen, auf die Annehmlichkeiten und Vorrechte der Herkunft zu verzichten. Als germanisches Erbe gelten die kriegerischen Züge adliger Lebensweise. Dieser Traditionsstrang ist in den Quellen jedoch allenfalls indirekt zu erweisen.

Fürsten- oder Laienspiegel

In der Karolingerzeit entwickelte sich eine Herrscherethik und – parallel dazu – auch eine Adelsethik für Laien, die in den sog. Fürsten- oder Laienspiegeln zum Ausdruck kommt. Diese sind zunächst für

Amtsträger geschrieben worden (Paulinus von Aquileia für den Markgrafen Erich von Friaul, etwa 796; Alkuin für den Markgrafen Wido von der Bretagne, 801/804; Jonas von Orléans für den Grafen Matfried von Orléans, 829). Einzigartig ist der *Liber manualis* Dhuodas, der Gemahlin des Grafen Bernhard von Septimanien. Um 841/43 für den Sohn Wilhelm verfasst, zeigt er die Bedeutung der antiken Tugenden, bei deren Vermittlung dem Königshof eine zentrale Rolle zugeschrieben wird. Der Adel des Fleisches (d. h. der Abstammung) gilt Dhuoda weit weniger als der Adel des Geistes. Die vornehme Abstammung verpflichte zu edlem Verhalten.

5. Die Auflösung des Karolingerreiches

Die Erbstreitigkeiten seit Ludwig dem Frommen und die Bedrohungen durch Normannen, Sarazenen und Ungarn führten in der zweiten Hälfte des 9. Jahrhunderts zum Verfall der königlichen Macht. Parallel dazu gewann die Rolle der Großen des Reiches an Bedeutung. Erkennbar ist dies bereits während der Auseinandersetzungen zwischen den Söhnen Ludwigs des Frommen. Im Westen gelang es dem Adel 843 auf der Versammlung von Coulaines, den König zu einem regelrechten Herrschaftsvertrag zu verpflichten. Karl der Kahle bestätigte die Abmachungen seiner geistlichen und weltlichen *fideles*, die sich zu einer Schwurfreundschaft zusammengeschlossen hatten.

<small>Die politische Entwicklung im 9. Jahrhundert</small>

<small>Coulaines 843</small>

Die folgende Zeit war in allen Teilreichen von der Übernahme königlicher Befugnisse durch einzelne Große aus der Reichsaristokratie gekennzeichnet. Die Entstehung der „Fürstentümer" im Westen und der „jüngeren Stammesherzogtümer" im Osten dürfte dabei im Wesentlichen auf gleiche Bedingungen zurückzuführen sein. Ob im Osten eine gentile Grundlage in Form der älteren Stämme eine besondere Rolle spielte, ist umstritten; desgleichen ist das Spannungsfeld zwischen Usurpation und Delegation königlicher Rechte schwer auszuloten. Dasselbe gilt für die Frage, inwieweit eine autonom erlangte Stellung erst nachträglich durch den Herrscher legitimiert worden ist.

<small>Fürstentümer und Stammesherzogtümer</small>

Jedenfalls erlangten die *principes* und *duces* der ausgehenden Karolingerzeit eine vizekönigliche Stellung, die z.T. die Verfügungsgewalt über die kirchlichen Ämter mit einschloss. Vornehmlich im Westreich konnten Laienäbte sogar an der Spitze eines oder mehrerer Klöster stehen. Durch die Teilungen des Reichs löste sich die Reichsaristokratie auf; die Familien orientierten sich an den Teilreichen.

Letztlich wurden die Karolinger durch Geschlechter, die aus der Reichsaristokratie stammten, in der Königswürde abgelöst.

<small>Hierarchisierung</small>   Parallel dazu entwickelten sich Abhängigkeitsverhältnisse unter den Adligen durch den Ausbau und die Weiterentwicklung des Lehnswesens. Der Wechsel kleiner Lehnsträger aus dem Königsdienst in den Dienst von Fürsten und anderen Großen nahm zu. Damit festigte sich die bislang auf Besitzabstufungen und Rangunterschieden basierende Hierarchie im Adel. Durch Weiterverleihungen entstand Doppel- und Mehrfachvasallität. In Frankreich gelang es den Königen allerdings seit dem 11. Jahrhundert, in Form der ligischen Lehen, die mit einen Treuevorbehalt verbunden waren, die Verbindung zu den Untervasallen nicht abreißen zu lassen.

<small>Westreich</small>   Deutlich erkennbar ist die Hierarchisierung im Westreich des 10. Jahrhunderts, wo eine Gruppe von Herzögen und großen Grafen an der Spitze von Fürstentümern stand, während andere Königsvasallen und die meisten Grafen mediatisiert wurden. Auf lokaler Ebene etablierten sich die Burgherren (*châtelains*), deren große Burgen sich zu Zentren kleinräumiger, aber intensiv erfasster Herrschaftsbereiche entwickelten. Darunter standen die Vasallen und die Krieger dieser Burgherren. Die Frage, von wem die politische Macht faktisch ausgeübt wurde, ist ohne regionale Differenzierung schwerlich zu beantworten. Die Stellung der Fürsten blieb im Norden bedeutend (Flandern, Normandie), während im Süden und Westen die Zersplitterung der Herrschaft offensichtlich größer war. Für diese Regionen hat man sogar von einer feudalen Anarchie gesprochen.

<small>Ostreich</small>   Während die Entwicklung in Teilen Italiens prinzipiell ähnlich verlief, sind die Verhältnisse im Ostfrankenreich schwerer zu erkennen. Von einer Zersplitterung der Herrschaftsverhältnisse kann man wohl kaum sprechen, da die Rolle des Königs und der Herzöge wichtiger blieb. Zentral war zunächst das Problem, das Verhältnis zwischen König und Herzögen auf eine konsensfähige Basis zu stellen.

In Verbindung mit diesen Entwicklungen steht das Problem der sozialen Mobilität, es ist im Wesentlichen ein Kontinuitätsproblem. Der biologische Fortbestand der führenden Familien kann als gesichert gelten, für die weniger bedeutenden Familien ist die Quellenlage dürftig. Aus Nachrichten über gewaltige Verluste im Kampf gegen auswärtige Feinde (etwa in der Schlacht bei Pressburg gegen die Ungarn im Jahre 907) wurde die an sich nicht unplausible These entwickelt, dass gerade angesichts solcher Anforderungen die soziale Mobilität durch Bewährung oder Versagen im Kampf zunahm. Letztlich wird man dieses Phänomen allerdings nicht überschätzen dürfen. Die neuere Forschung hat sich mit einigem Erfolg um den Nachweis des biologischen Fortbestands adliger Familien bemüht und betont auch für diese Ebene eher die Kontinuität. Von einem „neuen Adel" wird man generell nicht sprechen können.

6. Adel im Hochmittelalter

Das Verhältnis zwischen den Königen, die im Ostreich die karolingische Dynastie ablösten, und den Herzögen warf Legitimationsprobleme für die Könige auf, die ja selbst aus der Reichsaristokratie stammten. Als Folge stellte sich auf der politischen Ebene das Integrationsproblem. Sichtbarer Ausdruck dafür waren die Fragen der Kirchenhoheit und des Verhältnisses zu den Herzögen. Konrad I. (911–919) verstand seine Herrschaft in der Tradition karolingischer Auffassungen und beschwor dadurch Konflikte mit den Herzögen herauf. Der Versuch, sich auf die Kirche zu stützen und seine Herrschaft nicht zuletzt durch die kirchliche Salbung zu legitimieren, scheiterte. Die Stabilisierung des Königtums im Ostfrankenreich gelang Heinrich I. (919–936), der offenbar bereit war, die Stellung der Herzöge prinzipiell zu akzeptieren. Genossenschaftliche Einungen in Form von *amicitia*-Bündnissen standen am Beginn einer erfolgreichen Integrationspolitik; sie lassen den König nur als eine Art *primus inter pares* erscheinen. Dennoch werden schon unter Heinrich I. die Möglichkeiten deutlich, die das Lehnswesen eröffnete, und auch der Gedanke, dass das Herzogtum ein vom König verliehenes Amt sei, wurde nicht grundsätzlich aufgegeben. Heinrichs Nachfolger konnten auf dieser Grundlage aufbauen. Dies gilt zunächst für Otto I. (936–973), mit dem die *amicitia*-Bündnisse endeten. Schon den Ottonen gelang es, die königliche Kirchenhoheit durchzusetzen. Der Ausbau der Vorstellung von der Sakralität des Königs schuf eine wichtige ideelle Kluft zu den bedeutenden Adelsfamilien des Reichs.

König und Adel im Ostreich

Ob die praktische Realisierung der königlichen Kirchenhoheit unter den Ottonen und – vor allem – den Saliern als „Reichskirchensystem" bezeichnet werden kann, erscheint der neueren Forschung allerdings als nicht unproblematisch. Zwar dürfte es nicht unzulässig sein, die Kirche als eine Art Gegengewicht zum weltlichen Adel und damit – sowohl in ideologischer als auch in praktischer Sicht – als wichtige Säule königlicher Politik zu betrachten, andererseits erfasst diese Sicht nicht alle Aspekte des Verhältnisses zwischen König, Kirche und Adel.

Reichskirche

Da der Herrscher bei der Auswahl von Bischöfen und Äbten keineswegs die volle Verfügungsfreiheit hatte, sondern auf die Ambitionen adliger Familien Rücksicht nehmen musste, war die Politik der Besetzung wichtiger Kirchenämter auch ein zentrales Mittel zur Integration adliger Familien. Dem König war es auf diese Weise möglich, Rangordnungen zu verändern und das Verhalten von Adelsfamilien – positiv oder negativ – zu sanktionieren. Erst lange nach dem sog. Investiturstreit verlor die Reichskirche ihre Bedeutung als Instrument königlicher Politik. Der Verlust der sakralen Stellung des Königs führte schließlich zur lehnsrechtlichen Interpretation des Verhältnisses zwischen König und geistlichen Reichsfürsten.

Teilhabe am Reich Das Verhältnis der weltlichen Fürsten zum Königtum war geprägt von deren Anspruch auf eine „Teilhabe am Reich" und damit von der Forderung, an der „Regierung" beteiligt zu werden. Der sichtbarste Ausdruck und in dieser Zeit vielleicht sogar die Grundlage dieser im gesamten Mittelalter mehr oder weniger präsenten Vorstellung war die Königswahl, die im Ostreich letztlich zur Verfassungsnorm wurde. Schon das Ende der dynastischen Reichsteilungen der Karolingerzeit und die sich etablierende Vorstellung von der Unteilbarkeit des Reichs waren die Folge der erstarkenden Stellung des Adels, der sich Teilungen widersetzte. Das Reich erscheint als Personenverband, der König und Adel umfasste, nicht mehr nur als Herrschaftsbereich des Königs. Erst allmählich entwickelte sich wieder ein abstraktes Staatsverständnis, das allerdings nicht zuletzt durch die Rolle der Fürsten definiert wurde. Der Gedanke, für die Politik mitverantwortlich zu sein, zeigt sich im Gegenkönigtum Rudolfs von Rheinfelden (1077) und im Wormser Konkordat (1122), mit dem der Investiturstreit beendet wurde: Die Fürsten konnten das Reich auch ohne und sogar gegen den König bilden. Im 12. Jahrhundert tritt die Mitwirkung der *principes* bei königlichen Verfügungen in den Quellen deutlicher in den Vordergrund. Dies zeigt sich v. a. an den „Fürstenurteilen" in staufischer Zeit. Der Versuch staufischer Herrscher, mit dem Rückgriff auf Römisches Recht dem Königtum eine neue Legitimationsbasis zu verschaffen, änderte daran letztlich nichts.

Aufstände und Fehden Die Folgen dieses Anspruchs auf Mitwirkung bei der Herrschaftsausübung waren Aufstände bei Nichtberücksichtigung und Zurücksetzung von Adelsfamilien und -gruppen. Dies galt in einem politischen System, das kein Monopol legitimer Gewaltanwendung kannte, als durchaus mögliche und vielleicht sogar unumgängliche Maßnahme, um seine Interessen wahrzunehmen. Das Recht zur Fehde als legitimes Selbsthilferecht gegen andere Adlige oder gegen den König selbst wurde anfangs nur durch informelle, erst seit dem 12. Jahrhundert durch formelle Regeln beschränkt. Es erscheint der heutigen Forschung als Kennzeichen eines Adels mit Herrschaftsrechten, die nicht vom König abgeleitet werden können.

Eine zentrale Aufgabe königlicher Herrschaft bestand demnach darin, die „Balance" herzustellen und als Schiedsrichter tätig zu sein. Grundlegender Konfliktstoff sammelte sich an, wenn sich größere Gruppen zurückgesetzt fühlten. Hinter diesem Problem konnten sogar soziale Veränderungen stehen.

In ottonischer Zeit formierten sich oppositionelle Gruppen häufig um ein übergangenes Mitglied der Herrscherfamilie. Als Höhepunkt königlicher Macht – im Hinblick auf das Verhältnis zu den Adelsfamilien – gilt die Zeit Heinrichs II., Konrads II. und Heinrichs III. (1002–1056). Auf der Ebene des Herzogtums wurde der Amtsgedanke betont und damit auch die Absetzbarkeit eines Herzogs gerechtfertigt. Mehrfach wurde dies in die Tat umgesetzt. Schon der autokratische Regierungsstil Heinrichs III. rief den Unmut des Adels hervor und seinem Sohn Heinrich IV. (1056/65–1106) wurde vorgehalten, sich mit Ratgebern niedriger Herkunft zu umgeben. Im Hintergrund stand dabei die größer werdende Bedeutung der Reichsministerialität für die königliche Politik. Diese Problematik spielte eine nicht unwichtige Rolle für die adlige Opposition im sog. Investiturstreit.

In die Zeit zwischen dem ausgehenden 9. und dem 13. Jahrhundert fielen nachhaltige Veränderungen der Stellung und Struktur adliger Familien. Zunächst kann man von einem Aufbau zeitlich stabilerer Herrschaftsbereiche sprechen, der zu einer regionalen und lokalen Verwurzelung der Adelsfamilien führte. Sie konnten aus mehreren unterschiedlichen Besitzarten zusammengesetzt sein. Allodialbesitz bildete das Zentrum solcher Herrschaften. Es handelte sich dabei um „freies Eigen", mit dem keine rechtliche Anhängigkeit von einem anderen Herrn verbunden war. Offenbar wurde solcher Besitz durch Rodungsmaßnahmen, die in dieser Zeit in größerem Umfang einsetzten, erweitert. *Aufbau von stabilen Herrschaftsbereichen* *Allodialbesitz*

Hinzu kam der Besitz von Lehen, die von anderen Adligen, dem König oder der Kirche stammen konnten. Sie waren ursprünglich nicht teilbar, was wesentlich dazu beitrug, die Besitzzersplitterung im Erbfall zu vermeiden. Besonders wichtig konnten in dieser Hinsicht die königlichen Ämter sein, die bereits im 9. Jahrhundert in lehnsrechtlichen Formen verliehen wurden. Schon in der zweiten Hälfte des 9. Jahrhunderts setzten sich *via facti* erbrechtliche Praktiken durch und die Ottonen akzeptierten offenbar die Erblichkeit der Grafenwürde. Der *Ämter und Lehen*

Prozess der Allodialisierung und Patrimonialisierung der Grafschaften begann; die karolingische Grafschaftsverfassung, die vielleicht ohnehin nie ganz realisiert hatte werden können, löste sich auf. Auch wenn der Amtsgedanke nie ganz verschwand, so wurde der Grafentitel seit dem 12. Jahrhundert vornehmlich als Kennzeichnung von Würde und Rang verstanden. Es entstanden gräfliche Familien und damit begann eine Besonderheit des deutschen Adels: Der höchste Titel eines Hauses wurde von allen Mitgliedern geführt.

Vogteien Eine kaum zu überschätzende Bedeutung für den Aufbau eigener Herrschaftsbereiche kam spätestens seit dem 10. Jahrhundert den Kirchenvogteien zu. Der Ausbau der Rechte von Kirchen mit dem Mittel königlicher Immunitätsverleihungen führte zur Entwicklung von der „karolingischen Beamtenvogtei" zur „grafengleichen Hochvogtei", mit der die hohe Gerichtsbarkeit über geistliche Immunitätsgebiete verbunden war. Damit wurden die Vogteien über Bischofskirchen und Klöster für den Adel ebenso attraktiv wie lukrativ. Im 11. Jahrhundert beanspruchte man die Vogtei gewöhnlich als erbliches Recht.

„Neue" Grafen Die zahlreichen im 12. und 13. Jahrhundert in den Quellen auftauchenden „neuen" Grafen gelten der neueren Forschung zum größten Teil als Nachkommen alter Grafenfamilien. Institutionelle Kontinuitäten zu gräflichen Ämtern oder Rechten aus fränkischer Zeit sind demgegenüber selten zu erweisen. Der Aufstieg zur Grafenwürde war gerade auch über den Erwerb von Kirchenvogteien möglich. Nicht immer und vielleicht nicht einmal im Normalfall dürften solche neuen Grafen ihren Rang förmlich vom König verliehen bekommen haben.

Entwicklung der Herzogswürde Prinzipiell ähnlich verlief die Entwicklung der Herzogswürde. Obwohl der Amtscharakter in ottonischer und salischer Zeit stark betont wurde, konnte der Herzogstitel schon seit dem ausgehenden 10. Jahrhundert bisweilen ebenfalls als Angabe für Würde und Rang einer Familie verstanden werden. Dies war bei jenen Herzögen der Fall, denen es nicht gelungen war, sich in dem ihnen zugedachten Herrschaftsgebiet durchzusetzen, die aber ihren Titel weiter führten (erstmals 985 Otto von Kärnten). Ähnliches galt für die Inhaber jener neuen Herzogtümer, die als Ergebnis von Teilungen der sog. Stammesherzogtümer durch den König entstanden waren (976, 1156, 1180 Bayern; 1098 Schwaben; 1180 Sachsen). Das Ansehen solcher „Titularherzöge" bzw. Inhaber von „Gebietsherzogtümern" war, wie eine Bemerkung Ottos von Freising über die Herzöge von Zähringen zeigt, zunächst offenbar geringer als das jener Herzöge, die sich auf die alten „Stammesherzogtümer" zurückführen konnten. Da ihre Würde aber ebenfalls auf königliche Einsetzung zurückging, war ihre rechtliche Stellung nicht anders. Die insbesondere Friedrich Barbarossa (1152–1190) zugeschriebene Politik der „Zerschlagung der Stammesherzogtümer" kann wohl eher als Ausdruck einer königlichen Politik gedeutet werden, mit Rangerhebungen für politischen Ausgleich zu sorgen oder ein bestimmtes Verhalten zu sanktionieren. Seit dem 12. und 13. Jahrhundert wurde der Herzogstitel auch von nachgeborenen Söhnen beansprucht.

Parallel zur territorialen Verankerung der Adelsherrschaften entwickelte sich ein anderes Denken über Verwandtschaftszusammenhänge, das zu einer Umgestaltung der Struktur adliger Familien führte. Für das Frühmittelalter spricht man – mit einem nicht unproblematischen Begriff – von „Sippen" und versteht darunter heute zeitlich wenig stabile, horizontale Gruppen auf der Basis der Blutsverwandtschaft *(cognatio)*. In der Praxis waren ihre Mitglieder durch gemeinsamen Besitz und gemeinsame Interessen verbunden und orientierten sich am König oder an einzelnen bedeutenden Familienmitgliedern. Durch politische Entwicklungen oder innerfamiliäre Ereignisse, wie etwa Erbfälle, konnten diese Gruppen überhaupt erst entstehen oder auch wieder auseinander fallen. Ein Vorrang von durch Männer vermittelten, agnatischen Verwandtschaftsbeziehungen ist nicht erkennbar. *[Randglossen: Änderung der Familienstruktur; Sippe]*

Mit der territorialen Verankerung adliger Familien entwickelte sich die Adelsdynastie. Da die Vater-Sohn-Folge im Normalfall den Erbgang bestimmte, nahm die Bedeutung der Vorfahren der männlichen Linie zu und wurde letztlich sogar konstitutiv für Adelsgeschlechter im heutigen Sinn. Der karolingische Adel saß noch in leicht befestigten Herrenhöfen bei oder in dörflichen Siedlungen; nun begann die „Vertikalverschiebung" des Adelssitzes. Die Anfänge sind im Westen des Reiches schon am Ende des 9. Jahrhunderts zu fassen; seit der Mitte des 11. Jahrhunderts kann man von der Epoche des Baus adliger Höhenburgen sprechen, die bis zum ausgehenden 13. Jahrhundert andauerte. Gewöhnlich spielte einer dieser neuen Herrschaftssitze sowohl für das Denken als auch für die Politik eine besondere Rolle, nach diesem Stammsitz wurde die Dynastie schließlich auch benannt. Das Zeitalter der Einnamigkeit ging zu Ende. Die Beinamen nach Herrschaftssitzen waren zunächst nur Herkunftsbezeichnungen, blieben später aber auch dann erhalten, wenn die ursprünglich namengebende Burg verloren ging. Im 12. Jahrhundert begannen der Gebrauch von Siegeln und das Führen von Wappen, die anfangs wohl die Person, dann aber als erbliches Zeichen das adlige Geschlecht repräsentierten. Alle diese Entwicklungen finden sich zuerst im hohen Adel, im 13. Jahrhundert dann auch in der Ministerialität. *[Randglossen: Dynastie; Burgenbau; Siegel und Wappen]*

Klostergründungen — Unterstützt wurde dieser Prozess, wie sich in erster Linie für den Südwesten des Reiches zeigen lässt, durch die „Symbiose" zwischen adligen Familien und der Kirchenreform. Adlige gründeten Klöster, die als Grablege des Geschlechts dienten, bedachten diese mit Schenkungen und versuchten, sich die Vogtei als erbliches Recht vorzubehalten. Dies sicherte den Bestand der Gründung, im Gegenzug dafür sorgte das

Memoria — Kloster für das Totengedenken und pflegte damit die Memoria eines Geschlechts. Durch diese Form der Erinnerung wurde die Dynastie als eine gedankliche Konstruktion erst dauerhaft konstituiert. Nicht zuletzt aus dieser Wurzel entwickelte sich seit dem 12. Jahrhundert eine Geschichtsschreibung über adlige Geschlechter.

Ergebnis — Insgesamt entstanden als Ergebnis dieser Prozesse neue, zeitlich stabilere, örtlich und regional verankerte Herrschaftsbereiche von adligen Familien. Sie unterschieden sich nach der Größe, ihre Inhaber durch die Würde. Als Wurzeln gelten vom König abgeleitete sowie autogene Herrschaftsrechte. Wie man sich das Verhältnis dieser beiden Wurzeln vorstellen soll, ist umstritten. Die Abhängigkeiten untereinander waren land- und lehnsrechtlicher Natur. Da die regionalen Unterschiede groß sein konnten und nicht zuletzt eine Frage der konkreten Machtverhältnisse waren, lassen sie sich nur schwer auf einen gemeinsamen Nenner bringen. Dies zeigt sich am Verhältnis zwischen Herzögen und Grafen. Für Bayern ist die Lehnsabhängigkeit der Grafen vom Herzog zumindest als Anspruch behauptet worden, während etwa in Sachsen oder in Lothringen das Verhältnis von Nebeneinander und Konkurrenz geprägt war. Für die Könige warf diese Hierarchisierung das Problem auf, den Zugriff auf die Untervasallen zu wahren. Das Verhalten der herzoglichen Getreuen im Aufstand Ernsts II. von Schwaben (1027) zeigt, dass diese noch nicht mediatisiert waren. Die sog. Lehnsgesetze Konrads II. (1037), in denen – zunächst für Italien – die Erblichkeit der Lehen zugestanden wurde, sollten offensichtlich die Stellung der Untervasallen sichern.

Im ausgehenden 12. und im 13. Jahrhundert gab es Versuche, die Hierarchie im Adel auf der Grundlage der lehnsrechtlichen Abhängigkeiten zu systematisieren. Damit traten die Rangunterschiede schärfer hervor. Ausdruck dieser Entwicklung ist zum einen der seit 1180 fass-

Reichsfürstenstand — bare „Reichsfürstenstand", der aus geistlichen (Bischöfe, Äbte und Äbtissinnen von Reichsklöstern, evtl. auch Pröpste von Ellwangen und Berchtesgaden) und weltlichen Fürsten bestand. Der Titel *princeps* blieb von nun an den Mitgliedern dieser Spitzengruppe des Adels vorbehalten. Die geistlichen Reichsfürsten (zunächst etwa 92) hatten ihre Regalien direkt vom König erhalten, die weltlichen Reichsfürsten (zunächst etwa 20) waren durch land- und lehnsrechtliche Kriterien von den anderen Adligen geschieden. Sie durften Lehen nur vom König oder von der Kirche empfangen haben und mussten zudem offenbar eine herzogliche oder herzogsgleiche Herrschaft innehaben. Die Aufnahme in diesen Stand erforderte prinzipiell einen formalen Akt (zuerst 1184 Graf von Hennegau). Zunächst trug der Kandidat dem König seine Lehen und Allodialgüter auf, worauf dieser beides zu einem Reichslehen vereinte, das dem nunmehr zum Reichsfürsten Erhobenen übertragen wurde. Dieses Verfahren ist allerdings nur bei den frühen Erhebungen festzustellen. Es diente wohl dem Ziel, die lehnsrechtlichen Bindungen an den König zu stärken und die allodialen Grundlagen der adligen Stellung zu beseitigen.

Die sog. Fürstengesetze Friedrichs II. von 1231/32 gestanden den Reichsfürsten eine Reihe von Rechten zu, die im Spätmittelalter für den Aufbau der Landesherrschaft nutzbar gemacht werden konnten. Ihre tatsächliche Bedeutung sollte man allerdings nicht überschätzen, offensichtlich wurde nur der Status quo sanktioniert. Zudem war das faktische politische Gewicht der einzelnen Reichsfürsten höchst unterschiedlich. Seit dem Thronstreit 1198 begann sich vor dem Hintergrund der politischen Konstellationen eine verfassungsrechtliche Sonderstellung einiger dieser Fürsten abzuzeichnen: Die Zahl der Königswähler wurde begrenzt. Seit 1257 wählten nur noch die sieben Kurfürsten (Erzbischöfe von Mainz, Köln und Trier, Pfalzgraf bei Rhein, Herzog von Sachsen, Markgraf von Brandenburg, König von Böhmen). In der Goldenen Bulle von 1356 wurde dies auch rechtlich fixiert.

Fürstengesetze 1231/32

Kurfürsten

Ein weiterer Schritt der Festigung von sozialen Grenzen innerhalb des Adels wird in den Rechtsbüchern des 13. Jahrhunderts erkennbar. Im Rahmen der Heerschildordnung wurde eine lehnsrechtliche Stufenordnung des Adels entworfen. Sie ist zuerst im Sachsenspiegel (um 1225) fassbar. An der Spitze steht der König, der zweite Schild umfasst die geistlichen Fürsten, der dritte die weltlichen, denn diese konnten von den Kirchenfürsten Lehen erhalten. Auf dem vierten Schild befinden sich die Grafen und freien Herren, darunter die „Schöffenbarfreien" (wohl Mitglieder freier Familien, die sich in die Ministerialität begeben, dabei sich aber gewisse Standesrechte nach Landrecht vorbehalten hatten) und die Vasallen der freien Herren. Die sechste Heerschildstufe umfasste wiederum deren Vasallen (wohl Ministerialen). Die siebte Stufe blieb im Sachsenspiegel frei. Der etwas später entstandene Schwabenspiegel wies, wie allgemein die süddeutschen Spiegel, den Einschildrittern die letzte Stufe der Heerschildordnung zu. Diese konnten Lehen nur erhalten.

Heerschildordnung

Auch wenn diese Entwürfe (die bei der Darstellung der unteren Schilde zudem regionale Unterschiede aufwiesen und nicht alle Aspekte der adligen Sozialsstruktur wiedergeben) keineswegs Gesetzescharakter hatten, so wurden sie doch i. Allg. beachtet. Die Heerschildordnung sollte gleichsam indirekt darüber Auskunft geben, wer zum Adel gehörte; der Sachsenspiegel knüpft die Lehnsfähigkeit ausdrücklich an die ritterliche Abstammung. In der Praxis empfingen allerdings schon seit dem ausgehenden Hochmittelalter auch Bauern und Bürger Lehen, fanden in der Heerschildordnung allerdings keinen Platz. Die Beschränkungen der Lehnsfähigkeit Nichtadliger schwanden im Süden und Westen schneller als in Sachsen.

Das Bild von der funktionalen Dreiteilung der Gesellschaft

Der Wandel der Gesellschaft im Übergang zum Hochmittelalter hatte auch Auswirkungen auf die zeitgenössische Gesellschaftstheorie. „Berufsständische" Kriterien gewannen auf Kosten der „geburtsständischen" an Bedeutung. In der ersten Hälfte des 11. Jahrhunderts entstand im Westen ein neues funktionales „Deutungsschema", das die alten Unterscheidungen zwischen *potentes* und *pauperes* oder Freien und Unfreien ablöste. Den Hintergrund bildete zum einen die Monopolisierung der Kriegsführung durch den Adel, zum anderen die Gottesfriedensbewegung in Frankreich, in deren Rahmen alle Waffentragenden auf bestimmte Verhaltensweisen verpflichtet werden sollten.

In Zusammenarbeit mit dem hohen weltlichen Adel initiierten Bischöfe und Äbte auf Synoden Friedensbestimmungen, die dem Schutz der Kirchen und jener Menschen dienen sollten, die sich selbst nicht verteidigen konnten. Ausgehend von Aquitanien (975 Le Puy in der Auvergne), wo die Machtverhältnisse sehr zersplittert waren, breitete sich diese Bewegung seit dem Ende des 10. Jahrhunderts auf große Teile Frankreichs aus. Dies offenbarte und vertiefte eine gesellschaftliche Trennlinie, die sich auch im neuen Deutungsschema von den drei Ständen wieder fand. Die Bischöfe Adalbero von Laon und Gerhard von Cambrai kritisierten in den dreißiger Jahren des 11. Jahrhunderts die Übernahme königlicher und allgemein weltlicher Aufgaben durch die Kirche in der Gottesfriedensbewegung mit dem Hinweis auf die unterschiedlichen Aufgaben der drei Stände *(ordines)*. Unterschieden wurde zwischen den Betern *(oratores)*, die für das Seelenheil aller zuständig waren, den Kriegern *(bellatores, pugnatores)*, die sich um den Schutz aller zu kümmern hatten, und den Arbeitenden oder Bauern *(agricultores, laboratores)*, auf deren Arbeit die gesamte Gesellschaft beruhte. Vollständig ausgebaut findet sich dieses Schema bei Bonizo von Sutri *(Liber de vita Christiana,* 1090–1095). Obwohl die Stände-

6. Adel im Hochmittelalter

lehre im Spätmittelalter noch erheblich erweitert wurde (Prediger des 13. Jahrhunderts nannten bis zu einunddreißig „Stände"), blieb die Grundidee erhalten.

Die Entstehung des Modells darf allerdings nicht nur als Reflex von sozialen Veränderungen verstanden werden. Da aus ihm auch metaphysisch-religiös begründete Forderungen abgeleitet wurden, trug die Propagierung der Lehre von den drei Ständen selbst zur Konstruktion sozialer Wirklichkeit bei. Als wichtige Folge entstand so eine mentale Kluft zwischen Kriegern (später: Rittern) und Bauern, die in zahlreichen Bereichen des Lebens gerechtfertigt und (etwa auch literarisch) vertieft wurde.

Ritter und Bauern

Diese Entwicklung zeigt sich auch in einem partiell veränderten Bild des Laienadels. In der Kloster- und Kirchenreform wurde die Rolle der Laien seit dem 10. Jahrhundert prinzipiell aufgewertet, gleichzeitig aber stärker durch normative Forderungen definiert. Die aus der Antike stammende und nie in Vergessenheit geratene Vorstellung, dass wahrer Adel gerade auch eine Frage der Tugend sei, wurde mit Nachdruck hervorgehoben und entwickelte sich seit der Mitte des 12. Jahrhunderts zu einem Topos der höfischen Lehrdichtung. Edles Verhalten war nun auch einem Nichtadligen möglich. Die damit an die adlige Laienwelt herangetragenen Erwartungen bildeten den Ausgangspunkt einer immer deutlicher werdenden Kritik an Vorstellungen von Adel, die allein auf der Betonung der vornehmen Herkunft beruhten. Schon in Bernhards von Clairvaux Verteidigung des Templerordens (1128–38) ist dieser Gedanke zu fassen.

Adelsbild der Kirchenreform

Mit dieser Entwicklung änderte sich auch das Bild des Heiligen. Zum einen wurde, zuerst in der von Odo von Cluny wohl gegen 925 verfassten Vita des Grafen Gerald von Aurillac, das Bild eines im Laienstand verbleibenden Adligen entworfen, der als Herrscher und Krieger ein heiligmäßiges Leben führte. Zum anderen trat der Pauper Christi geringer Herkunft in Erscheinung (Vita s. Haimeradi, 1072–1090); die vornehme Abstammung war nicht mehr zwingend.

Änderung des Heiligenbildes

Für die Welt der Klöster hatte die Reform noch andere Folgen. Exklusiv adlige Konvente gab es wohl seit der Mitte des 9. Jahrhunderts, auch wenn die Quellenlage bei Aussagen dieser Art zur Vorsicht mahnt. Dies war einerseits Folge der zunehmend wichtigeren Rolle der Klöster in der politischen Welt, andererseits aber der ebenfalls größer werdenden Bedeutung materiell gut ausgestatteter kirchlicher Institutionen als „Versorgungsanstalten" adliger Kinder, die nicht zur Herrschaft geeignet oder vorgesehen waren. Als besonders exklusiv gelten die Kanoniker- und Kanonissenstifte.

Soziale Zusammensetzung von Klosterkonventen

Reformklöster

Für die hochmittelalterlichen Reformklöster spielte dagegen die soziale Herkunft eine weitaus geringere Rolle. Im Rahmen der von Hirsau und St. Blasien vorangetriebenen Reform cluniazensischer Prägung war ständische Offenheit vielleicht sogar ein bewusst verfolgtes Ziel. Die neu eingeführte Institution der Laienbrüder bot Möglichkeiten einer Lebensführung im Kloster auch außerhalb des Chormönchtums, doch ist die soziale Herkunft der Konversen nicht eindeutig zu bestimmen.

Ständische Verfestigung im Spätmittelalter

Mit dem Abklingen der Kirchenreform setzte allerdings eine erneute ständische Verfestigung auch bei den Reformorden ein. In manchen Orden, 1118 etwa bei den Zisterziensern, wurden Bestimmungen erlassen, wonach Adlige nur noch als Chormönche aufgenommen werden sollten. Der Aspekt der Versorgung geriet wieder in den Vordergrund. Eine ähnliche Entwicklung vollzog sich sogar bei den Bettelorden des 13. Jahrhunderts, die sich zwar grundsätzlich den Unterschichten öffneten, aber vom Adel und vom reichen Bürgertum dominiert wurden. Nur wenige Gemeinschaften, wie etwa die Camaldulenser, ein Zweig des Benediktinerordens, konnten sich dieser Entwicklung entziehen. Dass die geistlichen Ritterorden noch mehr eine Domäne des Adels waren, liegt auf der Hand. Insbesondere der Deutsche Orden galt im Spätmittelalter als „des Deutschen Adels Spital".

Im Spätmittelalter orientierte man sich in Klöstern bei Aufnahmevorschriften an den sozialen Ständen, die sich jetzt herausprägten. Damit gab es hochadlige, gemischtadlige und gemeinständische Konvente. Wenn im 15. Jahrhundert häufig die adlige Exklusivität aufgegeben wurde, so lag dies in erster Linie an den Schwierigkeiten der Nachwuchsrekrutierung. Die Reformversuche dieses Jahrhunderts blieben ohne größeren Erfolg; zahlreiche Benediktinerklöster wurden in Chorherren- und Damenstifte umgewandelt, um die Exklusivität zu wahren.

„Mönchsein in der Adelsgesellschaft"

Generell definierte „Mönchsein in der Adelsgesellschaft des Mittelalters" ein Spannungsfeld zwischen christlich begründeten Gleichheitsforderungen und einer hierarchisch strukturierten sozialen Umwelt (K. Schreiner). Paradigmatisch zeigt sich dies in einem Briefwechsel zwischen den Äbtissinnen Tenxwind von Andernach und Hildegard von Bingen aus der Mitte des 12. Jahrhunderts. Tenxwind kritisierte Hildegards Praxis, in den von ihr geleiteten Konvent nur adlige Töchter aufzunehmen, u. a. mit dem Verweis auf die geringe soziale Herkunft der Apostel. Hildegard rechtfertigte sich mit dem Argument, dass Unterschiede und Abstufungen bei den Menschen letztlich von Gott geschaffen worden seien.

7. Ministerialität

Von der Möglichkeit, durch besondere Dienste und Nähe zum Herrn aus der Unfreiheit sozial aufzusteigen, berichtet bereits Tacitus für die germanische Zeit. Auch die *pueri regis* der Merowinger, abhängige Gefolgsleute des Königs, die zu besonderen Aufgaben herangezogen wurden, sind ein Beispiel für Personen, die einerseits minderer Rechtsstellung waren, andererseits aber einen höheren sozialen Rang genossen. Die *servi principis, qui dicuntur adalscalhae,* der agilolfingischen Herzöge zeigen schon im Begriff die Annäherung an den Adel.

    Der Aufstieg der hochmittelalterlichen Dienstmannschaft beruhte auf demselben Phänomen, schloss jedoch zahlenmäßig sehr viel mehr Menschen ein. Institutionelle oder ständegeschichtliche Kontinuitäten zur früheren Zeit sind nicht nachweisbar und wenig wahrscheinlich. Der Begriff *ministerialis* wurde in der Karolingerzeit – sozial unspezifisch – für Amtsträger oder Diener des Königs verwendet und umfasste damit ein Spektrum, das vom Knecht bis zum Grafen reichte.

    Vorformen der hochmittelalterlichen Ministerialität sind seit dem Beginn des 11. Jahrhunderts in der Reichskirche erkennbar. Bestimmten Personengruppen wurde im Rahmen der *familia* des Herrn, dem hofrechtlich gebundenen Personenverband einer Grundherrschaft, eine besondere Stellung zuerkannt. Entscheidend dafür waren qualifizierte Dienste in der Verwaltung des Hofes oder der Grundherrschaft und Kriegsdienste. Diese zunächst funktional begründete Sonderstellung schlug sich dann in bestimmten Vorrechten nieder, die allerdings noch im Rahmen des Hofrechts der *familia* fixiert wurden. Im sog. Hofrecht des Bischofs Burchard von Worms ist diese frühe Stufe zu erkennen (1024/25): Die ehemals königlichen Fiskalinen der Wormser Kirche genießen rechtliche Privilegien und dürfen ausschließlich zu den herausgehobenen Hofämtern herangezogen werden (Kämmerer, Mundschenk, Truchsess, Marschall oder *ministerialis* [hier: Meier der Grundherrschaft]).

    Der Aufbau einer eigenständigen Verwaltung des Kirchenbesitzes mit Hilfe von Unfreien sollte wohl dazu dienen, adlige Entfremdungsversuche zu verhindern. Um die Dienste leisten zu können, erhielten die Dienstleute Lehen. Im Rahmen einer 1035 erfolgten Güterschenkung des Kaisers an das neu gegründete Kloster Limburg wurde in einem (wenngleich nicht über jeden Verdacht erhabenen) Diplom die Ausstattung der ehemals königlichen Klosterleute mit einem Lehen auf die Zeit der Ausübung eines Hofamtes (Truchsess, Mundschenk) oder des Reiterdienstes (hier: *miles*) begrenzt. Zudem konnte der Abt diese Belehnung wieder rückgängig machen.

Bamberger Hofrecht   Schließlich wurde für Ministeriale ein eigenes Recht formuliert, aus dem letztlich ein erblicher rechtlicher Status wurde. Das 1061/62 in einer bischöflichen Urkunde überlieferte Bamberger Hofrecht kann bereits als eigenes Standesrecht der Ministerialität bezeichnet werden. Die Dienstleute erscheinen nicht mehr als Teil der *familia* und ihre Lehen sind erblich. Selbst wenn es methodisch nicht unproblematisch ist, auf der Basis von drei sehr verschiedenen Rechtsquellen eine gerade Linie zu ziehen, so lässt sich doch die allgemeine Entwicklung erkennen: Vom Ausgangspunkt des Hofrechts hatte sich über das Dienstrecht ein eigenes Recht der Dienstmannen entwickelt. Der zeitliche Abschluss dieses Prozesses variierte von Region zu Region, fällt allerdings im Wesentlichen noch ins 11. Jahrhundert. Von einem Stand *(ordo)* der Ministerialen ist in erzählenden Quellen erstmals im ausgehenden 11. Jahrhundert die Rede.

Reichsministerialität   Etwas später als in der Reichskirche sind Ministeriale des Königs nachzuweisen. Unter Konrad II. erscheinen unfreie Dienstmannen wie in der Zeit der Ottonen noch als *servi* in den Urkunden, seit Heinrich III. ist von *servientes* die Rede und unter Heinrich V. dann auch von *ministeriales*. Eine qualitative Veränderung wird in der Zeit Lothars III. erkennbar, als erstmals von Reichsministerialen *(ministeriales regni)* gesprochen wird. Dies dürfte auf die nach dem Aussterben der Salier 1125 notwendige gewordene Unterscheidung zwischen dem Reichsgut und dem Hausbesitz des Königs zurückzuführen sein. Die Herausbildung eines standesspezifischen Selbstbewusstseins zeigt eine Nachricht der Pöhldener Annalen zum Jahre 1146: Ministeriale des Reiches und anderer Herren trafen sich aus eigener Initiative und hielten Gerichtstage ab.

Die Rolle der Ministerialität für die königliche Politik ist bereits unter Heinrich III. in Ansätzen zu fassen, wurde unter seinem Sohn ausgebaut und bildete in der Stauferzeit einen wesentlichen Faktor der

Verwaltung von Reichsgut   königlichen Herrschaft. Zunächst gilt das für Verwaltungsaufgaben im Rahmen einer königlichen Territorialpolitik. Reichsgut wurde nicht mehr als Lehen ausgegeben, sondern durch Ministeriale verwaltet. Mit Heinrich IV. begann eine solche Politik in Sachsen; in staufischer Zeit entstanden „Königslandschaften" (v. a. in Schwaben, Franken, Teilen Mitteldeutschlands und im Elsass), in denen de facto der lehnsrechtlich gebundene und damit schwerer zu kontrollierende Adel durch weisungsgebundene Dienstmannen ersetzt wurde. Ob man dies allerdings als Teil einer durchdachten „Reichsreform" der Salier und Staufer bezeichnen sollte, ist eher fraglich. Reichsministeriale erscheinen auch als Inhaber der Hofämter, Ratgeber der Könige und Erzieher der Thronfolger.

Nicht weniger wichtig war ihre Rolle in Italien. Im Zuge der herrschaftlichen Erfassung durch die staufischen Könige nahmen Reichsministeriale militärische, diplomatische und verwaltungstechnische Aufgaben wahr. Dort war ihnen auch die Bekleidung von Ämtern wie dem Herzogtum möglich, die ihnen nördlich der Alpen verschlossen blieben; hier war die höchste erreichbare Würde die des Burggrafen. Bedeutende Persönlichkeiten wie der Reichsmarschall Heinrich von Kalden (gest. 1214) oder der Reichstruchsess Markward von Annweiler (gest. 1212) übernahmen zeitweise die Durchführung der staufischen Italienpolitik. Markward wurde von Heinrich VI. 1195 offenbar sogar förmlich freigelassen, als ihn der König zum Herzog von Ravenna und Markgrafen von Ancona ernannte.

Rolle in Italien

Ein Problem bildete allerdings stets der königliche Rückhalt, der für die Durchsetzung unabdingbar war. Dies zeigte sich zuerst im Thronstreit der Jahre nach 1198 und besonders im sog. Interregnum (1254–1276), als der Reichsministerialität die königliche Unterstützung fehlte.

Erst im 12. Jahrhundert sind Ministeriale von weltlichen Fürsten und Adligen zu fassen; am Ende dieses Jahrhunderts lassen sich auch Dienstmannen von Ministerialen nachweisen. Die Unterschiede der rechtlichen Stellung von Ministerialenverbänden konnten groß sein. Schon der Verfasser des Sachsenspiegels beklagte, dass er Dienstrechte der Reichskirche nicht darstellen könne, da sie von Ort zu Ort und von Herr zu Herr höchst verschieden seien (Ldr. 3.42.2). Hinzu kam, dass auch die soziale Stellung innerhalb desselben Rechtskreises variieren konnte. Dies basiert auf dem prinzipiell enorm breiten Aufgabenbereich: Auch Spezialisten für das Verglasen von Kirchenfenstern oder für den Aderlass konnten der Ministerialität angehören.

Rechtliche und soziale Unterschiede

Einer Spitzengruppe gelang der weitere soziale Aufstieg und der Anschluss an den Adel. Schon im 12. Jahrhundert wurden die Bezeichnungen *nobilis* und *dominus* im Südosten des Reichs vereinzelt auch für Ministeriale verwendet. Mehrere Faktoren spielten bei diesem Aufstieg eine Rolle. Die Lehen, die Ministeriale erhielten, waren zunächst diversen Beschränkungen unterworfen. Sie sollten den Dienst überhaupt erst ermöglichen und fielen mit dem Ende der Beauftragung oder überhaupt des Dienstverhältnisses wieder an den Herrn zurück. Letztlich entwickelten sich allerdings die Dienstlehen seit dem letzten Viertel des 12. Jahrhunderts zu „echten" Lehen. In der Mitte des 13. Jahr-

Anschluss an den Adel

Lehen

hunderts war dieser Prozess im Wesentlichen abgeschlossen. Ein entscheidender Grund dürfte darin bestanden haben, dass Ministeriale begannen, von anderen Herren echte Lehen zu nehmen. Die Herren von Bolanden verzeichneten in ihrem 1250/60 auf der Basis älterer Aufzeichnungen niedergeschriebenen Lehnbuch 45 Lehnsherren und hatten selbst fast 200 Vasallen. In den Rechtsbüchern des 13. Jahrhunderts sind die Folgen dieser Entwicklung bereits zu erkennen: Als Lehnsfähigen wies man auch Ministerialen einen Heerschild zu. Damit wurde ihre Zugehörigkeit zum Adel gewissermaßen indirekt bestätigt.

Allodialbesitz

Der Allodialbesitz war ursprünglich ebenfalls Beschränkungen unterworfen. Es handelte sich um „Inwärtseigen", das nur innerhalb der *familia* und mit Zustimmung des Herrn veräußert werden konnte. Auch solche Bestimmungen hatten allerdings in der Mitte des 13. Jahrhunderts bereits ihre Bedeutung weitgehend verloren.

Ritterliche Lebensweise

Einen zentralen Faktor des sozialen Aufstiegs bildete die Lebensweise. Militärischer Dienst war nicht nur eine besondere Form des Dienstes, es handelte sich dabei v. a. um die Lebensform des Adels. Im Zuge der Entwicklung des Reiterkriegertums zum Rittertum wurden damit spezifische Werte, Normen und Symbole verknüpft, die für alle Waffentragenden unabhängig von deren Herkunft galten. Die ritterlich-höfische Kultur verband am Ende des 12. Jahrhunderts den König, den Adel und die militärisch dienende Ministerialität. In der Siegel- und Wappenführung, dem Bau namengebender Burgen oder der Teilnahme an Turnieren zeigt sich deutlich die Angleichung an die Lebensweise des Adels. Ob das Ritterideal mit seiner starken Hervorhebung des Dienstgedankens vielleicht selbst maßgeblich durch die Ministerialität geprägt oder sogar konstituiert worden ist, ist in der Forschung umstritten.

Ämter in der Kirche

Beispiele für ursprünglich Minderfreie, die in der Kirche hohe Ämter bekleideten, finden sich in der Karolingerzeit und dann wieder unter Heinrich II. Sie gingen stets auf königlichen Einfluss zurück und sind ein Indikator für die starke Stellung eines Herrschers. Seit dem 12. Jahrhundert gelang es auch Ministerialen, die Bischofswürde zu erreichen. Allerdings sollte ihr Anteil im Episkopat des Hochmittelalters nicht überschätzt werden. Erst im Spätmittelalter stammten die Bischöfe häufiger aus dem niederen Adel. Äbte ministerialischer Herkunft finden sich zuerst in den Reformorden des Hochmittelalters, wie überhaupt die Anziehungskraft insbesondere der Zisterzienser und der Prämonstratenser für die Ministerialität groß war. In den sozial exklusiveren Reichsklöstern waren die Aufstiegsmöglichkeiten dagegen lange begrenzt.

7. Ministerialität

Der in den meisten Regionen feststellbare Eintritt von Freien in die Ministerialität resultiert wohl aus der Attraktivität von Dienstlehen und dürfte generell zur Aufwertung der Institution und zu einer frühzeitigen Differenzierung des Standes beigetragen haben. Die zentrale Frage, wie groß der Anteil ursprünglich Freier insgesamt war, ist umstritten, doch tendiert die heutige Forschung dazu, ihn als eher gering zu veranschlagen. „Massenhafte" Eintritte in die Ministerialität haben sich jedenfalls nirgends sicher nachweisen lassen.

<small>Eintritt von Freien</small>

Bei eherechtlichen Bestimmungen haben sich Merkmale der Unfreiheit lange erhalten. Ehen zwischen Angehörigen verschiedener *familiae* warfen insbesondere die Frage auf, zu welchem Herrschaftsverband die Nachkommen gehörten. In zahlreichen bilateralen Abmachungen versuchten die Herren im 12. und 13. Jahrhundert, eine Regelung zu finden.

<small>Eherechtliche Bestimmungen</small>

Die Heirat eines Ministerialen mit einer adligen Frau kann schließlich als sicherer Indikator für den Anschluss an den Adel gelten, markiert aber erst die letzte Stufe des Aufstiegs. Die Häufigkeit des Phänomens darf nicht überschätzt werden, zumal gerade die eherechtlichen Beschränkungen noch lange Bestand hatten und eine soziale Trennlinie markierten, die auch im Spätmittelalter nur schwer zu überwinden war.

Der soziale Aufstieg der Ministerialität und die damit verbundene Emanzipation vom Dienstherrn führten bisweilen zu heftigen Konflikten, die bis hin zu Aufständen und der Ermordung des Herrn gingen. Im Hintergrund solcher Gewalttaten stand dabei die vermeintliche oder tatsächliche Missachtung von Rechten. Als Trierer Ministeriale im Jahre 1066 ihre Mitwirkungsrechte bei der Bischofserhebung übergangen sahen, ermordeten sie den Kandidaten Konrad von Pfullingen. 1131 erhoben sich wiederum Trierer Ministeriale, da die Wahl des Erzbischofs Albero ohne ihre Zustimmung erfolgt war. Am Beginn des 12. Jahrhunderts wurden die Grafen Ludwig von Mömpelgard, Konrad von Beichlingen und Sigehard von Burghausen von ihren Dienstleuten erschlagen, 1135 traf dasselbe Schicksal den Reichenauer Abt Ludwig von Pfullendorf. Besonders spektakulär war die Ermordung des selbst aus der Ministerialität stammenden Mainzer Erzbischofs Arnold von Selenhofen (1160) im Verlauf eines lang dauernden Aufstandes, der nicht zuletzt auf die Rivalität zwischen Ministerialengeschlechtern zurückzuführen ist. Erst nach der zweiten Hälfte des 13. Jahrhunderts – unter veränderten politischen und sozialen Rahmenbedingungen – hörten solche Gewalttaten auf.

<small>Konflikte mit den Herren</small>

Reichsklöster reagierten im 12. Jahrhundert auf die Emanzipationsbemühungen ihrer Ministerialität mit der Fälschung von Dienst-

<small>Fälschungen von Dienstrechten</small>

rechten, die die Zugehörigkeit zur *familia* nachweisen und die Pflichten fixieren sollten (St. Maximin in Trier, 1135; Ebersheim im Elsass, um 1155; Erstein im Elsass, um 1190 u. a.). In diesem Zusammenhang wurde auch eine Urkunde Konrads II. von 1029 verfälscht, deren Bestimmungen über den Königshof Weißenburg in Franken die einzigen überlieferten Rechtsregelungen für Reichsministeriale sind. Auf der Reichenau wurden gegen 1160 in der sog. *Constitutio de expeditione Romana* Bestimmungen über den Romzug auf eine Verordnung Karls des Großen zurückgeführt. Reformorden versuchten, auf eine ritterlich lebende Ministerialität zu verzichten.

Auflösung der Ministerialität

Gegen Ende des 13. Jahrhunderts beginnt der Begriff *ministerialis*, aus den Quellen zu verschwinden. Die „Auflösung" der Ministerialität ist ein Prozess, hinter dem sich sehr unterschiedliche individuelle Schicksale verbergen. Wegen der Heterogenität der Ministerialität kann

Landesherren

man generell nicht unbedingt von Aufstieg oder Abstieg sprechen. Einige erfolgreiche Ministeriale (v. a. aus der Reichsministerialität) etablierten nach dem Ende der Staufer eigene Herrschaftsbereiche, stiegen zu Landesherren auf und fanden über Heiratsverbindungen Anschluss an den hohen Adel.

Niederer Adel

Die Masse der ritterlich lebenden Ministerialen entwickelte sich zum niederen Adel, der sich im 13. Jahrhundert, nachdem der Erwerb der Ritterwürde von der Herkunft abhängig gemacht wurde, geburtsständisch zu verfestigen begann. Ob es sich dabei um den größten Teil der Dienstmannen gehandelt hat, ist allenfalls zu vermuten, doch war ihre Anzahl jedenfalls so hoch, dass ihre Nachkommen am Beginn der Neuzeit die ganz überwiegende Mehrheit des Adels stellten. Die meisten der heute noch existierenden Adelsgeschlechter, die sich bis ins Mittelalter zurückführen lassen, gehen auf die hochmittelalterliche Dienstmannschaft zurück. In diesen niederen Adel wurden auch die Reste weniger bedeutender „altadliger" Familien integriert.

Diese Entwicklung führte letztlich entweder zur Mitgliedschaft in der Reichsritterschaft oder zur Formierung eines landständischen Adels im Rahmen der Landesherrschaften. In manchen Regionen gelang dabei das Einrücken in die Positionen des alten Adels. Eine besondere Rolle spielten Ministeriale in den südostdeutschen Gebieten, wo der alte Adel weitgehend erlosch. Die Landherren in Österreich und in der Steiermark stammten ebenso wie der bayerische Turnieradel („höherer Adel") fast ausschließlich aus der Ministerialität. Dennoch entwickelte sich auch in diesen Regionen eine vertikale Zweiteilung des Adels, die in den habsburgischen Gebieten sogar in der landständischen Verfassung ihren Niederschlag fand: Die Unterscheidung zwischen *ministe-*

riales und *milites* legte die Grundlagen für Herren- und Ritterstand. Nicht zuletzt bekleideten Ministeriale bzw. niedere Adlige die seit etwa 1300 neu geschaffenen Ämter der Landesherrschaft.

Letztlich dürfen die erfolgreichen Karrieren von Ministerialen aber nicht darüber hinwegtäuschen, dass es auch Phänomene des sozialen Abstiegs gab, die in den Quellen naturgemäß seltener zu finden sind und sich größenmäßig kaum erfassen lassen. Nicht allen Dienstleuten gelang die Beibehaltung der ritterlichen Lebensweise. Zudem dürfte es eine „Unterschicht" gegeben haben, deren sozialer Status sich nicht änderte.

Sozialer Abstieg

Eine bedeutende Rolle spielte die Ministerialität in zahlreichen Städten vor allem im Westen und Süden des Reiches. In erster Linie gilt dies für Königs- und Bischofsstädte. Als Amtsträger des Stadtherrn nahmen die Dienstmannen schon im 11. Jahrhundert bedeutende Funktionen in Verwaltung, Politik und Wirtschaft wahr (Gerichtsbarkeit, Regelung und Beaufsichtigung von Marktverkehr und Finanzverwaltung, militärische Aufgaben). Damit erlangten sie einen hervorgehobenen sozialen Status und konkrete Einflussmöglichkeiten, die paradoxerweise die Folge ihrer Herkunft aus der *familia* des Stadtherrn waren. Die seit den siebziger Jahren des 12. Jahrhunderts einsetzenden Bemühungen um die Emanzipation vom Stadtherrn und die Entwicklung der Ratsverfassung wurden gerade auch von Ministerialen vorangetrieben. Angesichts zahlreicher Aufstände ist sogar von einer revolutionären Haltung der Ministerialität gesprochen worden (K. Schulz). In vielen Bischofsstädten ist erkennbar, dass mit dem Ende der bischöflichen Stadtherrschaft (gewöhnlich im 13. Jahrhundert) allenfalls ein Teil der Ministerialen die Stadt verließ, während führende Positionen in der Selbstverwaltung wie auch im Wirtschaftsleben (Geld- und Wechselgeschäfte, Handel) nach wie vor von Bürgern bekleidet wurden, die aus der Ministerialität stammten. Diese bildeten einen wichtigen Teil des Meliorats bzw. des Patriziats. Für einige dieser Städte wird man von einem Stadtadel sprechen können, der sich weder im Selbstbewusstsein noch in der Lebensweise prinzipiell vom niederen Landadel unterschied. Ob man allerdings für Bürger ministerialischer Herkunft, die – ohne noch als Ministeriale bezeichnet zu werden – in manchen Städten weiterhin eine hervorgehobene Stellung besaßen, den Begriff der „bürgerlichen Ministerialität" verwenden sollte, ist umstritten.

Ministeriale in der Stadt

Erst im Spätmittelalter, nachdem die alten Führungsgruppen der Städte in den sozial bedingten Verfassungskonflikten (sog. Zunftkämpfe) v. a. im 14. Jahrhundert zum Teil entmachtet oder zumindest aus den Reihen aufsteigender Gruppen ergänzt worden waren, versuchte sich der ursprünglich ebenfalls aus der Ministerialität hervorgegangene niedere Landadel vom bürgerlichen Meliorat bzw. Patriziat abzugrenzen. Die Nachfahren der Ministerialen in der städtischen Führungsschicht gingen nun im Bürgertum auf oder suchten den Anschluss an den Landadel.

8. Rittertum

Definitionsprobleme   Das Rittertum ist ein komplexes soziales und kulturelles Phänomen. Trotz beträchtlicher regionaler Unterschiede einerseits und in mancher Hinsicht vergleichbarer Entwicklungen in anderen Kulturen andererseits wird es in der Forschung gewöhnlich als eine gesamteuropäische Erscheinung betrachtet. Die einzelnen Wurzeln können unterschiedlich weit zurückverfolgt werden. Von der Frage, welche dieser Traditionen man als konstitutiv einschätzt, hängt es ab, ob man das Rittertum als ein in Frankreich entstandenes Phänomen oder als Produkt aller Nachfolgereiche des Karolingerreiches versteht. Bestimmte Elemente kann man sogar bis in die römische Spätantike zurückführen. Demnach wird Rittertum in der Forschung unterschiedlich definiert. I. Allg. erscheint der Begriff für deutsche Verhältnisse erst seit dem 12. Jahrhundert als angemessen, da erst in dieser Zeit die spezifisch höfisch-ritterliche Kultur entstand: Der Krieger wurde zum Ritter.

Vorgeschichte   Ein wesentlicher Teil der Vorgeschichte des Rittertums besteht im militärischen und gesellschaftlichen Wandel der ausgehenden Karolingerzeit. Als Folge der Trennung von Kriegern und Bauern entstand als „Berufsstand" ein berittenes Kriegertum, das zunächst mit der adligen Oberschicht der Vasallen gleichgesetzt werden kann. In Deutschland schloss er seit dem 12. Jahrhundert aber auch die unfreien berittenen Krieger aus der Ministerialität ein.

Verbindende Elemente dieses Kriegertums waren dieselbe Lebensweise und eine spezifische Ethik, die aus unterschiedlichen Wurzeln gespeist wurde. Zentral war die Verbindung von Dienst und Herrschaft. Als Reminiszenz spielte der Gedanke des (nicht nur militärischen) öffentlichen Dienstes der spätantiken *militia* offenbar noch eine Rolle, wenngleich konkrete Kontinuitäten schwer zu erweisen sind.

Kirchliche Einflüsse   Von besonderer Bedeutung waren Versuche der Kirche, das Kriegertum auf christliche Normen zu verpflichten. Sie sind schon in der ausgehenden Karolingerzeit feststellbar. Ursprünglich königliche Aufgaben, v. a. der Schutz der Kirche und jener Personen, die sich nicht

8. Rittertum 35

selbst verteidigen konnten, wurden im Zeitalter der Schwäche des Königtums an alle Waffenträger herangetragen. In der von Aquitanien ausgehenden Gottesfriedensbewegung und in der Kirchenreform wurden diese Vorstellungen ausgebaut. Dies führte zur Annäherung der Kirche an den Krieg und zu einer positiven Wertung des Kriegertums, die in der Kreuzzugsbewegung seit dem Ende des 11. Jahrhunderts kulminierte. Der ursprünglich dem Apostel und Märtyrer, dann auch dem Mönch vorbehaltene Begriff des *miles christianus* wurde seit 1095 neu interpretiert. Die Kreuzzüge boten die Möglichkeit, die ritterliche Lebensform zu verwirklichen. In diesem Zusammenhang nahm die Verehrung von Heiligen, die in der Antike als Soldaten gedient hatten, einen enormen Aufschwung. Georg, Martin, Mauritius oder Victor entwickelten sich zu „Ritterheiligen".

Ihren deutlichsten Niederschlag fand die Verbindung von kriegerischen und christlichen Idealen in den während der Kreuzzüge entstandenen geistlichen Ritterorden. 1118/19 wurde im Heiligen Land der Templerorden gegründet. Er fand in Bernhard von Clairvaux einen prominenten Fürsprecher, als es galt, diese neuartige Lebensweise zu rechtfertigen, die nicht in das Deutungsschema der drei Stände passte. Die bedeutendsten Ritterorden neben den Templern waren die Johanniter, die sich in der Mitte des 12. Jahrhunderts durch Übernahme militärischer Aufgaben vom Spital zum Ritterorden entwickelten, und der 1190 während des 3. Kreuzzugs vor Akkon gegründete Deutsche Orden, der 1198 zum Ritterorden umgewandelt wurde.

<small>Geistliche Ritterorden</small>

Erkennbar war der Ritter zum einen an seinem äußeren Erscheinungsbild, das durch seine kriegerische Tätigkeit geprägt war. Schwert, Lanze, Helm, Panzer und Schild gehörten notwendigerweise dazu. Seit 1150 änderte sich die seit der Karolingerzeit im Wesentlichen unverändert gebliebene Schutzbewaffnung. Das ältere Kettenhemd entwickelte sich durch das Anbringen von Verstärkungen zum Plattenpanzer und zuletzt zum Plattenharnisch. Neue, z.T. geschlossene Helmformen mit Visier oder Sehschlitzen lösten den offenen konvexen Helm ab, der schmälere Langschild ersetzte die kleineren Rund- oder Ovalschilde. Die Gleve als Bezeichnung für die kleinste militärische Einheit wurde nach der Lanze, der Hauptwaffe benannt; sie bestand im Normalfall aus dem Ritter mit einem oder zwei Helfern (Knappen oder Knechten) und mindestens drei Pferden.

<small>Erscheinungsbild des Ritters</small>

Zum anderen wurde von einem Ritter erwartet, dass man ihn an Haltung und Verhalten erkennen solle. Ob jene zahlreichen ritterlichen Tugenden, die sich nicht auf den militärischen Bereich bezogen, wie Demut, Treue, hoher Mut usw., zu einem durchdachten und hierarchisch

<small>Ritterliche Tugenden</small>

aufgebauten System zusammengefasst werden können, ist eher unwahrscheinlich. Als zentrale Begriffe erscheinen häufig Beständigkeit *(staete)* und Mäßigung *(mâze)*, während „Höfischheit" *(hövescheit, curialitas)* auf die Verbindung zum fürstlichen oder königlichen Hof verweist. Hier wurden im Rahmen der sich ausprägenden ritterlichhöfischen Kultur das geforderte Verhalten und damit die Lebensform demonstriert. Dies war in verschiedener Weise (Gespräch, Gesten, Kleidung, Symbole usw.) und bei unterschiedlichen Gelegenheiten (Turnier, Jagd, Fest, Mahlzeit usw.) möglich. Eine besondere Rolle spielte der Frauendienst. Die ritterlich-höfische Kultur ist als die „erste autonome Laienkultur des Abendlandes" bezeichnet worden (O. Brunner).

Ritterstand

Die Blütezeit des Rittertums war das 12. und 13. Jahrhundert. Als ideelle Gemeinschaft schloss es den Einschildritter aus der Ministerialität ebenso wie die hohen Adligen und den König mit ein. In Anlehnung an den Quellenbegriff *ordo militaris* hat man von einem Ritterstand gesprochen, doch darf dabei nicht übersehen werden, dass die soziale Heterogenität dieser Gemeinschaft groß war.

Aufnahmezeremonien

Ritter wurde man nicht durch Geburt, sondern durch einen formalen Akt. Er wurde gewöhnlich, keineswegs aber zwingend, mit der Volljährigkeit vorgenommen. Die Erhebung zum Ritter erfolgte durch die Umgürtung mit dem Schwert (Schwertleite); in Deutschland wurde dieser Ritus seit der Mitte des 14. Jahrhunderts – nach französischem Vorbild – durch den einfacheren Ritterschlag abgelöst. Die Aufnahmezeremonien als öffentliche Verpflichtung auf die Lebensform knüpften an ältere Riten und Symbole an, doch sind konkrete Kontinuitäten nur undeutlich zu erkennen. Schon Tacitus berichtet von einer feierlichen Übergabe der Waffen an mündig gewordene germanische Jugendliche (Wehrhaftmachung), der Rittergürtel *(cingulum militare)* war in der Antike Zeichen für einen Amtsträger. Der christliche Schwertsegen stammt aus spätkarolingischer Zeit, im 11. Jahrhundert entwickelte sich daraus die Weihe von Waffenträgern. In Deutschland sind Aufnahmezeremonien für Ritter allerdings erst für das 12. Jahrhundert überliefert. Sie lassen sich zuerst für Königs- und Fürstensöhne belegen. Auf dem Mainzer Hoftag zu Pfingsten 1184 wurden die beiden Söhne Barbarossas, darunter auch der bereits mündige und zum König gewählte Heinrich, feierlich mit dem Schwert umgürtet. Seit der Mitte des 13. Jahrhunderts gibt es Berichte von Massenpromotionen. Dennoch ist unklar, wie weit die formale Erhebung zum Ritter im deutschen Adel tatsächlich verbreitet war.

Im Spätmittelalter bildeten sich manche Traditionen über Orte und Situationen heraus, in denen die Ritterwürde erworben wurde:

nach oder vor einer Schlacht, auf der Engelsbrücke in Rom während der Kaiserkrönung (nach dem Vorbild Heinrichs VII. 1312), am Heiligen Grab in Jerusalem (seit 1355) oder während der Preußenfahrt gegen die heidnischen Litauer (wohl seit dem 14. Jahrhundert). In solchen Situationen war es auch Nichtadligen möglich, die Ritterwürde zu erlangen. Erstmals wird dies explizit in einem Bericht vom Ende des 13. Jahrhunderts erwähnt (Annalen von Kolmar).

Rechtliche Einschränkungen der Möglichkeit, diese Würde zu erwerben, finden sich bereits in Bestimmungen Barbarossas aus dem Jahre 1186 (für Söhne von Priestern, Diakonen und Bauern). Im 13. Jahrhundert setzte sich dann in fast ganz Europa die Vorstellung durch, dass nur derjenige die Ritterwürde erlangen könne, der von ritterlichen Ahnen abstammte. Friedrich II. hat dies in den Konstitutionen von Melfi 1231 für Sizilien auch gesetzlich verfügt. Zwar fehlt für Deutschland eine vergleichbare Maßnahme des Kaisers, doch verlief hier die Entwicklung nicht anders. Aus einem „Berufsstand" wurde so ein „Geburtsstand", der in den Quellen als *genus militare* u.ä. bezeichnet wurde.

Vom Berufsstand zum Geburtsstand

Damit war der tatsächliche Erwerb der Ritterwürde für die Angehörigen des Standes der „Ritterbürtigen" nicht mehr zwingend nötig. Offenbar wegen der Kosten verzichteten viele Angehörige des niederen Adels darauf, zum Ritter erhoben zu werden, und verblieben im Status des (Edel)Knechts *(armiger, scutifer)*. De facto war der Erwerb der Ritterwürde für Aufsteiger aus dem Bauerntum oder v. a. aus den städtischen Oberschichten weiterhin möglich. Als Problem erwies sich im Verlauf des Spätmittelalters allerdings die soziale Akzeptanz dieser Aufsteiger.

Nachdem sich das Rittertum als Geburtsstand sozial abgeschlossen hatte, begann man im hohen (und alten) Adel, auf die Hervorhebung der Ritterwürde zu verzichten, und betonte die freie Geburt. Dies diente der Abgrenzung vom jetzt entstehenden „niederen" Adel, der sich hauptsächlich aus den Angehörigen der Ministerialität zusammensetzte. Der Begriff „Ritter" wurde für den niederen Adel zur Standesbezeichnung. Die ritterlichen Tugenden blieben für das Selbstverständnis des Adels allerdings noch mindestens bis zum Ende des Mittelalters maßgebend. Die „Ritterrenaissance" der zweiten Hälfte des 15. Jahrhunderts, getragen insbesondere vom niederen Adel und vom Patriziat, ist auf soziale Entwicklungen zurückzuführen.

Hoher und niederer Adel

9. Adel im Spätmittelalter

Festigung sozialer Grenzen

Im Spätmittelalter festigten sich soziale Schranken, ihre Überwindung erforderte zunehmend einen rechtlichen Akt. Am Beginn der Neuzeit waren die sozialen Verhältnisse relativ starr. Diese Entwicklung ist gerade beim Adel erkennbar. Zwar wurde die im Hochmittelalter lehnsrechtlich definierte Grenze zwischen Adel und „Nicht-Adel" unscharf, doch änderte sich dies durch die Bildung der landständischen Verfassungen und des Reichstags. Auch wenn die Entstehung politischer Stände keineswegs identisch mit der Entwicklung sozialer Stände war, so erforderte sie doch – auf mehreren Ebenen –, soziale Grenzen präziser zu definieren. Nicht zuletzt ermöglicht das Resultat beider Prozesse, für das ausgehende Spätmittelalter von einer „Gesamtgesellschaft" zu sprechen.

Entstehung „des Adels"

Wenn man das Selbstverständnis der Zeitgenossen als Definitionskriterium wählt, so entstand erst jetzt „der Adel" als soziale Kategorie. Gemeinsamkeiten der sozialen und politischen Situation fanden angesichts neuer Herausforderungen, der Entstehung der fürstlichen Landesherrschaft und des Bedeutungsgewinns von Städten, einen zeitgenössischen terminologischen Niederschlag. Ausgehend vom Rittertum entwickelte sich ein überregionales Gruppenbewusstsein. Als integrativer Begriff setzte sich „Adel" durch, der „Fürst" (im Sinne von Landesherr) fiel allerdings nicht mehr unter diese Bezeichnung.

Ahnenproben

Ein Ausdruck dieser Entwicklung sind die Ahnenproben, in denen die adlige Standesqualität oder die ritterliche Lebensweise einer (unterschiedlich) festgelegten Anzahl von Vorfahren nachgewiesen werden musste. Sie spielten eine immer wichtiger werdende Rolle bei der Aufnahme in Domkapitel, Kanoniker- und Kanonissenstifte, Ritterorden, Adelsgesellschaften oder für die Teilnahme an Turnieren.

Soziale Mobilität im Adel

Die schließlich auch rechtliche Festigung der Stände und die Entwicklung eines homogenen Gruppenbewusstseins führten allerdings in anderer Hinsicht zu einer größeren Heterogenität. Bezüglich der realen Macht und inbesondere der ökonomischen Situation lassen sich erhebliche Unterschiede feststellen; sie waren die Folgen politischer und vor allem wirtschaftlicher Entwicklungen. Die soziale Mobilität innerhalb des Adels war offensichtlich groß.

Binnengliederung

Hoher und niederer Adel

Generell kann man den Adel des Spätmittelalters nach der Stellung in der Heerschildordnung und der Abstammung einerseits und im Hinblick auf das Verhältnis zu König und Reich andererseits untergliedern. Die „vertikale" Unterscheidung beruhte auf dem im Hochmittelalter begonnenen Differenzierungsprozess und auf dem Ergebnis des Aufstiegs der Ministerialen. Der hohe Adel bestand aus den Fürsten sowie aus den standesgleichen Grafen und freien Herren. Gemeinsam war ihnen die Herkunft aus der Freiheit, die mit Prädikaten wie *liber* und – im 15. Jahrhundert – *hochgeborn* oder *wolgeboren* u.ä. hervorgehoben wurde. Darunter stand der niedere Adel, die Ritterschaft, die vornehmlich aus der Ministerialität hervorgegangen war.

Eine andere, „horizontale" Trennlinie entstand im Zuge der Herausbildung der Landesherrschaften und der Umgestaltung der Reichsverfassung. Wer sich dem Sog der Landesherrschaften mit ihren landständischen Verfassungen entziehen und ein direktes Verhältnis zum König bewahren oder erlangen konnte, galt als reichsunmittelbar. Diese Entwicklung wurde allerdings erst im 15. Jahrhundert von praktischer Bedeutung und fand ihren Abschluss in der Frühen Neuzeit. Die Mehrheit des Adels wurde in eine Landesherrschaft eingegliedert und mediatisiert. Dies war naturgemäß häufig beim niederen Adel der Fall, doch gab es – in Österreich, Böhmen und östlich der Elbe – auch landsässige Grafen. Mediate Fürstentümer (Herzöge von Schlesien, Herzöge von Troppau-Jägerndorf, Markgrafen von Mähren) waren das Ergebnis dynastischer Politik.

<small>Reichsunmittelbarer und landsässiger Adel</small>

Nach wie vor waren die lehnsrechtlichen Bindungen zentral für die Bestimmung des rechtlichen Verhältnisses zwischen König und Adligen, doch verloren die aus dem Lehnswesen resultierenden Leistungen an Bedeutung. Die Forderung von militärischen und finanziellen Beiträgen für die Reichspolitik wurde im 15. Jahrhundert an die Eigenschaft gebunden, ein Glied des Reiches zu sein. Dies führte zu dauerhaften horizontalen Bindungen und festeren Organisationen. Letztlich bildeten sich im Zuge der „Verdichtung" der Reichsverfassung (P. Moraw) die (politischen) Reichsstände. Damit wandelte sich der königliche Hoftag zum Reichstag.

<small>Horizontale Gruppenbildungen</small>

Bindungen dieser Art sind zuerst bei den Kurfürsten fassbar, die sich in der Zeit des schwachen Königtums unter Wenzel zum „Kolleg" zusammenfanden, aus dem sich eine Kurie auf dem Reichstag entwickelte. Die Fürsten, fast ausschließlich werdende Landesherren, waren nach zeitgenössischer Auffassung bereits seit dem Hochmittelalter Glieder des Reiches. Sie hielten sich vom König lange eher fern und traten ihm als Einzelpersonen gegenüber. Ihr kollektiver Zusammenschluss als politischer Stand auf dem Reichstag erfolgte erst spät (1487).

<small>Kurfürsten</small>

<small>Fürsten</small>

Grafen und freie Herren insbesondere aus Franken und Mitteldeutschland bildeten nach dem Ende der Staufer die wichtigste Stütze

<small>Grafen und freie Herren</small>

des Königtums. Aus ihren Reihen kamen die Berater und Helfer des Königs und die Inhaber der Landvogteien. Zudem stammten drei Könige der Zeit zwischen 1273 und 1313, Rudolf von Habsburg, Adolf von Nassau und Heinrich von Luxemburg, ebenfalls aus Grafenfamilien. Mit dem Beginn eines vornehmlich auf der Hausmacht basierenden Königtums unter Karl IV. (1346–1378) verloren die Grafen an Bedeutung, bewahrten aber zumeist ihre direkte Verbindung zum König. Mit Sigismund (1410–1437) begann eine Politik der „Refeudalisierung" von Grafschaften. Um dem Druck der Fürsten standhalten zu können, fanden sich die Grafen und Herren zu ständischen Einungen zusammen und orientierten sich stärker am Kaiser und am Reich (z. B. Wetterauer Grafenverein). Noch bis ins 16. Jahrhundert lässt sich von einem politischen Zusammenwirken mit den Rittern sprechen, dann formierten sich die Grafen und Herren zusammen mit den Fürsten und Prälaten zu einer Kurie auf dem Reichstag.

Niederer Adel
Adelsgesellschaften
Zeitlich dauerhaftere genossenschaftliche Einungen des niederen Adels sind zuerst 1331 am Niederrhein belegt (Rote Ärmel). Insgesamt lassen sich bis 1500 mehr als 90 solcher Adelsgesellschaften nachweisen. Trotz mehrfacher Verbote (u. a. in der Goldenen Bulle 1356) spielten sie schon früh eine Rolle v. a. im Rheingebiet, in Schwaben, Franken, Bayern, Mitteldeutschland und in der Wetterau. König Sigismund gestand 1422 das Einungsrecht zu. Adelsgesellschaften erfüllten unterschiedliche Funktionen. Die freiwillige Schiedsgerichtsbarkeit der Mitglieder sollte die friedliche Konfliktregelung untereinander gewährleisten und die Unterwerfung unter die Gerichtsbarkeit der Fürsten verhindern. Auch unterstützte man sich gegenseitig in den Auseinandersetzungen mit den Städten und den unruhig werdenden Bauern. Nicht zuletzt dienten die Gesellschaften der Demonstration adliger Lebensweise. Dies kam im gemeinsamen Mahl, im Totengedenken, in religiösen Stiftungen oder bei der gemeinschaftlichen Teilnahme an Turnieren zum Ausdruck. Die großen überregionalen Turniere der vier Lande, die vom niederen Adel Frankens, Schwabens, Bayerns und des Rheinlandes in den Jahren zwischen 1479 und 1487 ausgerichtet wurden, dienten gerade auch dem Zweck, eine gefährdete soziale Stellung demonstrativ in der Öffentlichkeit zu verteidigen.

Bisweilen waren Adelsgesellschaften ständeübergreifend organisiert und erreichten überregionale politische Bedeutung. Dies gilt insbesondere für den schwäbischen Raum, wo die 1408 gegründete Gesellschaft mit St. Jörgenschild zeitweise den gesamten südwestdeutschen Adel integrierte. Der 1488 gegründete Schwäbische Bund, zu dem u. a. auch der hohe Adel zählte, konnte an diese Traditionen anknüpfen und nicht zuletzt deshalb ein politischer Faktor von einiger Bedeutung werden.

Adelsgesellschaften sind eine Wurzel der Reichsritterschaft, wenngleich man nicht von einer direkten institutionellen Kontinuität sprechen kann. Wichtig dürfte die Einübung von Verhaltensweisen gewesen sein, die kollektive Zusammenschlüsse erleichterten.

Die Reichsritterschaft bestand aus Niederadligen, die sich der Integration in eine landständische Verfassung entziehen konnten. Dies war v. a. im Rheingebiet, in Franken und in Schwaben der Fall, den ehemaligen Kerngebieten des staufischen Reichs, wo die Zahl der Reichsministerialen hoch gewesen war. Dennoch entstammte keineswegs die Mehrheit dieser Niederadligen der Reichsministerialität. Politisch gesehen handelte es sich hier um Gebiete, in denen Landesherren konkurrierten oder ein dominierender Landesherr fehlte. Für den niederen Adel in diesen Regionen war die unmittelbare Beziehung zum König von zentraler Bedeutung; die späteren Reichsritter wurden eine traditionelle Klientel des Königtums. Als Mitglieder von Reichsburgmannschaften sicherten sie die königliche Präsenz im Reich, auch wenn die Zahl der königlichen Burgen seit Karl IV. zurückging. Immerhin bewahrte die wichtige Reichsburg Friedberg (heute Hessen) bis 1806 ihre Reichsunmittelbarkeit. Diese „Adelsrepublik" blieb das Zentrum kleinadliger Selbstbehauptung und beherrschte die gleichnamige Reichsstadt.

Reichsritterschaft

Die Frage der Reichsunmittelbarkeit gewann vor dem Hintergrund der Versuche an Bedeutung, im 15. Jahrhundert eine allgemeine Reichssteuer einzuführen. Damit war die Verzeichnung in den Reichsmatrikeln verbunden und ganz konkret das Problem aufgeworfen, wessen Herrschaft man unterstand. Den Anfang markiert die Hussitensteuer von 1422, die Situation wiederholte sich in unregelmäßigen Abständen (1427, 1471/1474, 1495). Auch am Ende des Mittelalters schien für einige Regionen (Trier, Bayern, Vogtland) noch nicht geklärt, wohin der niedere Adel letztlich tendierte. Die endgültige verfassungsrechtliche Fixierung der Stellung der Reichsritterschaft schlug sich in der Entwicklung fester Organisationsformen nieder (Kantone und Ritterkreise). Dies war allerdings erst in der Frühen Neuzeit abgeschlossen (1542–1651). Auf dem Reichstag waren die Ritter nicht vertreten.

Landesherrschaft kann verstanden werden als Steigerung adliger Herrschaft. Der Landesherr sammelte und bündelte Rechte unterschiedlicher Herkunft in unterschiedlicher Zusammensetzung (v. a. Eigengüter, Lehen, Regalien, Gerichtsrechte, Vogteien). Da man keines-

Entstehung der Landesherrschaft

wegs durchgängig von einer zielstrebigen und durchdachten Politik sprechen kann und retardierende Momente zu berücksichtigen sind, ist die Frage, wann ein Qualitätssprung erreicht wurde, schwer zu beantworten, zumal die Unterschiede enorm sein konnten. Die Entwicklung vollzog sich jedenfalls vor dem Hintergrund einer zunehmenden Mobilisierung und Kapitalisierung von Herrschaftsrechten. Zentral für den Bestand weltlicher Landesherrschaften war die Dynastie. Erbteilungen und Kinderlosigkeit konnten den Bestand der Herrschaft gefährden oder sogar zu deren Ende führen, mit Erbschaftsregelungen im Rahmen sog. Hausordnungen sollte gegengesteuert werden. Als stabilisierender Faktor erwiesen sich letztlich die Landstände, die gewöhnlich kein Interesse an Teilungen hatten.

Landesherren

Die weltlichen Landesherren waren zumeist Fürsten oder Grafen. Eine Sonderstellung in verfassungsrechtlicher Hinsicht nahmen die Kurfürsten ein, denen im Zuge der Regelung der Königswahl in der Goldenen Bulle von 1356 besondere Rechte zuerkannt worden waren. Wenigen Familien aus der Ministerialität gelang der Aufbau von Landesherrschaften, etwa den Vögten von Weida, aus denen später die Fürsten von Reuß hervorgingen, den Herren und Grafen von Schönburg in Sachsen oder den Truchsessen von Waldburg in Schwaben. Wie der Fall der späteren Fürsten von Liechtenstein zeigt, war ein solcher Aufstieg prinzipiell sogar für Familien aus einer fürstlichen Ministerialität möglich.

Adel als Landstand

Im Rahmen der Landesherrschaft entstand ein landsässiger Adel, der sich als Landstand (Mannschaft, Landschaft) formierte. Ausgangspunkt waren lehnsrechtliche Bindungen, inbesondere die Verpflichtung zu Rat und Hilfe. Sie begründeten das Recht, gehört zu werden, und letztlich politische Mitwirkungsrechte. Die Bedeutung des Hofes in diesem Prozess war groß; der erweiterte Hofrat als eine mehr oder weniger institutionalisierte Form des traditionellen Rates der Großen kann als Keimzelle des Adels als Landstand betrachtet werden. Erst für eine spätere Zeit, mit der Entstehung eines kollektiven Gegenübers für den Landesherrn, sollte man von einem „Dualismus" zwischen Fürst und Ständen sprechen.

Die regionalen Unterschiede bei den ständischen Vertretungen waren groß und sind in erster Linie auf politische Entwicklungen zurückzuführen. Im Normalfall gab es drei Kurien: Prälaten, Ritterschaft und Städte.

Herrenkurien

Herrenkurien – neben der Ritterschaft – gab es naturgemäß (wenngleich nicht immer) dort, wo der hohe Adel landsässig geworden war (Böhmen), und in einigen habsburgischen Gebieten (Österreich,

9. Adel im Spätmittelalter

Steiermark, Kärnten, Krain), wo der höhere Adel zwar aus der Spitzengruppe der ehemaligen Landesministerialen hervorgegangen war, sich durch die Formierung eines Herrenstandes aber sozial abgrenzen konnte. In Kurköln vertraten Landesherren der umliegenden Region ihre Interessen in einer Grafen- und Herrenkurie, da sie über Besitz im Gebiet des Stiftes verfügten. In Brandenburg und Meißen war die Zahl der landsässigen Grafen und Herren so gering, dass die politischen Beziehungen zum Landesherrn auf der Ebene persönlicher Kontakte gepflegt wurden.

Nicht im Landtag vertreten war der Adel in jenen Gebieten, in denen ohnehin kein regionaler Niederadel von Bedeutung existierte oder die Ritter die Reichsunmittelbarkeit wahrten bzw. erlangten. Dies gilt insbesondere für einen großen Teil des fränkischen und südwestdeutschen Raums (Kempten, Baden, Württemberg). Auch aus diesem Grund besaßen in einigen geistlichen Fürstentümern die Domkapitel das Monopol der landständischen Vertretung (Mainz, Bamberg, Würzburg, Augsburg). In Trier, wo sich das Domkapitel mit dem Bischof die Herrschaft teilte, schieden die Ritter erst im 16. Jh. aus dem Landtag aus. *Landschaften ohne Adel*

In der Kurpfalz gab es keine politischen Stände, da die Kurfürsten versuchten, ihre Stellung gegenüber dem benachbarten Adel allein auf lehnsrechtliche Beziehungen zu begründen und damit eine eher informelle Herrschaft zu etablieren. Diese Politik scheiterte aber letztlich fast vollständig. *Kurpfalz*

Das konkrete Verhältnis zum Landesherrn konnte höchst unterschiedlich sein. Das Spektrum reicht von nachhaltigen und auch kriegerischen Auseinandersetzungen bis hin zu einem geordneten Miteinander auf der Basis eines umfassenden Konsenses. Dasselbe gilt für die Verteilung der faktischen Macht. Ein Problem waren stets finanzielle Leistungen und Steuern von adligen Hintersassen, die von der Zustimmung der adligen Herren abhingen. Letztlich begann damit ein Prozess, in dem sich einerseits die Unterschiede zwischen landesherrlichen und adligen Abhängigen abschliffen und andererseits der landsässige Adlige vom Inhaber autonomer Herrschaftsrechte zum Untertan mit Privilegien entwickelte. Dieser Prozess war aber auch im 19. Jahrhundert noch nicht vollständig abgeschlossen. *Landesherr und landständiger Adel*

Mit der Entwicklung der Landesherrschaft wuchs die Attraktivität des fürstlichen Hofes, dessen Anfänge im 12. Jahrhundert liegen. Wie im Falle königlicher Herrschaft kann man von hofnahen und hoffernen Adelsfamilien des Landes sprechen. Aus dem Landesadel stammte der größte Teil der Räte, erst sehr langsam wurden Bürgerliche mit Univer- *Bedeutung des fürstlichen Hofes* sitätsbildung zu Konkurrenten. Der Übergang vom reisenden zum ortsfesten Hof markiert die Entstehung von Residenzen.

Die „Domestizierung" des Adels am fürstlichen Hof war ein Phänomen der Frühen Neuzeit, wenngleich einige Wurzeln im Spätmittelalter liegen. Dazu gehört etwa die Gründung hierarchisch aufgebauter Hoforden im 15. Jahrhundert, die – im Unterschied zu den genossenschaftlich organisierten Adelsgesellschaften – am Fürsten orientiert waren. Vorbildcharakter hatte der von Herzog Philipp dem Guten von Burgund 1430 gegründete Orden vom Goldenen Vlies, den die Habsburger weiterführten. Dessen Bedeutung gewannen die deutschen Hoforden allerdings nie; die wichtigsten waren der 1444 gegründete Pelikanorden des pfälzischen Kurfürsten, die von Friedrich II. von Brandenburg 1440 ins Leben gerufene Gesellschaft unserer lieben Frau zum Schwan und der von Sigmund 1408 gegründete Drachenorden, der den König zum Oberhaupt hatte.

Hoforden

Als nach dem sog. Investiturstreit die Möglichkeiten des Königs, Bischofskandidaten zu bestimmen, allmählich geringer wurden und im 13. Jahrhundert dann schwanden, gerieten auch manche Bischofssitze unter die faktische Kontrolle von Adelsfamilien, aus deren Reihen die wahlberechtigten Domkapitulare kamen. Im Spätmittelalter stammten die Bischöfe häufig aus dem gräflichen und dann auch aus dem niederen Adel. Auf diesem Weg war die Beteiligung niederadliger Familien an der Reichspolitik möglich. Im 12. und 13. Jahrhundert gelang den Bischöfen die Entvogtung durch Kauf oder Tausch. Für den Aufbau eines Territoriums war dies eine nahezu unabdingbare Voraussetzung. Die mächtigsten Landesherren vermochten allerdings, dauerhaften Einfluss auf die Besetzung von Bistümern auszuüben. In einigen Fällen kann man von regelrechten Sekundogenituren sprechen.

Bischöfe

Die Domkapitel erlangten nach dem sog. Investiturstreit wachsende Mitspracherechte. Sie dienten damit nicht nur als Versorgungsanstalt für nachgeborene Söhne, sondern waren auch ein Mittel der „Teilhabe" des Adels an der episkopalen Herrschaft, z.T. im Rahmen der landständischen Verfassung. Im Spätmittelalter wurden Aufnahmevorschriften die Regel (zuerst 1326 für Mainz). Durch Ahnenproben musste die adlige Abstammung nachgewiesen werden. Besonders exklusiv waren die Domstifte von Köln und Straßburg, die nur Angehörige des hohen Adels zuließen. Gewöhnlich dominierte allerdings der Niederadel und einige Kapitel standen sogar Bürgern oder Bauern offen. Die regionalen Unterschiede waren groß, da Domkapitel auch ein Spiegelbild der sozialen Verhältnisse des regionalen Einzugsbereichs bildeten und der Nachwuchs aus den Reihen des hohen Adels schwand.

Domkapitel

Ersetzbar war die adlige Abstammung zum Teil durch einen akademischen Grad. Dieselbe Entwicklung gilt grundsätzlich auch für Stiftskirchen. Die gemeinsame Stiftsfähigkeit schuf im „Stiftsadel" ein Bindeglied zwischen verschiedenen Adelsschichten.

Stiftsadel

Die Diskussionen um das Wesen des Adels und die daraus resultierende Adelskritik knüpften inhaltlich an das Hochmittelalter an, wurden allerdings – unter zunehmendem Einfluss frühhumanistischer Vorstellungen – intensiviert. Mehrere Arten des Adels wurden in der zeitgenössischen europäischen Literatur, v. a. im Rahmen ständedidaktischer Abhandlungen, unterschieden. Überhaupt erst ausführlicher formuliert wurden die herkömmlichen Geblüts- und Abstammungstheorien. Argumentationen, die Tugenden, geistige Bildung und persönliche Verdienste als „wahre" Adelskriterien propagierten, wurden ausgebaut und verfeinert. Die Vertreter dieser Sicht waren im Spätmittelalter in der Mehrheit. Hinzu traten Modelle, in denen der Fürst oder der König ins Spiel gebracht wurde: Der Adel hänge von ihm ab, er könne adlig „machen". Unabhängig von den tatsächlichen Verhältnissen erschien Adel damit noch deutlicher als eine *qualitas*, die nicht mehr nur oder nicht einmal in erster Linie durch die Geburt definiert wird, sondern erworben und verliehen werden kann.

Diskussionen um das Wesen des Adels und Adelskritik

Mit Karl IV. begannen – nach französischem Vorbild – die Nobilitierungen durch einen kaiserlichen Gnadenbrief. Der älteste erhaltene Adelsbrief (für den Mainzer Scholaster Wicker Frosch) stammt aus dem Jahre 1360. Eine Vorstufe konnte die Verleihung oder Bestätigung eines Wappens sein (zuerst 1338 für einen italienischen Empfänger belegt), doch waren die Grenzen in der Frühzeit fließend. Im Spätmittelalter war die Erhebung in den Adel ein kaiserliches Reservatrecht, das persönlich oder – in Vertretung – durch einen Hofpfalzgrafen vorgenommen wurde. Dieses aus Italien stammende Amt ist seit 1355 (Bf. Gerhard von Speyer) auch in Deutschland nachzuweisen, später wurden zwei Formen unterschieden (großes und kleines Palatinat). Die Zahl der Hofpfalzgrafen blieb begrenzt; ihre Befugnisse wurden individuell bestimmt, schlossen jedoch gewöhnlich das Vornehmen von Standeserhöhungen (in verschiedenen Formen) ein. Die dauerhafte Nobilitierungsbefugnis erhielten 1453 die regierenden Erzherzöge des Hauses Habsburg durch Friedrich III. Einige weitere Geschlechter erlangten dieses Recht in der Neuzeit, die Wittelsbacher usurpierten es mit dem Verweis auf die rheinische Pfalzgrafenwürde.

Nobilitierungen

Funktional betrachtet wird man in der Nobilitierung ein Mittel der Ergänzung einer Elite sehen können, mit dem soziale Aufstiegsmöglichkeiten formalisiert wurden. Nötig wurde sie durch die starrer werdenden sozialen Grenzen. Ziel war nicht die Schaffung einer neuen Art des Adels; häufig war die Rede von der Wiederherstellung oder der Bestätigung der Adelsqualität. Von einem „Briefadel" wird man daher nur mit Einschränkungen sprechen dürfen. Die Nobilitierung bedeutete allerdings keineswegs, dass damit schon die Akzeptanz der neuen Standesgenossen gegeben war. Sie war nur ein Markstein im Prozess des Aufstiegs in den Adel.

Erhebungen in den Reichsfürstenstand

Die Verfestigung der Sozialstände im Spätmittelalter erforderte auch innerhalb des Adels selbst zunehmend formale Akte bei Standeserhebungen. Ausgangspunkt war die Formierung des Reichsfürstenstands, in den man nach 1180 im Prinzip nur auf diese Weise aufgenommen werden konnte. Im Spätmittelalter spielten für den Herrscher dabei mehrere Motive eine Rolle: die Festigung der Bindung an den König, die Sicherung der Reichsgrenze, die Sanktionierung eines de facto eingetretenen Zustands, die Herstellung von Enklaven in fürstlichen Landesherrschaften oder auch nur familienpolitische Ziele. Für Legitimität und Ausgestaltung der Landesherrschaft war die Fürstenwürde von nicht zu unterschätzender Bedeutung.

Für das deutsche Reichsgebiet sind 15 formale Erhebungen in den Reichsfürstenstand nachzuweisen (1184/88 Markgraf von Namur, 1235 Herzog von Braunschweig-Lüneburg, 1292 Landgraf von Hessen, 1310/13 Graf von Savoyen [1416 Herzog], 1317 Graf von Geldern [1339 Herzog], 1336 Markgraf von Jülich [1356 Herzog], 1348 Herzöge von Mecklenburg, 1354 Herzog von Luxemburg, 1354 Markgraf von Pont-à-Mousson, 1380 Herzog von Berg, 1417 Herzog von Kleve, 1430/1436 Graf von Cilli, 1459/1462 Grafen von Glatz/Herzöge von Münsterberg, 1474 Herzog von Holstein, 1495 Herzog von Württemberg). Allerdings erreichten mehrere Fürsten ihre Stellung noch immer durch stillschweigende Anerkennung (Markgrafen von Landsberg, Herzöge von Schlesien, Herzöge von Pommern, Markgrafen von Baden, Grafen von Genf, Landgrafen von Leuchtenberg, Burggrafen von Meißen), während einige als „gefürstete" Grafen lediglich eine persönliche Gleichstellung mit den Reichsfürsten erlangten (1310 Graf von Henneberg, 1363 Burggraf von Nürnberg, 1366 Graf von Nassau). Diese Phänomene führten ebenso wie die häufigen Erbteilungen dazu, dass die Zahl der weltlichen Reichsfürsten schwankte und nicht präzise angegeben werden kann. Am Ende des Mittelalters gab es etwa 40 weltliche Reichsfürsten, in der Reichsmatrikel von 1521 werden (neben den Kurfürsten) 28 weltliche Reichsfürsten genannt.

Drang nach oben

Allgemein setzte ein Bemühen um den höheren Rang ein, das durch Nachrücker „von unten" offenbar eine gewisse Eigendynamik

9. Adel im Spätmittelalter

entfaltete und auch an der Verbreitung von ursprünglich exklusiven Standesprädikaten (*nobilis, dominus* u.ä.) deutlich wird. Seit dem Ende des 14. Jahrhunderts stiegen bis zur Mitte des 16. Jahrhunderts fast alle Edelherren zu Grafen auf. Im 16. Jahrhundert wurde die Bezeichnung Freiherr für die Angehörigen des niederen Adels üblich.

Im Zuge der Entwicklung der Landstände und der Entstehung der Reichsritterschaft wurde auch ein Zusammenhang zwischen Besitz und Standesqualität hergestellt. Die Landtagsfähigkeit wurde durch die Aufnahme in Matrikel, Landtafeln, Ritterzettel o.ä. fixiert, die Zugehörigkeit zur Reichsritterschaft sicherte die Aufnahme in die Reichsmatrikel. Aufstellungen dieser Art entstanden im Zuge der Bemühungen des Königs und der Landesherren, eine allgemeine Steuer zu erheben und militärische Einheiten aufzubieten, die nicht mehr auf lehnsrechtlichen Bindungen beruhten, sondern auf der Zugehörigkeit zum Land bzw. zum Reich.
Die Bedeutung qualifizierten Besitzes

Galt anfangs noch das Personalprinzip, so ging man in vielen Territorien bereits gegen Ende des Mittelalters zum verdinglichten Prinzip des Güterbesitzes über. Die Landstandschaft haftete nun an dem in den Matrikeln verzeichneten Besitz, mit dem bestimmte Herrschaftsrechte (niedere Gerichtsbarkeit, in Schleswig-Holstein und Schlesien auch hohe Gerichtsbarkeit) verbunden waren. Der Erwerb von solcherart qualifiziertem Besitz erleichterte für Nichtadlige den sozialen Aufstieg, doch brachte er keineswegs „formlos" die Zugehörigkeit zum Adel mit sich. Nichtadlige Besitzer konnten in vielen Territorien nicht alle Rechte ausüben.

Allgemein war der Aufstieg in den Adel im Spätmittelalter vornehmlich ein Problem der sozialen Akzeptanz. Als adlig wurde man anerkannt, wenn mehrere Merkmale vorlagen: Erwerb der Ritterwürde, Teilnahme an (Ritter-)Turnieren, förmliche Erhebung, qualifizierender Besitz (mit Herrschaftsrechten), Konnubium mit adligen Familien. Diese Merkmale wurden gewöhnlich erst in einem langen Prozess erworben, der durchaus mehrere Generationen umfassen konnte.
Aufstieg in den Adel

Umgekehrt schuf die zunehmende Ausprägung sozialer Grenzen und die präziser werdende Definition der Zugehörigkeit zum Adel Probleme für den „Klein-" oder „Ortsadel", einer untersten Schicht des niederen Adels. In dieser Grauzone zwischen Adel und „Nicht-Adel" entschieden auf lange Sicht Kriterien wie Hofnähe oder -ferne, die Mitgliedschaft in Adelsgesellschaften oder die Teilnahme an Turnieren über die soziale Zukunft dieser Familien.
Adel und „Nicht-Adel"

Das Spätmittelalter gilt als eine Zeit des beschleunigten ökonomischen Wandels, der gravierende Folgen für die Bevölkerungs- und
Ökonomischer Wandel im Spätmittelalter

Sozialstruktur hatte. Die Auflösung der Villikationsverfassung (11.–14. Jahrhundert) führte zur „Verrentung" der Grundherrschaft. Abgaben in verschiedener Form wurden (im Altsiedelland) wichtiger als Dienstverpflichtungen. Damit löste sich die bisherige „einheitliche Herrengewalt" im Rahmen der Grundherrschaft in verschiedene Herrschaftsformen auf, die unterschiedliche Arten von Abgaben für unterschiedliche Herren nach sich zogen.

<small>Entstehung von Dörfern</small>

Eine der Folgen dieser Entwicklung war die Entstehung von Dörfern als genossenschaftlich organisierte Gemeinden, die ein Gegenüber für Grundherren bildeten. Die Bauern wirkten in mancher Hinsicht bei der Regelung von Problemen des dörflichen Lebens mit. In einigen Regionen schloss man regelrechte „Agrarverfassungsverträge" (P. Blickle), die das konkrete Verhältnis zwischen Grundherren und Untertanen, insbesondere die Rechte und Pflichten, schriftlich fixiert wurde. Auseinandersetzungen und Kompetenzstreitigkeiten wurden durch Weistümer geregelt; das Verhältnis zwischen herrschaftlichem und genossenschaftlichem Einfluss bei dieser Form der Rechtsfindung ist umstritten.

<small>Krisenhafte Entwicklungen</small>

Krisenhafte Entwicklungen sind im 14. Jahrhundert vor allem im landwirtschaftlichen Bereich zu verzeichnen, wenngleich man wohl nicht von einer umfassenden Agrarkrise sprechen sollte. Anzeichen für abnehmende Bodenerträge, Güterzersplitterung und eine relative Überbevölkerung lassen sich ebenso wie Berichte über Hungersnöte und Missernten für manche Regionen bereits in der ersten Hälfte des 14. Jahrhunderts finden. Die in mehreren Wellen seit 1346/47 im Reich auftretende Pest hatte (mit großen regionalen Unterschieden) einen Bevölkerungsrückgang zur Folge. Dies führte zu wirtschaftlichen Problemen gerade der Grundherren. Mangels Nachfrage verfielen die Agrarpreise. Naturalabgaben, die auf dem Markt realisiert werden mussten, verloren an Wert. Nominal fixierte Geldzinsen waren von Inflation und Münzverschlechterung betroffen. Siedlungen wurden aufgegeben und ein allgemeiner Trend der Bauern zur Landflucht machte sich bemerkbar. Steigende oder zumindest gleich bleibende Lohnkosten bei Eigenbetrieb trugen zur Einkommensminderung bei. Auch wenn die genauen Kausalzusammenhänge schwer zu durchschauen sind, kann man doch von einem sinkenden Einkommen aus Grundrenten schon für die Zeit vor der Mitte des 14. Jahrhunderts sprechen.

<small>Krise des Adels?</small>

Aus dieser Feststellung ist die These von einer allgemeinen Adelskrise abgeleitet worden, die zu einem umfassenden sozialen Abstieg insbesondere des niederen Adels geführt haben soll. In ihrer Pauschalität dürfte diese Sicht aber mindestens überzogen sein. Zwar sind

Niedergangs- und Abstiegsprozesse, die mit Verpfändungen und Verschuldung begannen und mit dem Verkauf der Güter endeten, durchaus nachweisbar, ein allgemein vorherrschendes Phänomen wird man darin allerdings nicht sehen können. Für die adligen Grundherren eröffneten sich mehrere Möglichkeiten, Einkommensverluste zu kompensieren; sie wurden allerdings individuell sehr unterschiedlich gehandhabt. Ob man mit solchen Strategien letztlich Erfolg hatte, hing nicht nur vom persönlichen Geschick, sondern auch vom Zufall und von der sozialen Stellung ab.

Für die Landesherren spielten ohnehin zunehmend andere Arten des Einkommens eine Rolle. Besonders wichtig war die Entwicklung und Durchsetzung von Landessteuern. Sie verhinderten keineswegs die Verschuldung, machten die Landesherrschaft aber gewissermaßen kreditfähig.

Dem weitaus größten Teil des Adels blieb dieser Weg natürlich verschlossen. Der Ausbau der Eigenwirtschaft bot nur unter bestimmten politischen und sozialen Rahmenbedingungen einen Ausweg. Prozesse dieser Art sind v. a. in den Neusiedelgebieten im Osten festzustellen. Im Rahmen einer zeitweise schwachen Landesherrschaft konnten die Rechte über die Bauern erweitert werden. Neben dem Ausbau von Gerichtsrechten spielte die Erhöhung von Dienstpflichten eine besondere Rolle. Bereits im Spätmittelalter begann sich die Entwicklung über die Gutswirtschaft zur frühneuzeitlichen Gutsherrschaft abzuzeichnen.

Entwicklung der Grundherrschaft

In Südwestdeutschland wurden dagegen v. a. die Abgaben erhöht. Damit entstand die spätmittelalterliche Leibeigenschaft im engeren Sinn. Diese trug zu einer Verschärfung des Problems der Landflucht bei. Durch Bürgschaften, Leibeigenschaftsreverse oder Gruppen- und Masseneide gegen Abwanderung mit unterschiedlichen Sanktionen versuchten die Grundherren gegenzusteuern. Besonders planmäßig gingen in der zweiten Hälfte des 14. Jahrhunderts die Grafen von Württemberg vor. Im Unterschied zu den Gebieten östlich der Elbe hatten die mit der Leibeigenschaft verbundenen Einschränkungen persönlicher Rechte im Südwesten am Beginn des 16. Jahrhunderts allerdings bereits wieder an Bedeutung verloren.

In einzelnen Gebieten sind bisweilen auch Versuche festzustellen, die Bedingungen der Bauern zu verbessern. Beispiele sind etwa aus Oberbayern, Franken, Braunschweig, der Steiermark oder der Uckermark überliefert. Allerdings sind Vermutungen über die Intentionen mancher Maßnahmen mit erheblichen methodischen Problemen belastet.

Cum grano salis lässt sich behaupten, dass der hohe Adel eine bessere Ausgangsposition zur Bewältigung wirtschaftlicher Schwierigkeiten hatte, allerdings auch die größeren Probleme mit ihrer Bewältigung. Die Annahme, dass im hohen Adel Skrupel hinsichtlich „neuer", nur schwer mit dem Standesethos zu vereinbarenden Einkommensarten weiter verbreitet waren, ist plausibel, im Einzelnen aber schwer nachweisbar.

<small>Probleme des hohen Adels</small>

Ein größerer Unterschied könnte im Verhältnis zur entstehenden Landesherrschaft liegen. Selbst wenn man sich vor pauschalen Aussagen hütet, kann man davon ausgehen, dass die Situation der Familien des alten Adels vielleicht anders war als diejenige der Angehörigen des niederen Adels. In vielen Regionen ist ein Bedeutungsverlust festzustellen und zahlreiche dieser Familien starben im Verlauf des Spätmittelalters aus. Dieser Prozesses beginnt in manchen Gebieten schon im 12. und 13. Jahrhundert. Als Gründe gelten die diversen Belastungen (Kriege, Kreuzzüge) oder Eintritte in die geistliche Laufbahn. Die Vorstellung, dass Konflikte mit dem Landesherrn zur Verdrängung oder gar „Ausrottung" der prinzipiell gleichrangigen alten Adligen beigetragen hätten, ist allerdings mit Vorsicht zu betrachten, wenngleich die mentalen Probleme des hohen Adels, sich in eine Landesherrschaft einzuordnen, offensichtlich größer waren als beim niederen Adel. In bestimmten Bereichen ist eine gewisse Rivalität durchaus zu fassen: Die adlige Vogtei von Klöstern wurde in der entstehenden Landesherrschaft weitgehend durch die landesherrliche Schirmvogtei abgelöst, die ein wesentliches Element bei der Ausbildung einer Landeskirche war. Beim Adel verblieben Patronatsrechte.

<small>Adelssterben?</small>

Der Hauptgrund für die Probleme des alten Adels dürfte allerdings letztlich darin zu suchen sein, dass nur die durch die Vater-Sohn-Folge definierten Geschlechter überhaupt „aussterben" können. Das Phänomen betraf durchaus auch den niederen Adel, wirkte sich dort insgesamt aber ungleich weniger stark aus, da zu ihm weit mehr Familien zählten. Sozialer Abstieg ist in vielen Regionen nachzuweisen, größenmäßig allerdings kaum festzumachen. Das Phänomen wird vielleicht überschätzt, da das Verschwinden aus den Quellen ein Problem des Namensschwundes sein kann.

Für Familien des niederen Adels dagegen war der Landesherr niemals ein gleichrangiger Gegner. Er konnte eine Bedrohung sein, häufiger aber war er ein potenzieller „Arbeitgeber". Von kaum zu überschätzender Bedeutung war die Übernahme von Ämtern in der Verwaltung des Landes oder an einem landesherrlichen Hof. Das spätmittelalterliche Amt kann definiert werden als Verwaltung von Herrschaftsrechten

<small>Die Situation des niederen Adels</small>

<small>Ämter</small>

9. Adel im Spätmittelalter 51

in Stellvertretung des Landesherrn. Ämter erscheinen am Beginn des 14. Jahrhunderts, erst für eine spätere Zeit kann man davon sprechen, dass das Land in Ämter eingeteilt war. Sie wurden im Wesentlichen von Angehörigen der ehemaligen Ministerialenfamilien bekleidet; das „Personal" änderte sich also kaum. In dieser Perspektive waren landsässige Adlige – nach wie vor – Helfer des Fürsten und profitierten selbst davon. Ämter boten nicht nur ein Auskommen, sondern eröffneten darüber hinaus Karrieremöglichkeiten. Eine feste Besoldung bildete sich erst allmählich heraus, zunächst erhielt der Amtsträger einen Teil der Einkünfte. Mit Geld- oder auch mit Sachmitteln konnte man sich am Amt beteiligen. Dies ging bis zur Verpfändung.

Neue Verdienstmöglichkeiten bot auch das sich ausbreitende Söldnertum. Vor allem galt dies für Italien. Im 14. Jahrhundert bildeten gerade deutsche Söldner aus dem niederen Adel dort den Kern militärischer Aufgebote. *Söldnertum*

Nicht zuletzt erscheint als bemerkenswert, dass sich Adlige durchaus den veränderten wirtschaftlichen Rahmenbedingungen anpassen und etwa auch im Kapitalgeschäft eine bedeutende Rolle spielen konnten. In mehreren Regionen des Reiches waren die Landesherren gerade bei Familien des landsässigen Adels verschuldet. Rationale Wirtschaftsführung war keine Seltenheit. Letztlich ist allerdings fraglich, ob damit der Normalfall beschrieben wird. *Rationales Wirtschaften*

Die geradezu klassische Vorstellung, insbesondere der niedere Adel habe im Zeichen der wirtschaftlichen Krise versucht, seine Einkommensverhältnisse durch das Führen von Fehden aufzubessern, muss wohl erheblich modifiziert werden. Zwar konnte auf diese Weise durchaus auch wirtschaftlicher Gewinn gemacht werden, für eine längerfristige Konsolidierung der wirtschaftlichen Situation waren solche Maßnahmen aber nicht geeignet. Die Vorstellung vom „Raubrittertum" erweckt zumindest zum Teil unzutreffende Assoziationen. Wenngleich wirtschaftliche Probleme keineswegs als Ursachen für Fehden und Plünderungen zu leugnen sind, so ist der Hintergrund für die vermehrte Kritik insbesondere an Fehden von Angehörigen des niederen Adels wohl in erster Linie anderer Art: Eine bislang als legitim angesehene Verhaltensweise, die Realisierung des Rechts auf Selbsthilfe, wurde aus der Sicht der wirtschaftlich prosperierenden Städte und der Landesherren zunehmend zum Problem. Hinter Fehden konnten sich außerordentlich verschiedene Motive verbergen. Das Spektrum reicht von der Wahrnehmung von Amtsgewalt im Auftrag eines Landesherrn bis zu reichspolitisch relevanten Aktionen wie derjenigen eines Franz von Sickingen, der noch 1522 mit 7000 Rittern Kurtrier angriff. Der Wandel *Fehden und Raubrittertum* der Rechtsvorstellungen im Spätmittelalter setzte bisher übliche Mittel ins Unrecht und schuf schließlich eine prinzipielle Kluft zwischen bislang nur graduell zu unterscheidenden („privaten") Fehden und („staatlichen") Kriegen. Mit dem Reichslandfrieden von 1495 wurde das Fehderecht endgültig abgeschafft. Die Realisierung dieser Bestimmung gelang allerdings erst den Landesherren im 16. Jahrhundert.

Legitimationsdefizite

Als weiterer Indikator für eine Krise des Adels gelten die spürbar werdenden Legitimationsdefizite. Die Gewährleistung von „Schutz und Schirm" wurde in der Praxis offenbar unwichtiger oder sogar – aus der Perspektive der Bauern – in ihr Gegenteil verkehrt, wenngleich die Quellenbasis aussagekräftige Vergleiche mit früheren Zeiten erschwert. Im Spätmittelalter übernahm jedenfalls einerseits die Landesherrschaft wichtige Funktionen des Adels, andererseits wurden die Forderungen von Adligen für die Hintersassen ein Problem. Seit dem 14. Jahrhundert mehren sich die Bauernunruhen. Sie sind allerdings fast nur im Süden des Reiches festzustellen und waren in kirchlichen Grundherrschaften häufiger als in weltlichen.

Änderungen im Kriegswesen

Auswirkungen auf die Stellung des Adels als nicht zuletzt militärisch definierte Elite hatte auch die Veränderung des Kriegswesens. Seit der Karolingerzeit hatten die Reiterkrieger eindeutig das Schlachtfeld beherrscht; für das 14. Jahrhundert spricht man von einer „Renaissance" des Fußvolks. Sie begann mit den Erfolgen der flandrischen Städte gegen den Grafen von Artois (1302 Sporenschlacht von Kortrijk/Courtrai), der Schweizer gegen die Habsburger und gegen Burgund (seit 1315, Morgarten) sowie der englischen Heere im Krieg gegen Frankreich (seit 1346, Crécy). Auch die Wagenburgen der Hussiten, die in den Kämpfen zwischen 1419 und 1434 als bewegliche Festungen dienten, schufen eine neue und sichtlich schwer zu bewältigende Herausforderung an die militärische Taktik. Größere Formationen, etwa in Gestalt geschlossener „Gewalthaufen", gewannen seit dem Beginn des 15. Jahrhunderts an Bedeutung. Dies führte zu einer „Vermassung" und „Brutalisierung" des Krieges (P. Contamine).

In Verbindung mit diesem Prozess stand die Entwicklung neuer Formen der Bewaffnung. Hellebarden (eine Verbindung von Beil und Stange), wurden vereinzelt schon im 13. Jahrhundert eingesetzt und bildeten wie die (im 13. Jahrhundert technisch verbesserte) Armbrust oder der Langbogen (seit dem Ende des 13. Jahrhundert) eine wirksame Waffe des Fußvolks gegen Reiter. Im 15. Jahrhundert trat der Langspieß hinzu. Feuerwaffen spielten dagegen in der Schlacht noch lange keine sonderlich große Rolle. Bis zur Mitte des 15. Jahrhunderts wurden sie fast ausschließlich im Kampf um feste Plätze eingesetzt.

9. Adel im Spätmittelalter

Allgemein lässt sich festhalten, dass Ausbildung, Disziplin und taktische Überlegungen wichtiger wurden. Söldner- und Landsknechtsheere begannen, die Kriegsführung zu bestimmen. Im 15. Jahrhundert ging die militärische Initiative endgültig auf die neue Waffengattung über. Dennoch kann man nur auf einer sehr abstrakten Ebene von einer linearen Entwicklung sprechen. Die Rolle des Reiterkriegers wurde keineswegs völlig entwertet. Zudem war mit der Durchsetzung der neuen Formationen kein radikaler Wandel der militärischen Eliten verbunden. Die mittleren und höheren Führungspositionen in Landsknechtsheeren wurden von Adligen besetzt. Die Kriegsführung allerdings und damit die Entscheidung über Krieg und Frieden gingen an die Landesherrschaft über. Das Adelsrecht auf körperliche Gewalt wurde damit gewissermaßen verstaatlicht (R. Sablonier).

Der Bedeutungsverlust der Burgen seit dem 14. Jahrhundert war keine unmittelbare Folge der Einführung neuer Waffentechniken, sondern steht im Zusammenhang mit dem Ausbau der Landesherrschaft, die u. a. eine Veränderung der Verwaltung mit sich brachte. Wenn Burgen militärstrategische Bedeutung besaßen, erwarben sie Landesherren und bauten sie zu Festungen um. Als Wohnsitz verlor die Höhenburg an Attraktivität und wurde vom Schloss abgelöst. *Bedeutungsverlust der Burgen*

Wenn man also für das Kriegswesen kaum von der Entstehung einer alternativen Elite sprechen kann, so war dies in zwei Bereichen zumindest partiell anders. Für die Mitgliedschaft in der städtischen Führungsschicht konnte auf lange Sicht der wirtschaftliche Erfolg de facto wichtiger sein als die Abstammung; das Universitätsstudium schuf nicht nur den Typus des Gelehrten, sondern ermöglichte auch sozialen Aufstieg durch Bildung. Damit entstanden Eliten, deren gesellschaftliches Ansehen erstmals im Mittelalter nicht mehr primär durch die Herkunft definiert wurde. Dieser Prozess fand seinen Niederschlag auch im veränderten Menschenbild von Humanismus und Renaissance. Alternative Werte wie Leistung und Bildung wurden höher geschätzt und z.T. sogar als Indikatoren für „wahren" Adel betrachtet. *Andere Eliten* / *Humanismus und Renaissance*

Dennoch ist fraglich, ob man von konkurrierenden Eliten sprechen kann. Das Verhältnis zwischen Adel und Stadt gestaltete sich ambivalent. Wechselseitige Feindbilder insbesondere im Verhältnis zwischen Landadel und Städten sind in den Quellen durchaus zu finden, doch handelt es sich dabei vielleicht um ein Phänomen, das angesichts der spezifischen politischen Rahmenbedingungen auf Oberdeutschland beschränkt war. Die Beziehungen waren vielfältig. Sie beruhten nicht zuletzt auf der ähnlichen sozialen Herkunft des Landadels und zumindest eines Teils der städtischen Führungsschicht. Heiratsverbindungen *Bürgertum* waren keine Seltenheit, Landadlige schlossen Verträge mit Städten oder erwarben als „Ausbürger" das Bürgerrecht. In Form der Stadthöfe war der Adel auch in der Stadt präsent. Im Hinblick auf die Demonstration adliger Lebensform, etwa bei Turnieren, hat man die Stadt sogar als „Bühne des Adels" bezeichnet (A. Ranft).

Insgesamt kann man für das Spätmittelalter keineswegs von einer antiadligen Gegenkultur sprechen, die das Bürgertum entfaltet hätte. Im Gegenteil: Gerade in kultureller Hinsicht orientierte man sich im Meliorat oder Patriziat an adligen Vorbildern. Dies zeigt sich in den Patriziertürmen reicher Geschlechter ebenso wie in den verschiedenen Vergesellschaftungen des Patriziats oder den bürgerlichen Turnieren wie dem Nürnberger Gesellenstechen (seit 1387). Wichtige Teile der höfischen Kultur wurden von Angehörigen der städtischen Oberschichten getragen; nicht zufällig ging die bald nach 1300 entstandene Große Heidelberger Liederhandschrift auf die Initiative des Züricher Ratsgeschlechts der Manesse zurück. Reich gewordene Bürger strebten nach der Ritterwürde und erwarben Burgen des Umlands.

Universität Die Bildungsunwilligkeit des Adels wurde schon von Humanisten wie Ulrich von Hutten beklagt. Adlige finden sich zwar früh an der Universität, doch war ihr Anteil an der Studentenschaft nicht überproportional groß und die Bereitschaft, einen akademischen Abschluss zu erwerben, lange gering. Im Zweifelsfall waren persönliche Beziehungen und Verwandtschaften für eine erfolgreiche Karriere am fürstlichen Hof oder in der Kirche noch immer wichtiger. Dies änderte sich erst in der Frühen Neuzeit. Da Universitäten Teile „sozialer Landschaften" waren, können sie kaum als Orte verstanden werden, in denen soziale Unterschiede keine Rolle spielten. Auch an der Universität genossen Adlige diverse Vorrechte.

Nichtadlige konnten durch ein Universitätsstudium in einigen Bereichen eine gewisse Gleichstellung mit Adligen erreichen. Ein Studium war etwa unverzichtbar für die Aufnahme in Domkapitel, oft auch für den Erwerb von kirchlichen Pfründen. Die in der frühhumanistischen Diskussion (zuerst von Bartolus de Saxoferrata, 1313/14–1357) vertretene Vorstellung vom Adel der Doktoren führte dazu, dass seit dem 14. Jahrhundert in manchen Städten die Gelehrten, in erster Linie die am höchsten angesehen Juristen, teilweise sogar dem Adel gleichgestellt wurden. Ihren sichtbaren Ausdruck fanden diese Parallelisierungen z. B. in Kleiderordnungen. Allerdings waren die Möglichkeiten sozialer Mobilität durch ein Studium noch sehr begrenzt.

Ergebnis Insgesamt lässt sich also für das Spätmittelalter kaum pauschal von einer Krise des Adels sprechen. Allerdings sollte nicht übersehen werden, dass die Veränderungen in zahlreichen Gebieten einen Modernisierungsdruck schufen, der Anpassungs- und Umstellungsbereitschaft verlangte. Umschichtungsprozesse und soziale Mobilität waren daher zunächst groß und eine gewisse Verunsicherung in Teilen v. a. des niederen Adels wird man kaum leugnen können. Die individuellen Schicksale konnten aber höchst unterschiedlich sein und verlangen eine differenzierte Betrachtung.

Zweifellos war der Adel am Ende des Spätmittelalters nicht mehr die einzige, aber noch immer die führende Elite. Er war das Vorbild und setzte die Maßstäbe. Neue Eliten traten hinzu, waren im Mittelalter allerdings noch kaum Konkurrenz. Dies ändert sich erst spät, im Grunde erst mit der französischen Revolution und in Deutschland im 19. Jahrhundert.

II. Grundprobleme und Tendenzen der Forschung

1. Adelsforschung: Die mittelalterlichen Wurzeln

Mit adligen Familien hat man sich schon im Mittelalter selbst beschäftigt. Die Ziele waren unterschiedlich. Namen von Vorfahren wurden im Rahmen des Totengedenkens, der liturgischen Memoria, festgehalten [36: O. G. OEXLE, Memoria als Kultur]. Genealogische Aufzeichnungen dienten der Klärung von Verwandtschaftsverhältnissen im Hinblick auf das Problem von Nahehen, der Beweisführung bei (erb)rechtlichen Problemen und Konflikten [31: G. ALTHOFF, Anlässe], seit dem Spätmittelalter (Beginn im 13. Jahrhundert, dann v. a. im 15. Jahrhundert) auch als Nachweis einer hinreichend vornehmen Abstammung für Ahnenproben, die bei der Aufnahme in Domkapitel, Kanonikerstifte oder Ritterorden verlangt wurden.

Genealogien des Herrschergeschlechts (als Form der Geschichtsschreibung) wurden im Frankenreich seit karolingischer Zeit schriftlich fixiert. Im Hochmittelalter begann man, die Geschichte adliger Familien aufzuzeichnen [33: L. GENICOT, Les généalogies; E. FREISE, Genealogie, in: LexMA 4]. Der primäre Zweck solcher Abhandlungen war die historische Legitimation von Rang, Würde und Herrschaftsanspruch einer Adelsfamilie. Für diesen Zweck wurden auch – bewusst oder unbewusst – genealogische Fiktionen entworfen [32: G. ALTHOFF, Fiktionen]. Im Spätmittelalter führte man bedeutende Familien in graue, auch biblische Urzeit zurück; die Geschichte landesherrlicher Dynastien wurde mit derjenigen des Landes verknüpft [34: P. JOHANEK, Schreiber].

Wissenschaftlich-kritische Forschungen, zunächst als Zusatz zum Herrscherlob, begannen im 17. Jahrhundert Seither sind zahlreiche Untersuchungen einzelner Adelsfamilien mit primär genealogischen und besitzgeschichtlichen Fragestellungen entstanden.

Genealogische Aufzeichnungen

Genealogie als Form der Geschichtsschreibung

2. Adelsforschung als Teil von Rechts- und Verfassungsgeschichte

Politische und soziale Rolle des Adels

Die Entstehung und die politische wie soziale Rolle des Adels sind zentrale Themen der Verfassungs- und Rechtsgeschichte des 19. und 20. Jahrhunderts. Grundsätzlich lassen sich zwei Ansätze unterscheiden. Als Ausgangspunkt der deutschen Sozial-, Verfassungs- und Rechtsgeschichte wurde zunächst eine genossenschaftliche Ordnung in germanischer Zeit postuliert, bestehend aus gleichberechtigten und wirtschaftlich weitgehend gleichgestellten Freien, den „Gemeinfreien", die den Staat trugen. Eine Änderung der Verhältnisse nahm man zumeist für die Karolingerzeit an. Der ursprüngliche Untertanenverband sei durch sich nun etablierende Adelsherrschaften durchbrochen worden. Ein normativer Kontext ist unverkennbar: Der Adel erschien als Usurpator (im Hinblick auf den König) und Unterdrücker (im Hinblick auf die Masse der Bevölkerung, die ihre Freiheit verlor).

Die Gemeinfreienlehre

Bei der Entwicklung dieser Sicht lassen sich holzschnittartig drei Phasen unterscheiden. Zunächst dominierte eine ständegeschichtliche Betrachtungsweise. Umstritten war früh, ob man eine Kontinuität des Adels seit germanischer Zeit annehmen darf. J. von Möser meinte 1768, dass erst in der Karolingerzeit ein „Militäradel" entstand, während K. F. Eichhorn 1808 einen Adel als Geburtsstand mit Vorrechten bereits in taciteischer Zeit sah.

Möser und Eichhorn

In einer vom Liberalismus des 19. Jahrhunderts geprägten Perspektive trat die Rolle des Adels zurück. G. Waitz sprach für die germanische Zeit nur von einer „Aristokratie" mit erhöhtem Ansehen, aber ohne jede Vorrechte. Die Bedeutung der Entstehung von Großgrundbesitz für die Etablierung eines Adels als Rechtsstand betonten Autoren wie G.L. von Maurer, Th. von Inama-Sternegg, Th. Sickel oder K. Lamprecht. Diese Grundherrschaften wurden auch als Basis der spätmittelalterlichen Landesherrschaft betrachtet.

Bedeutung des Grundbesitzes

Im Rahmen einer seit 1850 an Boden gewinnenden juristischen Rechtsgeschichte wurde die Existenz eines Staates, der mit moderner juristischer Begrifflichkeit zu analysieren sei, bereits für früheste Zeiten postuliert (R. Sohm, P. Roth, G. von Below). In dieser Perspektive war ein Adel kaum mehr zu erkennen. H. Brunner meinte 1887 in seiner klassischen Deutschen Rechtsgeschichte, dass im Merowingerreich zunächst nur das Königsgeschlecht als adlig betrachtet werden könne. Die späteren Adelsherrschaften erschienen v. a. als Resultat der Usurpation von Ämtern der fränkischen Reichsverwaltung.

Bedeutung von Ämtern

2. Adelsforschung als Teil von Rechts- und Verfassungsgeschichte 59

Der Grundgedanke dieses Ansatzes (mit Betonung der Bedeutung des Grundbesitzes) wurde von K. Marx und F. Engels im Wesentlichen übernommen und ging damit in die marxistische Literatur ein. Ein Stammes- oder Sippenadel (mit erhöhtem Ansehen) habe sich zum Feudaladel (mit Herrschaftsrechten) entwickelt. Ebenfalls kompatibel mit dieser älteren Sicht waren die Ergebnisse der französischen Forschung der ersten Hälfte des 20. Jahrhunderts. Dies gilt v. a. für das klassische Werk von M. BLOCH [3: Feudalgesellschaft]. Eine Aristokratie (als *classe de fait*) habe sich im Hochmittelalter zum Adel (als *classe de droit*) entwickelt.

Marxistische Forschung

M. Bloch

Die „Adelsherrschaftstheorie" wurde von der deutschen Forschung des 20. Jahrhunderts entwickelt. O. von Dungern entdeckte 1908 den „Herrenstand" des 9. bis 12. Jahrhunderts, dessen Mitglieder Herrschaft auf der Basis „autogener Rechte" und nicht nur aufgrund königlicher Beauftragung ausübten; A. Dopsch sprach 1912 von der „autogenen Immunität": Adlige hätten bereits von Geburt an Herrschaftsrechte besessen; adlige Standesqualität sei Voraussetzung der Entstehung reichen Grundbesitzes gewesen, nicht deren Folge. A. Schulte bezeichnete 1910 die mittelalterliche Kirche als „Adelskirche".

Die Adelsherrschaftstheorie

Der „Paradigmenwechsel" fand in den dreißiger und vierziger Jahren statt. Adel wurde nun als Grundbegriff des staatlichen Lebens im gesamten Mittelalter betrachtet (E. Otto, A. Waas). H. DANNENBAUER postulierte sogar eine Adelsherrschaft seit germanischen Zeiten auf der Basis von Großgrund- und Burgenbesitz [Adel, Burg und Herrschaft, in: 13]. Den theoretischen Unterbau dieses Ansatzes formulierte O. BRUNNER, der das Haus und die Hausherrschaft als Kern aller Herrschaft bezeichnete [355: Land, 254]. Diese These übernahm W. SCHLESINGER für die Frühzeit und ergänzte sie um den Hinweis auf die Bedeutung der Gefolgschaft, die als erweiterte Hausherrschaft aufzufassen sei [Herrschaft, in: 13]. Brunner bezeichnete die moderne Unterscheidung zwischen vom König ausgeübter oder delegierter „öffentlicher", staatlicher Gewalt und „privater", adliger Gewalt als anachronistisch. Aus den „autogenen" Rechten resultiere ein Fehderecht als (adliges) Widerstandsrecht.

Adel als Grundbegriff des staatlichen Lebens

Damit verschwand der prinzipielle Unterschied zwischen königlicher und adliger Herrschaft. TH. MAYER, der wesentliche Teile der neuen Lehre formulierte, bezeichnete den mittelalterlichen Staat als „aristokratischen Personenverband" [Ausbildung der Grundlagen, in: 13]. In Mayers Darstellung erschien der „Staat" im Grunde als Konglomerat von Adelsherrschaften. Analog zum Königsheil wurde nun auch von adliger Geblütsheiligkeit und vom Adelsheil gesprochen [O. Höf-

„Staat" als aristokratischer Personenverband

Adelsheil

ler, E. Otto; 60: K. HAUCK, Geblütsheiligkeit]. Als H. Mitteis 1940 seine grundlegende Darstellung über den Staat des hohen Mittelalters schrieb, meinte er, dass das Königtum „seinem Wesen nach gesteigerter Adel" sei.

Ein neues Gesamtbild

Damit änderte sich das Gesamtbild der mittelalterlichen Geschichte. Königliche Herrschaft steht in dieser Perspektive immer schon vor dem grundsätzlichen Problem, adlige Herrschaften, die auf eigenem Recht basieren, zu integrieren. Dies sei in fränkischer Zeit gelungen – der Dienstadel habe v. a. den alten Geburtsadel umfasst –, dann jedoch seien die adligen Auto-Immunitäten (erneut) durchgebrochen und hätten sich als Adelsherrschaften etabliert, territorial verankert und damit auch die Grundlage für die Landesherrschaft des Spätmittelalters gelegt.

Herrschaft und Freiheit

Im Zusammenhang mit dieser Sicht entwickelte man eine neue Vorstellung von Herrschaft. Nach O. BRUNNER war sie ein auf Gegenseitigkeit angelegtes Verhältnis von Berechtigung und Verpflichtung [355: Land, 343–348]. Und auch „Freiheit" wurde neu definiert: Freiheit sei im Mittelalter kein absoluter, sondern ein steigerungsfähiger Begriff gewesen (G. Tellenbach). Nichtadlige Freiheit galt damit einigen Historikern als Produkt von Herrschaft: Die *liberi* insbesondere der Quellen der Karolingerzeit wurden als „Königsfreie" (und – in Bayern – als „Herzogsfreie") gedeutet, die im Rahmen von Rodung und „Staatssiedlung" ihre Freiheit (d. h. konkret: eine rechtliche Besserstellung) durch königliche oder herzogliche Maßnahmen erst erlangt hätten (Th. Mayer, H. Dannenbauer, K. Bosl).

Königsfreie

Gesamtdarstellungen

Wichtige Beiträge dieses Ansatzes finden sich in einem von H. KÄMPF herausgegebenen Sammelband [13]. Neuere Zusammenfassungen stammen von K. BOSL, der auch eine programmatisch gedachte Gesamtdarstellung der mittelalterlichen Gesellschaft verfasste [6]. Für Bosl war die Gesellschaft prinzipiell dichotomisch aufgebaut; er unterschied zwischen den Herrschern (Adel und König) und den Beherrschten [vgl. auch 5: Frühformen, 135–155]. Auf der Basis dieses Ansatzes schrieb W. STÖRMER eine umfassende Gesamtdarstellung des frühen Adels mit Schwerpunkt auf bayerischen Quellen [46: Früher Adel]. E. W. BÖCKENFÖRDE arbeitete die „zeitgebundenen Fragestellungen und Leitbilder" der Forschung des 19. Jahrhunderts heraus [23].

Kritik

In den letzten dreißig Jahren sind jedoch auch die Probleme dieses Ansatzes deutlich geworden. Die Königsfreientheorie wurde nach begriffsgeschichtlichen Untersuchungen über die karolingerzeitlichen *liberi* in Rechtsquellen aufgegeben (E. Müller-Mertens, H. Krause, J. Schmitt, C. Schott). H. K. SCHULZE spricht zusammenfassend für die

2. Adelsforschung als Teil von Rechts- und Verfassungsgeschichte

fränkische Zeit von einer heterogenen Schicht von Freien [45: Reichsaristokratie]. Damit stellt sich erneut (und bis heute) das Problem, wie man nichtadlige und adlige Freiheit (die sog. Edelfreiheit) voneinander abgrenzen kann. J. FRIED zeigte, dass es im Mittelalter auch einen universellen Freiheitsbegriff gegeben hat [(in: HZ 240 (1985)].

Auf zeitbedingte Einflüsse auch der neueren Lehre wiesen früh zahlreiche Historiker hin [15: K. KROESCHELL, Studien; 27: F. GRAUS, Verfassungsgeschichte]. Gerade bei jüngeren Untersuchungen ist ein neuer normativer Kontext unübersehbar. Adel wird – im positiven Sinn – als Elite bezeichnet, die das „Gemeinwesen" mitgetragen habe [K. F. WERNER, Schlußwort, in: 16]. *Zeitbedingte Einflüsse*

Der neueren Forschung erscheint zudem das Merowingerreich immer deutlicher als „spätantike Randkultur" mit weit reichender Übernahme römischer Elemente besonders im Bereich der Staatlichkeit [KAISER, EdG 26]. Dies lässt wenig Raum für „autogene Herrschaftsrechte" in der fränkischen Zeit. Jüngst hat allerdings G. SCHEIBELREITER gegen diese heute vorherrschende Einschätzung in einer programmatisch „Die barbarische Gesellschaft" genannten Untersuchung des 5.–8. Jahrhunderts Stellung genommen [41].

Ein konsensfähiges Gesamtbild insbesondere der frühmittelalterlichen Gesellschaft erscheint aus heutiger Sicht demnach nicht möglich [27: F. GRAUS, Verfassungsgeschichte]. Das Problem stellt sich auch bei Versuchen, „Grundstrukturen der Verfassung" darzustellen [20: H. K. SCHULZE]. M. BORGOLTE vermisst bei seiner umfassenden Untersuchung der deutschen Forschungen zur mittelalterlichen Sozialgeschichte nach 1945 den Zugriff auf das „soziale Ganze" [24, 479]. Dies ist auch eine Folge der nicht weiter geführten Debatte um Kriterien und Kategorien für die Analyse der mittelalterlichen Sozialstruktur [25: K. BOSL Kasten; 28: M. MITTERAUER, Probleme; 30: H. WUNDER, Probleme]. *Kein Gesamtbild*

Die heutige Forschung [vgl. ausführlich 26: H.-W. GOETZ, Mediävistik] fragt eher nach Lebensformen, Verhaltensweisen und Selbstdeutungen. Damit verbunden ist die Wendung zur Mentalitäts- und zur Kulturgeschichte, z.T. unter Anknüpfung an Ergebnisse der Ethnologie. J. FRIED hat die Brauchbarkeit eines historisch-anthropologischen Ansatzes in einem grundlegenden Werk über die deutsche Vor- und Frühgeschichte demonstriert [37]. Diese Sicht hat wichtige Vorläufer: A. BORST hatte mittelalterlichen „Lebensformen" [4], H. FICHTENAU „Lebensordnungen" des 10. Jahrhunderts untersucht [74]. Schon O. BRUNNER hatte auf langfristige Kontinuitäten adliger Lebens- und Denkweisen hingewiesen [7: Landleben]. *Neue Fragestellungen*

In dieser Perspektive wendet sich die Forschung Themen zu wie Rituale [115: K. LEYSER], die Bedeutung von Rangordnungen [21: K.-H. SPIESS], die Demonstration der Lebensform [404: A. RANFT], die Jagd im Mittelalter [18: W. RÖSENER], adliges Reisen [350: W. PARAVICINI; 345: D. KRAACK], die adlige Sachkultur [346: H. KÜHNEL] und ganz allgemein die Spielregeln der mittelalterlichen Adelsgesellschaft [2: G. ALTHOFF]. Bisweilen implizit, de facto aber so gut wie immer betrachtet sie sie als Bestandteile adliger Lebensformen. Nicht nur für das späte Mittelalter werden Formen und Bedeutung öffentlicher Kommunikation hervorgehoben, in deren Rahmen soziale Positionen durch Zeichen zugeschrieben wurden [1: G. ALTHOFF, Formen, darin v. a. K.-H. SPIESS, Kommunikationsformen, TH. BEHRMANN, Wandel der öffentlichen Anrede; sowie M. MERSIOWSKY, Niederadel, in: 343]. Adelsherrschaft war auch ein kulturhistorisches Phänomen [19: W. RÖSENER; 344: H.-D. HEIMANN]. Noch am Anfang steht eine sozialanthropologisch orientierte Geschlechtergeschichte mit sozialgeschichtlichem Hintergrund [168: J.L. NELSON, Family; vgl. 349: C. NOLTE, Weib].

<small>Adel als mentales Phänomen</small>

Langfristige Perspektiven und Verknüpfungen mit Nachbarwissenschaften eröffnen Ansätze, die sich mit Selbstdeutungen der Zeitgenossen und deren Rückwirkungen auf die Wirklichkeit befassen. O. G. OEXLE sieht Adel primär als mentales Phänomen, das durch die historische Erinnerung (*Memoria*) konstituiert wird [17: Aspekte; vgl. 14: H.-H. KORTÜM, Menschen, 37–78; K.-H. SPIESS, Memoria, in: 352]. Die Wurzeln dieser mentalen Konstruktion liegen in der Antike, die meisten Definitionskriterien (Lebensstil, Rituale, Vorbild) werden i. ü. noch heute erfüllt [R. GIRTLER, Adel zwischen Tradition und Anpassung, in: W. Lipp (Hrsg.), Kulturtypen, Kulturcharaktere, Berlin 1987].

<small>Epochenübergreifende Kontexte</small>

Damit werden epochenübergreifende Kontexte erkennbar [9: G. DILCHER, Adel; 16: O. G. OEXLE/W. PARAVICINI, Nobilitas]. K. F. WERNER sieht sogar funktionale Kontinuitäten im staatlichen Bereich. Adel sei eine „Mehrzweck-Elite" des gesamten Mittelalters und weit darüber hinaus [22: Mehrzweck; 47: Naissance].

3. Probleme der Etymologie

<small>*adal* und *uodal*</small>

Als wenig aufschlussreich zur Klärung der Ursprünge des Adels haben sich etymologische Untersuchungen erwiesen. Die Frage, ob die beiden althochdeutschen Grundwörter *adal* (Herkunft, insb. vornehme Herkunft) und *uodal* (besonderer Besitz) eine gemeinsame sprachgeschichtliche Wurzel besitzen und man daher von einem unveräußerlichen Stammgut als Ausgangspunkt der Adelsqualität sprechen kann, blieb offen [H. KUHN, Adel, in: RGA 1]. Nach J. FRIED spielte eine solche Vorstellung im Frankenreich anscheinend keine Rolle [110: Formierung, 22].

In Verbindung damit steht das Problem des Handgemals, ein in sächsischen und bayerischen Quellen erwähntes Rechtsinstitut. Die Deutung als adliges Stammgut oder als Zeichen adliger Standesqualität wirft zumindest für die Frühzeit erhebliche methodische Probleme auf [H. TIEFENBACH/R. SCHMIDT-WIEGAND, Handgemal, in: RGA 13].

Handgemal

Der Bedeutungsgehalt des Begriffs *nobilis*, der in römischer Zeit den Inhabern des Konsulats (später auch der kurulischen Ämter) und deren Nachkommen vorbehalten war, hatte sich schon in der Spätantike erheblich erweitert. Im Mittelalter war *nobilis* generell ein „Allerweltswort" [3: M. BLOCH, Feudalgesellschaft, 375–382; vgl. G. TELLENBACH, Anspruch, in: 81, Bd. 3, 861; 74: H. FICHTENAU, Lebensordnungen, 190; 369: K.-H. SPIESS, Abgrenzung, 199]. In sozialen Kontexten bezieht sich der Begriff auf die Herkunft [nach Isidor von Sevilla; vgl. J. JARNUT, Nobilis, in: 173]. Die Frage, ob unter den *nobiles* darüber hinaus auch eine abgegrenzte Schicht, Klasse oder ein Rechtsstand verstanden wurde, ist ohne zeitliche und regionale Beschränkung nicht zu beantworten (s. u.).

nobilis

4. Die Zeit der Merowinger

Die nach 1945 entstandenen Arbeiten über den Adel in der Merowingerzeit knüpften an die älteren Debatten und damit auch an deren Probleme an. F. IRSIGLER kam im Rahmen der sich durchsetzenden Adelsherrschaftstheorie zu dem Schluss, dass eine klar abgehobene Führungsschicht festzustellen sei, die man bis in die erste Hälfte des 5. Jahrhunderts zurückführen und als Adel bezeichnen könne [53: Untersuchungen]. Dies traf auf den Widerspruch von H. GRAHN-HOEK, die nur von einer „Oberschicht" sprechen wollte, da eine vererbbare rechtliche Vorrangstellung nicht erkennbar sei [52: Oberschicht].

Adel oder Oberschicht?

Im Hintergrund dieser Kontroverse standen durchaus gravierende Meinungsverschiedenheiten über die Verfassung der Merowingerzeit. Die folgende Diskussion wandte sich allerdings primär dem Problem der Terminologie zu. TH. ZOTZ wies darauf hin, dass Oberschicht und Adel unterschiedliche Ebenen kennzeichnen [56: Adel]. K. SCHREINER wollte am Begriff Adel festhalten, auch wenn man nicht von einem Rechtsstand sprechen könne [54: Adel]. Oberschicht sei kein Erklärungsbegriff und vernachlässige die Dimensionen Herkunft und Ausübung von Herrschaft aus eigener Gewalt. Dagegen meinte H. K. SCHULZE, der Begriff Adel habe nur dann einen Sinn, wenn er einen Rechtsstand kennzeichne [45: Reichsaristokratie]. Ähnlich hatte dies bereits F. GRAUS gesehen und als Argument gegen die Adelsherrschaftstheorie angeführt [58: Hagiographie; 59: Volk].

Senatorenaristokratie   Die galloromanische Senatorenaristokratie war bereits früh das Thema personengeschichtlicher Forschungen [v. a. 51: K. F. STROHEKER, Adel]. In jüngerer Zeit hat D. SCHLINKERT die unterschiedlichen Profile dieses senatorischen Adels mentalitätsgeschichtlich untersucht [50: Ordo senatorius]. Eine besondere Dimension gewinnt die Einschätzung der Rolle der Senatorenaristokratie, wenn man sie als Teil des Kontinuitätsproblems (römische) Antike – Mittelalter betrachtet. Die Kontinuitätstheorie kann auch mit dem Verweis auf die „family connections of the leading class" unterstützt werden [A. DEMANDT, Osmosis, in: 48, 84; vgl. ST. KRAUTSCHICK, Familie, ebd.]. DEMANDT stellte allerdings eine Distanz zwischen dem „Militäradel", der militärischen und politischen Oberschicht, die auch germanische Könige umfaßte, und dem Senatorenadel fest [49].

nobilitas als Rangklasse   Die umfassendste Form der Kontinuitätstheorie vertritt K. F. WERNER [47: Naissance]. Die spätantike *nobilitas* als erbliche Rangklasse bestand nach Werner als Institution fort. Sehr schnell und ohne große Spuren zu hinterlassen, seien germanisch-fränkische „Große" integriert worden. Demnach könne man für das Frankenreich von einem „Amtsadel" mit vom König delegierten Befugnissen sprechen. R. LE JAN nahm daneben allerdings als zweite Wurzel der adligen Stellung die auf germanische Traditionen zurückgehende, „private" Gefolgschaft des Königs an [44: Familie, 100f.].

Amt und Adel   Durchgesetzt hat sich die Vorstellung von der Übernahme des antiken Ämterwesens. Die Bestimmung des Verhältnisses zwischen Amt und Adel hängt von der Rahmentheorie ab. Noch 1925 meinte G. von Below, dass der Besitz eines Gerichtsbezirks adle. Demgegenüber formulierte G. TELLENBACH [Reichsadel, in: 81 Bd. 3, 892f.] die heute weitgehend akzeptierte Sicht, dass der Adel die Ämter besetzt habe. K. F. WERNER bemerkte auf der Basis seiner Auffassung vom Amtsadel allerdings, dass das Amt tatsächlich geadelt, aber normalerweise den adligen Mann erfordert habe [Adelsfamilien, in: 88, 71; nach R. SCHEYHING, Adel, in: HRG 1].

Lex Salica   Das Fehlen einer Wergeldbestimmung für Adlige in der *Lex*

Salica galt der älteren Forschung als Beleg für die Meinung, man könne im fränkischen Reich nicht von einem Adel sprechen, und war natürlich ein Problem für Anhänger der Adelsherrschaftstheorie. Hinzu kommt, dass in der neueren Forschung grundlegende Fragen des Kontexts umstritten sind: Welche praktische Bedeutung hatten schriftlich fixierte Rechtsnormen in einer „oralen Gesellschaft" (H. Vollrath)? Zudem ist nicht mehr sicher, ob die *Lex Salica* überhaupt für ein „fränkisches Volk" gedacht war [u. a. J. DURLIAT, Fonctions, in: 16].

Für das Fehlen eines Adels wurden mehrere Erklärungen angeboten. Ein älterer Zustand werde geschildert, der Wille des Königs zur Nivellierung der Bevölkerung werde erkennbar. Nach R. WENSKUS galt die *Lex* nicht für den Adel, da dieser kein Wergeld genommen habe [43: Stammesbildung, 333 f.]. K. F. WERNER meint, die Großen der Franken seien nicht berücksichtigt worden, da der König sie zum Eintritt in die *nobilitas* zwingen wollte, um sie damit zum Gehorsam *(obsequium)* verpflichten zu können [47: Naissance, 325, 416 f.]. Auf der Basis der heute vorherrschenden Sicht, dass der fränkische Adel kein Rechtsstand gewesen sei und deshalb nicht erwähnt wurde, steht die Arbeit von G. VON OLBERG über die Sozialterminologie der *Leges* [40]. Das Auftauchen der *nobiles* in den Rechtstexten (und anderen Quellen) der Karolingerzeit deutete Olberg als Ausdruck der Absonderung einer Oberschicht aus dem durch zahlreiche Freigelassene aufgefüllten, ursprünglichen Freienstand.

Die Vorstellung vom Adelsheil als magisch-sakraler Legitimation von Herrschaft mit vorchristlichen Wurzeln [60: K. HAUCK, Geblütsheiligkeit] entstand in Analogie zur Theorie vom Königsheil. Allerdings ist schon die Königsheil-Theorie heftig umstritten. Der noch weiter gehende Versuch, die Gesellschaft nach dem Heil von Sippen zu strukturieren [zuletzt R. SCHEYHING, Adel, in: HRG 1], fand in neuerer Zeit keine Anhänger mehr. Römische Wurzeln eines „Adels-Charismas" sahen K. F. WERNER [Adelsfamilien, in: 88, 69 f.] und M. HEINZELMANN [Charisma, in: LexMA 2]. {Adelsheil}

Damit ist die Einschätzung des Eigenkirchenwesens als Fortsetzung des adlig-germanischen Hauspriestertums (u. a. K. Hauck) ebenso problematisch geworden wie die Vorstellung von einer „Verchristlichung" des germanischen Adelsheils. F. PRINZ [63: Mönchtum] und K. BOSL [57: Adelsheiliger] sprachen mit Verweis auf die Heiligenviten der Merowingerzeit vom germanisch geprägten „Adelsheiligen". Seit dem 7. Jahrhundert sei eine unbewusste „Selbstheiligung" adliger Familien germanischer Herkunft durch Übernahme christlicher Wertvorstellungen zu erkennen. Dies traf auf Kritik von F. GRAUS [59: Volk; 58: {Adelsheilige}

Aspekte]. Die Herkunftsangaben der Viten seien Topoi, der Verzicht auf adlige Lebensart werde geradezu als Voraussetzung für Heiligkeit dargestellt. Nach H. KELLER wurde erst im 7. Jahrhundert die adlige Herkunft hervorgehoben, aber nur, um die Abkehr des Heiligen von der Welt als eine besondere Leistung zu loben [62: Mönchtum; Adelsheiliger, in: 11]. „Adelsheilige" (Heilige mit adliger Lebensweise) gebe es erst seit dem 9. Jahrhundert. G. SCHEIBELREITER wollte allerdings bereits für die Spätantike von einem Adelsheiligen galloromanischer Abstammung sprechen [64: Bischof, 19]. M. HEINZELMANN hob Kontinuitäten aus der Spätantike hervor: Der adlige Bischof im Staatsdienst sei das Leitbild der Christenheit auch in fränkischer Zeit geblieben [61: Bischofsherrschaft].

Archäologie

Adelsgräber

Die Archäologie entdeckte sozialgeschichtliche Fragestellungen erst nach 1945. Als wichtigste Quellen gelten Grabbeigaben und die Formen von Siedlungen und Friedhöfen. Reich ausgestattete Gräber des 8. Jahrhunderts deutete F. STEIN als Adelsgräber [70]. Auf einer Bonner Tagung im Jahre 1969 [RhVjbll 35 (1971)] wurde ein umfassender Konsens zwischen Archäologen (H. Ament, J. Werner) und Historikern im Zeichen der sich durchsetzenden Adelsherrschaftstheorie erzielt, den W. Schlesinger knapp zusammenfasste: „Ich habe immer daran geglaubt, dass es einen Adel gibt und kann mich jetzt guten Gewissens auf die Archäologen berufen" (ebd. 98).

Kritik

Die Probleme der sozialgeschichtlichen Auswertung von archäologischen Funden waren damit aber nicht gelöst. Anknüpfend an R. CHRISTLEINs Unterscheidung von vier „Qualitätsgruppen" bei Grabbeigaben [68: Besitzabstufungen] wollte H. STEUER nach einer umfassenden Analyse der archäologischen Quellen [71: Sozialstrukturen] zunächst von einer „Ranggesellschaft" sprechen [nach 43: R. WENSKUS, Stammesbildung]. Erst in den veränderten Begräbnisformen und Beigabensitten des 7. Jahrhunderts sei die Herausbildung einer geschichteten Gesellschaft mit Adel als Oberschicht zu erkennen.

Steuers Untersuchung brach den 1969 erzielten Konsens auf. Die Terminologie der Archäologen wurde schwankend und der pragmatische Begriff „Prunkgrab" (G. Kossack) schien die Vorstellung von den Adelsgräbern abzulösen. In einem neuen Anlauf hat allerdings H. W. BÖHME wieder explizit von Adelsgräbern gesprochen: Die Separatgräber des 6. und 7. Jahrhunderts seien Ausdruck der Herausbildung eines Adels mit rechtlicher Sonderstellung [65: Adelsgräber]. Die Diskussion um die Frage, wann der „Noblifizierungsprozess" begann, dauert allerdings an [69: E. HASSENPFLUG: Laienbegräbnis; 67: A. BURZLER, Beiträge].

4. Die Zeit der Merowinger 67

Festzuhalten dürfte sein, dass zumindest Rechtsverhältnisse mit den Methoden der Archäologie grundsätzlich nicht rekonstruierbar sind. Deutlich wird dies auch bei der Untersuchung der „adligen Stiftergräber" in Kirchen, die K. HAUCK ebenfalls als Ausdruck der Verchristlichung des adligen germanischen Hauspriestertums interpretiert hatte [60: Geblütsheiligkeit]. M. BORGOLTE betonte, dass der archäologische Befund kaum Aussagen über die Rechtsverhältnisse solcher Kirchen zulässt [66: Stiftergrab]. Vor vorschnellen Schlüssen von Begräbnisorten auf den sozialen Status der Bestatteten warnte auch E. HASSENPFLUG [69: Laienbegräbnis, 229]. *Stiftergräber*

Die Fragen nach den „autogenen Herrschaftsrechten" und nach adliger Immunität zielen auf die Grundlage der Stellung Adliger im Mittelalter. Der älteren Sicht galten königliche Immunitätsverleihungen an weltliche Große als folgenreiche Ausgliederungen aus einer als flächendeckend gedachten Grafschaftsverfassung. Die Bedeutung einer vom König verliehenen Immunität betont heute wieder M. WEIDEMANN [55: Adel]. Der König habe auf diese Weise den Adel (als „Klasse") überhaupt erst geschaffen. Genese und Bedeutung der Immunität weltlicher Herrschaften im fränkischen Reich sind allerdings schwer erkennbar. *Immunität durch königliche Verleihung*

Eine Lösung des Immunitätsproblems bot das Brunner/Schlesinger-Modell an. Wenn man von einer „angeborenen" Immunität im Sinne der Lehre von den autogenen Herrschaftsrechten ausgeht, sind königliche Immunitätsverleihungen nicht als Ausgliederungen aufzufassen, sondern dienen der Integration bereits bestehender Adelsherrschaften [C. SCHOTT/H. ROMER, Immunität, in: LexMA 5]. *Autogene Immunität*

An zentralen Elementen dieser lange allgemein akzeptierten Lehre ist mittlerweile allerdings Kritik geübt worden. Dies betrifft zunächst die Einschätzung vom Haus als Kern aller Herrschaft [K. KROESCHELL, Haus, in: 15]. Grundsätzliche Kritik am Herrschaftsbegriff (im Sinne eines Verhältnisses von Befehl und Gehorsam nach M. Weber) wurde im Zusammenhang mit der Wiederentdeckung genossenschaftlicher Elemente in der Sozial- und Rechtsordnung laut [J. Weitzel; vgl. W. POHL, Herrschaft, in: RGA 14]. Für die Frühzeit zweifelt J. FRIED an der Existenz autogener Herrschaftsrechte [37: Weg, 167]. Allerdings kann man natürlich eine Kontinuität des römischen Herrschaftsbegriffs *(potestas)* annehmen [47: K. F. WERNER, Naissance, 229–241]. *Kritik*

Herrschaft als problematischer Begriff

Zweifellos hat der Herrschaftsbegriff eine klärungsbedürftige Geschichte. G. ALGAZI zeigte den ideologischen Hintergrund der Definition O. Brunners und zog dessen harmonisierendes Bild in Zweifel. Die Vorstellung von Herrschaft als auf Gegenseitigkeit angelegtes Verhältnis sei problematisch und beruhe auf einer einseitigen Interpretation der Quellen [413: Herrengewalt]. Ohne grundsätzliche Modifikationen [wegweisend: 29: B. SCHNEIDMÜLLER, Konsensuale Herrschaft] dürfte der Herrschaftsbegriff in der Mediävistik wohl kaum noch verwendet werden können.

Gestaltungsspielraum der Grundherren

Das Problem hat Folgen für ganz konkrete Fragen, etwa diejenige nach der Abhängigkeit der Grundholden von den (adligen) Grundherren. H. VOLLRATH ging davon aus, dass die Stärke gewohnheitsrechtlicher Bindungen einen großen Spielraum des Grundherrn verhindert habe und der Herrschaftsbegriff daher nicht angemessen sei [235: Herrschaft; vgl. Rolle der Grundherrschaft, in: 216]. Dem widersprach H.-W. GOETZ: Herrschaft könne sich auch in Gewohnheit ausdrücken [219: Herrschaft]. Das Problem spielt ebenfalls eine Rolle bei der Untersuchung der spätmittelalterlichen Grundherrschaft [233: D. SCHELER, Grundherrschaft].

Adel in anderen gentes

Als Quellen für die Untersuchung des Adels in anderen *gentes* („Stämmen" oder „Völkern") sind vor allem deren Rechtskodifikationen *(leges)* herangezogen worden. Dies wirft u. a. das Problem auf, ob die Leges Momentaufnahmen einer allgemeinen sozialen Entwicklung des Frühmittelalters oder nur Aufschlüsse über jeweils eigenständige Verhältnisse in den einzelnen *gentes* bieten. Verkompliziert wird diese Frage durch ein Problem, das der neueren Forschung zunehmend deutlich wird: Soll man überhaupt von „den Germanen" sprechen [s. diverse Artikel zu Germanen, in: RGA 11; POHL, EdG 57]?

Alamannen

R. CHRISTLEIN [68: Besitzabstufungen] und H. STEUER [Krieger, in: 91] deuten die Entwicklung bei den Alamannen als Beleg für ihre durch die Interpretation archäologischer Quellen entwickelte These: Der Auszug einer Führungsschicht auf Separatfriedhöfe sei Indikator für die Entstehung eines Adels. H. KELLER wollte allerdings mit dem Verweis auf Ammianus Marcellinus die Kontinuität einer als Adel zu bezeichnenden Oberschicht annehmen [94: Archäologie].

Bajuwaren

Der größte Teil der Forschung sieht in den *genealogiae* der *Lex Baiuvariorum* Familien oder Verwandtschaftsverbände [46: W. STÖRMER, Adel, 45; 92: J. JAHN, Ducatus, 232–238]. K. SCHMID sprach von sich formierenden Adelsgeschlechtern, die die karolingische Politik nicht überdauerten [Problematik, in: 170, 236]. J. JARNUT will dagegen nachweisen, dass die *genealogiae* (mit Ausnahme der Agilolfinger) langobardische *farae* gewesen seien, militärische Verbände auf verwandtschaftlicher Basis [93: Agilolfingerstudien, 110–116]. Das Auftauchen von *nobiles* in karolingerzeitlichen Quellen wird gewöhnlich als Indikator für die Entstehung eines „neuen" Adels gewertet [92: J.

JAHN, Ducatus, 250–254]. W. STÖRMER sprach sogar von einem Rechtsstand mit einem Testiermonopol für Urkunden [46: Adel, 16]. Dies traf auf Widerspruch [75: H.-W. GOETZ, Nobilis, 159]. G. KÖBLER meinte, dass *nobilis* nur im außerjuristischen Sinn verwendet wurde [39: Lehre].

Die sächsischen Edelinge und *nobiles* werden zumeist als Angehörige einer „Erobererkaste" betrachtet [95: W. LAMMERS, Entstehung, darin bes. M. LINTZEL]. Archäologische Quellen stützen die Eroberungstheorie allerdings nicht [90: T. CAPELLE, Sachsen, 89–97]. Denkbar sind auch anders geartete Zusammenhänge von Ethnogeneseprozessen und Sozialstruktur. M. BECHER vermutet, bei den *edhilingui* habe es sich um die Nachkommen von Kleinkönigen gehandelt [89: Verfassung]. Immerhin ist man sich weitgehend einig, dass im frühmittelalterlichen Sachsen schroffere soziale Grenzen existierten [39: G. KÖBLER, Lehre, 173; 74: H. FICHTENAU, Lebensordnungen, 185].

Sachsen

Bei den Vorstellungen über den frühmittelalterlichen Adel lässt sich also kein Konsens feststellen. Dies hängt nicht zuletzt mit unterschiedlichen Einschätzungen über zentrale Fragen zusammen. Kontinuitäten, Charakter und Entwicklung der „Staatlichkeit" des fränkischen Reichs sind umstritten. Die meisten Historiker möchten nicht auf den Begriff Adel verzichten, verstehen darunter aber keinen rechtlich abgeschlossenen Stand. Die Frage nach biologischen Kontinuitäten zur germanischen Frühzeit ist nicht zu beantworten. Vor dem Hintergrund der immer stärkeren Hervorhebung spätantik-römischer Kontinuitäten wird dieses Problem zunehmend als weniger wichtig betrachtet. Aber auch diese Sicht dürfte „zeitgebundene" Elemente beinhalten.

Fazit

5. Die Zeit der Karolinger

Die Erforschung des frühmittelalterlichen Adels hat G. TELLENBACH mit seinem personengeschichtlichen Ansatz auf ein neues Fundament gestellt [Personenforschung, in: 81, Bd. 3]. Tellenbach untersuchte die Führungsgruppe des Frankenreichs [120: Königtum] und erstellte eine Liste der „Reichsaristokraten", jener vom König im gesamten Reich für zentrale Aufgaben herangezogenen Adligen. Der Begriff traf früh auf die Kritik von M. Lintzel, der auf die Probleme der Abgrenzbarkeit dieser „Schicht" hinwies, und K. F. WERNER, der meinte, dass Tellenbach das Eigengewicht des Adels unterschätze [Adelsfamilien, in: 88]. Den-

Reichsaristokratie

noch setzte sich „Reichsaristokratie" als funktionaler Begriff durch, wenngleich man heute mit Listen vorsichtiger geworden ist [75: H.-W. GOETZ, Nobilis, 157, 179]. Der Begriff erscheint brauchbar, weil er die Bemühungen der Karolinger ausdrückt, den Adel zur politischen Mitwirkung heranzuziehen. J. HANNIG hat in diesem Sinn auch den in Kapitularien erwähnten Konsens der Getreuen gedeutet [76: Consensus fidelium]. Nach R. LE JAN führte die Betonung des Treuegedankens durch den König zum Nachlassen horizontaler Bindungen in den Adelsgruppen und zu einer Zweiteilung in *proceres* und „übrige" Adlige [44: Famille].

Die Konsens-Formel der Kapitularien

Die personengeschichtliche Methode Tellenbachs setzte auch die Standards für Untersuchungen über Amtsträger [Überblick: 112: E. HLAWITSCHKA, Frankenreich, 178, 234 f.], über oppositionelle Gruppen [73: K. BRUNNER, Gruppen] und über einzelne Adelsfamilien und Verwandtschaftsgruppen im Frankenreich (s. u.). Der Gegenbegriff – Tellenbach selbst hatte von einem Landesadel gesprochen – blieb jedoch unklar. Begriffe wie grundherrlicher Adel (R. Sprandel) oder Stammesadel (R. Wenskus, W. Störmer) haben sich nicht durchgesetzt, weil die dahinter stehenden Vorstellungen (Entstehung von Adel durch Besitzakkumulation bzw. Stammesstruktur des Reichs) heute als problematisch gelten. Tatsächlich ist die Abgrenzung schwierig; weit reichende verwandtschaftliche Beziehungen zwischen Reichsaristokraten und Adligen, die nur lokal belegt sind, versuchten R. WENSKUS [82: Stammesadel] und W. STÖRMER [46: Adel] nachzuweisen.

Personengeschichtliche Arbeiten

Abgrenzungsprobleme

Hinzu kommt ein weiteres Abgrenzungsproblem. Schon TELLENBACH selbst hat in einer klassischen Gesamtdarstellung darauf hingewiesen, dass auch die Unterscheidung zwischen Adligen und nichtadligen „Grundbesitzern" schwierig ist [42: Germanen, 269]. Man kann sie allenfalls mit theoretischen (Herrschaft, s. 46: W. STÖRMER, Adel, 23) oder postulierten Kriterien vornehmen (u. a. Konnubium, s. 112: E. HLAWITSCHKA, Frankenreich, 178). Wenn man dies nicht akzeptiert, muss man von kaum bestimmbaren sozialen Grenzen in einem „Einheitsstand der Freien" ausgehen [20: H. K. SCHULZE, Grundstrukturen, Bd. 1, 113; nach W. Schlesinger].

nobiles

H.-W. GOETZ hat in einer begriffsgeschichtlichen Arbeit immerhin festgestellt, dass unter den *nobiles* im 9. Jahrhundert eine in sich gegliederte obere Gesellschaftsschicht verstanden wurde, die mit dem Adel gleichzusetzen sei [75: Nobilis]. Kompatibel damit sind regionale Untersuchungen für die spätere Zeit [132: O. CLADAVETSCHER, Nobilis]. In neueren Regionalstudien werden die *nobiles* des 9. bis 12. Jahrhunderts generell als Angehörige einer sozialen Oberschicht der Freien ohne rechtliche Sonderstellung betrachtet [z. B. 134: G. FLOHRSCHÜTZ, Ebersberg; 135: L. HOLZFURTNER, Andechser].

Die Frage nach Verwaltung und Ämtern wirft auch für die Karolingerzeit das Problem des Verhältnisses zwischen einer autogenen Basis des Adels und der Abhängigkeit vom König auf. Die ältere Forschung sah im Grafen einen königlichen Beamten. Auf der Basis der Adelsherrschaftstheorie allerdings erschienen die Grafen zumindest seit der ausgehenden Karolingerzeit eher als adlige Machthaber mit autogener Basis (A. Waas). Das Problem spielt heute ein zentrale Rolle bei der Frage nach der Durchsetzung der karolingischen Grafschaftsverfassung. H. K. SCHULZE hat in Anknüpfung an die ältere Lehre betont, dass Beschränkung auf Königsgut, Ausklammerung des adligen Allods oder Fiskalbesitz als Kern der Grafschaft nicht nachweisbar seien [80: Grafschaftsverfassung]. Dem widersprach M. BORGOLTE, der nach personengeschichtlichen Forschungen über Alamannien zum Schluss kam, dass sich einzelne Adlige der Grafschaftsverfassung entzogen und den Grafentitel „kraft eigenen Rechts" führten [72: Geschichte, 257 f.]. Die Frage ist offen [78: U. NONN, Pagus; 135: L. HOLZFURTNER, Andechser; 79: R. W. L. PUHL, Gaue; 77: E. KUPFER, Grafschaftsstrukturen].

Grafen

Die klassischen Zusammenfassungen über das Lehnswesen von F. L. GANSHOF [96: Lehnswesen] und H. MITTEIS [98: Lehnrecht] und die Untersuchungen von W. KIENAST [97: Vasallität] bieten ein geschlossenes Bild, lassen allerdings durchaus noch grundsätzliche Fragen offen. Fundamentalkritik an gängigen Vorstellungen vom früh- und hochmittelalterlichen Lehnswesen äußerte S. REYNOLDS, die in den Quellen bis ins 12. Jahrhundert keinen Zusammenhang zwischen der dinglichen Seite (Lehen) und der persönlichen Seite (Vasall-Sein) erkennen konnte [99: Fiefs]. Das Problem dürfte darin bestehen, dass die Verbindung de facto bestand, erst später aber abstrakt durchdacht und rechtlich systematisiert wurde [J. FRIED, in: German Historical Institute. Bulletin 19,1 (1997); vgl. als Nachwort S. REYNOLDS, Afterthoughts on Fief and Vassals, in: The Haskins Society Journal. Studies in Medieval History 9, 1997 (2001)].

Lehnswesen

Erklärbar wird damit jedenfalls, dass die Entstehung des Lehnswesens nicht präzise datiert und schon gar nicht auf die Maßnahme eines Herrschers (Karl Martell) zurückgeführt werden kann. Kaum angezweifelt wird dagegen die Auswirkung der militärischen Änderungen in der Karolingerzeit. Die Reitertruppen (und damit die Vasallen) gewannen an Bedeutung und daraus ergaben sich Probleme für „kleine" Freie [J. FLECKENSTEIN, Adel und Kriegertum, in: 315]. Einen

Überblick über den derzeitigen Forschungsstand zum hoch- und spätmittelalterlichen Lehnswesen gibt K.-H. SPIESS [100].

6. Die Auflösung des Karolingerreichs und das ostfränkisch-deutsche Früh- und Hochmittelalter (9.–13. Jahrhundert)

„Jüngere Stammesherzogtümer" Längere Zeit sah man die Auflösung des Karolingerreichs als Resultat des Wiedererstarkens älterer ethnischer Einheiten, der Stämme. Diese hätten sich im Osten in Form der („jüngeren") Stammesherzöge eine personale Spitze geschaffen. Dagegen hat schon G. TELLENBACH die Rolle der Stämme für die Entstehung der Herzogtümer stark eingeschränkt [120: Königtum, 79 ff.]. In einer bahnbrechenden Untersuchung relativierte R. WENSKUS die Bedeutung der ethnischen Grundlagen. „Stämme" sind historische Phänomene, die entstehen und sich verändern können, keine politisch handlungsfähigen Einheiten [43: Stammesbildung; vgl. B. SCHNEIDMÜLLER, TH. ZOTZ, M. BECHER, H.-W. GOETZ in: MIÖG 108 (2000)].

Fürstentümer K. F. WERNER [47: Naissance; DERS., Genèse, in: 88; DERS., Duchés, ebd.] führte den Gedanken konsequent zu Ende. Im Westen wie im Osten seien „Fürstentümer" entstanden, basierend auf älteren fränkischen Teilreichen *(regna)*, beherrscht von *principes* und *duces* mit vom König delegierten Herrschaftsbefugnissen. Diese Sicht unterstützte K. BRUNNER nach einer Untersuchung der Fürstentitel im 9. und 10. Jahrhundert [84]. Anders sah H.-W. GOETZ die Kausalität der Entwicklung [85: Dux]. Durch die Verleihung des *dux*-Titels, der stets ein Amtstitel gewesen sei, habe der König erst nachträglich eigenständig entstandene Herrschaftsbereiche von Adligen legitimiert. Das Herzogtum sei als Steigerung adliger Eigenherrschaft aufzufassen. Die Kontroverse ist noch nicht abgeschlossen [121: ST. WEINFURTER, Salier, Bde. 1 (H.-W. GOETZ) u. 3 (O. ENGELS)].

Westreich Nach einer klassischen These von M. BLOCH [3: Feudalgesellschaft], die G. Duby in einer Untersuchung der Landschaft um die burgundische Stadt Mâcon (1953) aufgenommen hat, ist im Westreich ein weiterer Zerfall der Staatlichkeit festzustellen. Faktische Machthaber wurden die Burgherren *(châtelains)*; man könne von weitgehend ungeordneten Herrschaftsverhältnissen, ja sogar von einer *anarchie féodale* sprechen. Die neuere Forschung betont regionale Unterschiede [74: H. FICHTENAU, Lebensordnungen, 465 ff.] und K. F. WERNER geht sogar

6. Die Auflösung des Karolingerreichs

davon aus, dass Duby einen Sonderfall schildere. Auch auf dieser Ebene solle man von einer Delegation der Herrschaftsrechte, nicht von Usurpation und schon gar nicht von Anarchie sprechen [47: Naissance, 248].

Damit im Zusammenhang steht die Frage, wie man die für mehrere Regionen gemachte Feststellung bewerten sollte, nach der die restliche Bevölkerung unter die Herrschaft der lokalen Machthaber geriet (*Encellulement*, in Italien: *Incastellamento*). Die um 1000 feststellbare „seigneurale Offensive" gegen die älteren Großgrundherrschaften und gegen die Allodialbauern ist von G. Bois (1989) sogar als Revolution und Epochenwende bezeichnet worden. Die Sklavenhaltergesellschaft habe sich jetzt zur feudalen Gesellschaft entwickelt. Einen Überblick über die Diskussion dieser heftig umstrittenen These gibt A. VERHULST [140: Jahrtausendwende; vgl. D. BARTHÉLEMY, in: 216].

Encellulement

Feudale Revolution?

Die These, dass die Verhältnisse im Ostfrankenreich wegen des starken Königtums prinzipiell anders waren [vgl. z.B. G. DUBY, Ursprünge, in: 308], ist wegen der gegenwärtig stark umstrittenen Frage, wie man sich die Entwicklung von „Staatlichkeit" im Früh- und Hochmittelalter vorstellt (vgl. Kap. 8), nicht mehr völlig überzeugend. L. KUCHENBUCH mahnt Untersuchungen über die Entstehung burgzentrierter Herrschaften an [225: Potestas]. Allerdings sind wegen der ungünstigen Quellenlage nur in Ausnahmefällen allgemeine Aussagen über die Entwicklung in größeren Regionen vor dem 11./12. Jahrhundert möglich [138: M. PARISSE, Noblesse, für Lothringen; 134: G. FLOHRSCHÜTZ, Ebersberg]. Der Adel unterhalb der ehemaligen Reichsaristokratie ist kaum zu fassen.

Ostreich

Die ältere deutsche Forschung interessierte sich – mit Blick auf die spätmittelalterliche Landesherrschaft – in erster Linie für die Frage, auf welcher rechtlichen Basis die adligen Herrschaftsbereiche entstanden. Der Kontroverse, ob die Grundherrschaft (K. Lamprecht) oder die Grafen- bzw. Gerichtsrechte zentral gewesen seien (G. von Below), folgte die Vorstellung von der gesteigerten „Auto-Immunität" (A. Dopsch, H. Aubin). Neuere Untersuchungen über die hochmittelalterliche Grafschaft zeigen in der Tat, dass keineswegs in jedem Fall Kontinuitäten zur fränkischen Zeit herzustellen sind. A. SCHMID stellte mehrere alternative Wege zum hochmittelalterlichen Grafentitel fest: königliche Erhebung, Selbsternennung, Fremdbezeichnungen, Aufstieg über die Vogtei [86: Comes]. Ob der Grafentitel schon im 12. Jahrhundert nur noch als Rangangabe der Familie gedeutet werden kann, ist unklar [86: A. SCHMID, Comes, 205–209; 369: K.-H. SPIESS, Abgrenzung, 184f.]. Im Spätmittelalter gelang einigen Königen (wieder?) die Feudalisierung von Grafschaften [128: K.-F. KRIEGER, Lehns-

Die rechtliche Basis adliger Herrschaftsbereiche

Der Grafentitel

7. Der Strukturwandel im Adel (9.–12. Jahrhundert) und die Folgen

Der Herzogstitel hoheit]. Ähnliche Probleme wirft die Beschreibung der Entwicklung des Herzogstitels auf [H.-W. GOETZ, Herzog, in: LexMA 4; DERS., Herzogtum, in: 121, Bd. 1].

Sippe als Grundbegriff — Der älteren Forschung erschien die Sippe als Grundbegriff des rechtlichen, gesellschaftlichen und politischen Lebens der germanisch-fränkischen Zeit. Zunächst habe eine agnatische, „geschlossene" Sippe existiert, die alle männlichen Nachkommen eines gemeinsamen Stammvaters umfasste. Noch vor dem Beginn des Mittelalters sei ein Übergang zur kognatischen, „wechselnden" Sippe im Sinne eines offenen Verwandtschaftskreises festzustellen.

Kritik — Familiengeschichtliche Forschungen der jüngeren Zeit zeigten allerdings, dass bilaterale Verwandtschaftsbeziehungen schon die Frühzeit geprägt haben. Eine „agnatische Sippe" hat demnach nie existiert [167: A.C. MURRAY, Kinship; 163: D. HERLIHY, Households; 160: J. GOODY, Entwicklung]. Diese Untersuchungen stützten auch die zunehmend massiver werdenden Zweifel an der politischen und sozialen Bedeutung der Sippe [K. KROESCHELL, Sippe, in: 15; 172: I. WIEBROCK, Sippe].

Der Begriff verlor damit seinen festen Inhalt. Heute betont man bei der Bildung von (Adels-)Gruppen im Frühmittelalter auch andere Faktoren neben der bloßen Verwandtschaft, v. a. politische [37: J. FRIED, Weg, 114–121]. Als zentral erscheint die Frage, ob diese Gruppen ein „Eigenbewusstsein" hatten [107: G. ALTHOFF, Verwandte, 31–55]. Dies führt zu einer gewissen Unsicherheit in der Terminologie. Ob auf den Begriff Sippe verzichtet werden kann [165: M. MITTERAUER, Familie, 35: ersetzbar durch Verwandtschaft] oder nicht [20: H. K. SCHULZE, Verfassung, Bd. 2, 10], ist offen.

Personengeschichtliche Forschungen — In Weiterführung von G. Tellenbachs personengeschichtlichem Ansatz forderte K. SCHMID, „den Adel" nicht primär als stände- oder rechtsgeschichtliches Problem zu betrachten, „Adel" realisiere sich vielmehr in unterschiedlich strukturierten Familien [Programmatisches, in: 170]. Demnach müssten diese „natürlichen Lebensgemeinschaften"

Neue Quellen — und deren „Selbstverständnis" untersucht werden. Mit den Memorialzeugnissen des 8.–10. Jahrhunderts (Gedenkbücher, Nekrologien und Totenannalen) wurden neue Quellen erschlossen [Überblick: 157: M.

BORGOLTE, Memoria]. Diese ermöglichten die Rekonstruktion von Personengruppen, die ein Zusammengehörigkeitsgefühl hatten (neben Klosterkonventen auch adlige Verwandtschaftskreise), und die Untersuchung der sozialen Verbindungen von Klostergemeinschaften zur adligen Laienwelt [242: E. FREISE, Studien, für Fulda]. In manchen Fällen sind sogar adlige „Parteien" im Sinne politisch motivierter Einungen auf genossenschaftlicher Grundlage erkennbar [105: G. ALTHOFF, Amicitiae; zur Debatte um die Methode vgl. ZGO 135 (1987); H. HOFFMANN, in: DA 53 (1997); G. ALTHOFF/J. WOLLASCH, in: DA 56 (2000)].

Nach einer klassischen These von K. SCHMID kann man zwischen dem 9. und 12. Jahrhundert eine Entwicklung von den kognatischen Verwandtschaftsgruppen („Sippen") zur patrilinearen Adelsdynastie feststellen. Einen Überblick über die Rezeption dieser weithin beachteten These geben D. MERTENS/TH. ZOTZ im Vorwort der jüngst gedruckten Habilitation von K. SCHMID [171: Geblüt; vgl. auch 170: Gebetsgedenken]. *K. Schmid: Von der Sippe zum Adelsgeschlecht*

Aus diesem Ansatz ergaben sich mehrere Folgen. Zum einen erschienen Adelsfamilien und -sippen des 8.–10. Jahrhunderts nun als prinzipiell rekonstruierbar. Zwar lassen sich die genauen Verwandtschafts- und Abstammungsverhältnisse meist nicht klären, doch spielt dies für die Fragen nach Formierung und Zusammenhalt solcher Gruppen ohnehin nur eine nachrangige Rolle. Besitzgeschichtliche Untersuchungen dienen der Unterstützung von genealogischen Argumentationen. Ausgangspunkt ist die Annahme, dass Personennamen etwas über Verwandtschaft und Abstammung aussagen können, weil Namen und Namensglieder nach bestimmten Regeln vererbt werden (zunächst Namensvariation, dann Nachbenennung bei besonderer Bedeutung der Leitnamen). *Folgen*

Dies führte zu einer neuen Einschätzung von Kontinuitätsfragen. K. F. WERNER versuchte, die Kontinuität von der merowingischen zur karolingischen Aristokratie zu zeigen [Adelsfamilien, in: 88]. Auch die Frage, ob am Ende der Karolingerzeit ein „neuer" Adel entstand, wurde nun anders behandelt. Die Herkunft der „Stammesherzöge" aus der Reichsaristokratie wies G. TELLENBACH selbst nach [Reichsadel, in: 81, Bd. 3]. Noch M. BLOCH hatte die „kurzen" Stammbäume hochmittelalterlicher Dynastien als Beleg für seine These vom Aufstieg eines „neuen" Adels betrachtet [3: Feudalgesellschaft, 377]. Heute sieht man darin den Ausdruck von Veränderungen der Familienstruktur. Personengeschichtliche Studien zeigten den Fortbestand der Familien auch auf dieser Ebene [87: K. F. WERNER, Untersuchungen; G. DUBY, Lignage, in: 312; 136: H. KELLER, Adelsherrschaft, für Italien]. *Kontinuitätsfragen*

Selbstverständnis Nicht zuletzt hatte die These Schmids Folgen für die Erforschung einzelner Adelsgeschlechter des Hochmittelalters. Deren Geschichte wird nicht mehr nur unter genealogischen Aspekten untersucht, sondern auch im Hinblick auf das „Selbstverständnis". Gerade die „Selbstzeugnisse" solcher Familien betrachtet man als zentrale Quellen [170: K. SCHMID, Gebetsgedenken; vgl. auch ZGO 134 (1986): Staufer – Welfen – Zähringer; 162: W. HECHBERGER, Staufer]. Dass das Spannungsfeld zwischen Erinnerung und Vergessen geradezu konstitutiv für die Existenz eines adligen Geschlechts ist, hat B. SCHNEIDMÜLLER bei seiner Darstellung der Welfen gezeigt [118]. U. PETERS untersuchte das Bild der adligen Familie in der volkssprachigen Literatur des Mittelalters [169].

Kritik Einige Prämissen und Folgerungen dieses Ansatzes sind allerdings auf Widerspruch gestoßen. Modifizierende Kritik wurde zunächst an der Annahme eines kausalen Zusammenhangs zwischen Burgenbau, Beinamengebung und Änderung der Familienstruktur geäußert [M. MITTERAUER, Burg, in: 147, Bd. 2, 364; 46: W. STÖRMER, Adel, 51–55]. R. LE JAN wollte bereits für die Karolingerzeit von einem Übergang zur patrilinearen Adelsfamilie sprechen [44: Famille].

Strukturwandel der Familie? Auf grundsätzliche Probleme zielt dagegen die Frage, ob sich die Familienstruktur überhaupt einschneidend geändert hat. Nach C. B. BOUCHARD gab es die patrilineare Familie schon seit der Antike [158: Family Structure]. Die Entwicklungen seit dem ausgehenden 10. Jahrhundert seien nur Ausdruck des Versuchs, sich eine dauerhafte örtliche Basis zu schaffen. K. J. LEYSER meinte, dass die in Memorialquellen erkennbaren Adelsgruppen nicht als stabile Verwandtschaftsgruppen aufzufassen seien [164: Aristocracy]. Zudem sei das „kognatische Prinzip" nicht durch das „agnatische" abgelöst worden, man könne allenfalls von einer Schwerpunktverlagerung sprechen. Diesen Einwand bestätigten D. HERLIHY [163: Households, 44–48] und M. MITTERAUER [176: Ahnen, 293–330]. Untersuchungen von K.-H. SPIESS [393: Familie], T. MITTELSTRASS [380: Ritter] und J. MORSEL [381: Thüngen, 72–118; 166: Geschlecht] zeigten, dass auch im Spätmittelalter kognatische Verwandtschaftsbeziehungen noch sehr wichtig sein konnten. Das Problem wirft allerdings nicht zuletzt terminologische Schwierigkeiten auf, die bisweilen unnötige Fronten schaffen [160: J. GOODY, Familie, 240–255]. K.-H. SPIESS [Memoria, in: 352] und ST. KRIEB [35: Erinnerungskultur] wiesen zudem darauf hin, dass das Wissen um die Vorfahren im spätmittelalterlichen Adel oft noch sehr begrenzt war [vgl. auch P. SCHUSTER, Familien- und Geschlechterbewußtsein, in: 155].

C. B. BOUCHARD warnte auch vor einer Überschätzung der Kontinuitätsthese [159: Origins]. Der Eindruck eines fast vollständigen biologischen Fortbestands des Adels von der Karolingerzeit ins Hochmittelalter entstehe dadurch, dass Aufsteiger in das Geflecht von Heiratsbeziehungen integriert worden seien.

Kontinuität?

Schließlich wurde noch methodische Grundsatzkritik geübt. L. HOLZFURTNER bezweifelte, dass die Namengebung in der Frühzeit überhaupt bestimmten Regeln folgte [175]. Diese Extremposition traf jedoch auf Widerspruch von H.-W. GOETZ [174] und von W. HARTUNG. Hartung erhob den Anspruch, mit grundsätzlichen Überlegungen die genealogisch-besitzgeschichtliche Methode auf ein sicheres Fundament zu stellen, und formulierte damit die entgegengesetzte Extremposition [Tradition, in: 133]. Den Stand der Forschung geben zwei Sammelbände wieder [173: GEUENICH/HAUBRICHS/JARNUT, Nomen et gens; 161: HÄRTEL, Personennamengebung, darin: D. GEUENICH, Personennamengebung]. Geuenich will zwar keine Regeln der Namengebung, aber doch gewisse Regelmäßigkeiten annehmen [vgl. auch 44: R. LE JAN, Famille]. Tatsächlich waren die Einflüsse auf die Namengebung vielfältig [176: M. MITTERAUER, Ahnen].

Regeln der Namengebung

Die Methode ist jedenfalls unterschiedlich handhabbar. Je mehr man an „feste Regeln" glaubt, desto umfassender werden die rekonstruierten (oder konstruierten?) Verwandtschaftskreise. Man kann „vorsichtige" [83: M. WERNER, Adelsfamilien] und „kühne" Forscher unterscheiden [neben Hartung auch 82: R. WENSKUS, Stammesadel; K. F. WERNER, Adelsfamilien, in: 88].

Ein weiteres grundsätzliches Problem hat noch nicht die gebührende Aufmerksamkeit erhalten. Personenforschung ist noch nicht Sozialgeschichte. Aber ist sie überhaupt Adelsgeschichte? Kritik an der Vorstellung, in Memorialquellen, Traditionsnotizen und Zeugenlisten von Urkunden seien nur Adlige erfasst, äußerte H. K. SCHULZE [45: Reichsaristokratie]. M. BORGOLTE wies darauf hin, dass es sich hier um eine Prämisse handle, nicht um ein Ergebnis der Forschung [24: Sozialgeschichte, 197–200]. BORGOLTE warnte auch vor einer Überschätzung der Untersuchungen über das „Selbstverständnis" adliger Familien [156]. Dieser Begriff kennzeichne keine objektive Größe, die gleichsam Quellencharakter besitze, sondern sei in jedem Fall eine Konstruktion moderner Historiker.

Personengeschichte als Adelsgeschichte?

Die Burgenforschung war lange vornehmlich eine Spezialdisziplin, die sich eher mit architektur- und kunstgeschichtlichen Fragen befasste. Erst in jüngerer Zeit gelang die Verknüpfung mit primär historischen Fragestellungen [143: TH. BILLER, Adelsburg; 145: Handbuch

Burgenforschung

Burgen in Mitteleuropa]. Eine der wichtigsten Folgen dieser Entwicklung ist die Entdeckung der Multifunktionalität der Adelsburg [Ebd, Bd. 2, 42–93]. Burgen waren nicht nur und vielleicht nicht einmal in erster Linie militärisch von Bedeutung, sie dienten u. a. als Wirtschaftszentren [W. MEYER, ebd., Bd. 2, 89–93] und als Statussymbole [149: J. ZEUNE, Burgen]. Grundlegend für historische Fragestellungen sind die Sammelbände von H. PATZE [147] und – für die Salierzeit – H. W. BÖHME [144].

Anfänge Schon früh interessierte sich die Forschung besonders für die Anfänge der Adelsburg, da damit die Frage nach dem Beginn der Adelsherrschaft verbunden wurde. H. DANNENBAUERs These vom herrschaftlichen Charakter des germanischen Burgenbaus [Adel, in: 13] wird heute abgelehnt. Auch alamannische Höhenbefestigungen des 4. und 5. Jahrhunderts [H. STEUER, Herrschaft, in: 91] und sächsische Rundburgen [90: T. CAPELLE, Sachsen, 139] gelten nicht als direkte Vorläufer der mittelalterlichen Adelsburg.

In der folgenden Zeit wurde angenommen, die Epoche des adligen Burgenbaus habe im 11. Jahrhundert begonnen [147: H. PATZE, Burgen, darin bes. H. MAURER, Adelsburg, in: Bd. 2]. Diese Ansicht war kompatibel mit der These von K. Schmid über die Umstrukturierung der adligen Familien. Zahlreiche archäologische Arbeiten der jüngeren Zeit legen jedoch für manche Regionen eine frühere Datierung nahe [144: H. W. BÖHME, Burgen: spätes 9. Jahrhundert]. Nach W. MEYER war der Typus der befestigten Adelsburg in der Mitte des 10. Jahrhunderts voll ausgebildet [Adelsburgen, in: 337]. Allerdings werfen archäologische Datierungen methodische Probleme auf [143: TH. BILLER, Adelsburg, 112].

Rechtliche Voraussetzungen Wie man die rechtlichen Voraussetzungen des adligen Burgenbaus einschätzt, hängt von der Rahmentheorie ab. Man kann unter Verweis auf Bestimmungen der Karolingerzeit von der Usurpation eines Königsrechts [20: H. K. SCHULZE, Verfassung, Bd. 2, 108] oder aber von der Realisierung autogener Herrschaftsrechte sprechen [zum Problem 147: H. PATZE, Burgen, Bd. 2, 517]. R. SCHIEFFER meinte vermittelnd, es handle sich um einen Rechtsanspruch, den der König von Fall zu Fall aktualisieren konnte [148: Burgen, 491 ff.].

Wappen Unter Wappen versteht man farbige, bleibende Bildzeichen eines Geschlechts oder einer Körperschaft, die unter Benutzung der mittelalterlichen Abwehrwaffen nach bestimmten Regeln gestaltet worden sind. Die Frage nach der Entstehung wirft Definitionsprobleme auf (vorheraldische – heraldische Formen); als Ausgangspunkt betrachtet man heute aber allgemein das zweite Viertel des 12. Jahrhunderts.

Wappen wurden zuerst vom hohen Adel geführt. In den Handbüchern herrscht noch – nach Aufgabe zahlreicher älterer Theorien [153: G. SCHEIBELREITER, Tiernamen, 9–21] – die militärische Erklärung vor [154: Wappenfibel; 152: M. PASTOUREAU, Traité d'Héraldique; 150: V. V. FILIP, Einführung]. Änderungen der Militärtechnik, insbesondere die Verwendung geschlossener Helme, hätten im Kontext größerer kriegerischer Unternehmungen, v. a. der Kreuzzüge, ein Erkennungszeichen erfordert. Neuere Theorien gehen allerdings davon aus, dass Wappen im Zusammenhang mit dem Wandel der Familienstruktur entstanden [L. FENSKE, Adel, in: 335]. Die Möglichkeiten der Heraldik für Sozial- und Mentalitätsgeschichte sind noch nicht ausgeschöpft worden [grundlegend: 152: M. PASTOUREAU, Traité d'Héraldique; wegweisend: 151: W. PARAVICINI, Gruppe; vgl. auch A. RANFT, Wappenbücher, in: 344].

Großes Interesse hat die neuere Forschung dem Wandel der zeitgenössischen Gesellschaftstheorie im Übergang von der Karolingerzeit zum Hochmittelalter geschenkt. Nach G. Dumézil handelt es sich bei der Vorstellung von der funktionalen Dreiteilung der Gesellschaft um eine Besonderheit der indoeuropäischen Kultur. Das Auftauchen dieser Denkfigur im 11. Jahrhundert wurde von der französischen Forschung (J. LeGoff, G. Duby) als Entwicklung eines ideologischen Instruments betrachtet, allerdings unterschiedlich erklärt. O. G. OEXLE hat den umfassenden Kontext hervorgehoben und die wechselseitige Abhängigkeit von Wirklichkeit und Wissen betont [101: Deutungsschemata; 102: Dreiteilung; DERS., Tria genera, in: 10]. Modelle dieser Art seien Reflexe sozialer Phänomene, die selbst wieder soziale Wirklichkeit gestalteten. Dies gelte auch für das ältere Deutungsschema *potens – pauper* der Karolingerzeit [103: O. G. OEXLE, Potens]. — Wandel der Gesellschaftstheorie

Die damit verbundene Entwicklung wird mit für die europäische Geschichte sehr langfristigen Folgen in Verbindung gebracht: die Entstehung des „Bauern" und des „Ritters" [J. FLECKENSTEIN, Abgrenzung, in: 315]. Fragen nach der mentalen Distanz und der Durchlässigkeit der sozialen Grenze stehen im Zentrum der neueren Forschung [W. RÖSENER, Bauer, in: 10]. Die Abhebungstendenzen wurden auch für einzelne Teilbereiche untersucht, etwa für Sachkultur [346: H. KÜHNEL], Konsumvorschriften und Kleiderordnungen [12: J. JARNUT], Jagd [18: W. RÖSENER] oder Literatur [334: J. BUMKE, Kultur]. Einen Überblick über das Verhältnis im Spätmittelalter gibt E. SCHUBERT [353: Einführung, 65–96]. — Bauern und Ritter

8. König und Adel im ostfränkisch-deutschen Reich (10.–13. Jahrhundert)

Das Problem der „Staatlichkeit"

Das Verhältnis zwischen Königtum und Adel im ostfränkischen Reich wirft die Frage der Kontinuität zu den Verhältnissen im karolingischen Imperium auf. Die „Staatlichkeit" des Karolingerreichs gilt vielen Historikern als singulär und später abgebrochen [113: H. KELLER, Staatlichkeit], doch gibt es dazu auch alternative Deutungen [37: J. FRIED, Weg; 116: A. NITSCHKE, Karolinger; zum Problem vgl. 26: H.-W. GOETZ, Mediävistik, 180–185]. Nach Keller haben die Ottonen, im Unterschied zu den Karolingern, die Existenz einer vom König unabhängigen Adelsmacht anerkannt. Im Anschluss daran vertrat G. ALTHOFF die These, dass in ottonischer Zeit der Konsens mit Adel und Kirche für die königliche Machtausübung eine weitaus größere Rolle gespielt habe als im fränkischen Reich [106]. In dieser Sicht rücken die personalen Elemente königlicher Herrschaft in den Vordergrund. G. ALTHOFF/H. KELLER meinten, dass Heinrich I. die königliche Herrschaft durch *amicitia*-Bündnisse mit den Herzögen zu stabilisieren versuchte, während Otto I. diese Politik aufgegeben und damit Konflikte heraufbeschworen habe [104: Heinrich I.; vgl. 105: G. ALTHOFF, Amicitiae].

amicitia-Bündnisse

König und Adel

Das konkrete Verhältnis zwischen König und Adel in der folgenden Zeit lässt sich aus zwei Perspektiven betrachten. Zum einen kann man im Adel eine unverzichtbare, aber unsichere Säule königlicher Herrschaft sehen [109: F.-R. ERKENS, Opposition]. Damit wird eher der Gegensatz betont: Königliche Herrschaft konnte durch Aufstände von Adligen bedroht werden; andererseits konnten starke Könige versuchen, die autogene Basis adliger Herrschaft auszuhöhlen [122: ST. WEINFURTER, Zentralisierung, für Heinrich II.]. Grundsätzliche Probleme warf dann der autokratische Regierungsstil Heinrichs III. auf [108: E. BOSHOF, Krise].

K. LEYSER hat für das ottonische Sachsen auf der Basis einer sozialanthropologischen Deutung eine andere Konfliktlinie hervorgehoben: Unzufriedene Adlige erhoben sich, wenn ein gleichermaßen gekränktes Glied der königlichen Familie sie um sich sammelte oder dazu verleitet werden konnte [114: Herrschaft, 53]. Diese Feindschaften innerhalb der Königsfamilie werden als eine Folge der Unteilbarkeit des Reichs betrachtet, die wiederum ein Resultat der stärkeren Position der großen Adligen gewesen sei [119: K. SCHMID, Unteilbarkeit]. H. KELLER meint allgemein für die Zeit der Ottonen und Salier, dass die „Innenpolitik" nicht nur als Mit- und Gegeneinander zwischen König und Adel beschrieben werden kann [38: Begrenzung, 89]. Sie sei vielmehr ein permanenter Machtkampf der Großen gewesen, in die der König als Schiedsrichter eingreifen musste und selber Partei werden konnte. Einen Schwerpunkt der neueren Forschung bildet demnach die Untersuchung von Konflikten der Ottonen- und Salierzeit [wegweisend: 107: G. ALTHOFF, Verwandte; 2: Spielregeln; vgl. auch T. REUTER, H. VOLLRATH, in: 121: ST. WEINFURTER, Salier, Bd. 3; allgemein: BOSHOF, EdG 27].

Gewandelt hat sich damit auch die Vorstellung von der Reichskirche als sicherer Säule königlicher Herrschaft. Die Vorstellung vom Aufbau eines „Reichskirchensystems" als Gegengewicht zum Adel ist nicht zuletzt deshalb bezweifelt worden, weil natürlich auch die Bischöfe gewöhnlich aus dem Adel stammten [123: T. REUTER, System]. Die Debatte ist noch nicht abgeschlossen [J. FLECKENSTEIN, Problematik, in: 315], allerdings sieht die neuere Forschung in der Reichskirche auch ein Mittel zur Integration der Adelsfamilien [124: R. SCHIEFFER, Ort]. Reichskirche

Die Intensivierung lehnsrechtlicher Vorstellungen in der Stauferzeit, die ihren Niederschlag in der Heerschildordnung fand, deutet K.-H. SPIESS als Entwicklung von sozialen Schichtungslinien zu verfassungsmäßigen Rangstufen [369: Abgrenzung, 184]. K.-F. KRIEGER untersuchte die Praxis des spätmittelalterlichen Reichslehnswesens. Die Feudalisierungsbemühungen der Könige gelangen nicht ganz, die eigenständige Herrschaftsgrundlage des Adels konnte nicht beseitigt werden. Nach Krieger wurde die Heerschildordnung im Spätmittelalter normalerweise noch beachtet, führte allerdings keineswegs zu einer Mediatisierung anderer Adliger durch die Reichsfürsten [128: Lehnshoheit]. Lehnswesen und Heerschildordnung

Die auf J. Ficker zurückgehende Vorstellung von einem älteren, amtsrechtlich begründeten Reichsfürstenstand ist nach O. v. Dungerns Entdeckung des „Herrenstandes" mit „autogenen Herrschaftsrechten" aufgegeben worden. Der Grafentitel schuf im Frühmittelalter keine Standesgrenze. Die Kriterien für den primär lehnsrechtlich definierten Reichsfürstenstand, der am Ende des 12. Jahrhunderts entstand, hat K. HEINEMEYER untersucht [127]. Nach ST. SCHLINKER wurde das Fürstenamt im Spätmittelalter v. a. als Ausdruck der Delegation kaiserlicher Herrschaftsrechte gedeutet [139; vgl. 142: D. WILLOWEIT, Fürst]. Präzisiert wurden die fürstlichen Standesvorrechte erst im 15. Jahrhundert [129: K.-F. KRIEGER]. P. MORAW will für die Zeit vor dem 15. Jahrhundert nicht einmal von einem „Stand" sprechen, da weder ein gleicharti- Reichsfürstenstand ges Handeln noch ein politisches Zusammenwirken der Reichsfürsten zu erkennen sei [130: Fürstentum].

Moraws Kritik beruht – vor dem Hintergrund der Frage nach der Entstehung des Reichstags im Spätmittelalter – auf einem partiell anders definierten Standesbegriff; die Kriterien der Heerschildordnung sind für dieses Problem nur zum Teil aussagekräftig. Das von Moraw hervorgehobene Kriterium der „Königsnähe" zielt auf die tatsächliche politische und damit auch auf die soziale Stellung. Als Folge einer personengeschichtlichen Zugangsweise werden damit die engen Beziehungen zwischen Politik- und Sozialgeschichte deutlich [347: P. *Königshof* MORAW, König; vgl. z. B. 126: W. FREITAG, Anhalt]. In dieser Perspektive gewinnen auch Untersuchungen über die Zusammensetzung des hoch- und spätmittelalterlichen Königshofs an Bedeutung [z. B. 117: A. PLASSMANN, Barbarossa; 111: CH. HILLEN, Heinrich (VII.); 341: P.-J. HEINIG, Friedrich III.].

Kurfürsten Die verfassungsrechtliche Sonderstellung der Kurfürsten entwickelte sich nach herrschender Lehre seit der Doppelwahl 1198. Einen Überblick über die zahlreichen Theorien zur Entstehung dieser Stellung geben KRIEGER [EdG 14, 66–71] und F.-R. ERKENS [125].

9. Materielle Grundlagen der Adelsherrschaft

Grundherrschaft Der Begriff Grundherrschaft, verstanden als Verbindung von Grundbesitz und Herrschaftsrechten, wirft Probleme auf [K. SCHREINER, in: 228, Bd. 1; DERS., in: 216; 233: D. SCHELER, Grundherrschaft]. Sie sind v. a. das Resultat der Meinung, dass Herrschaftsrechte nicht die Folge von Besitzakkumulation, sondern Ausdruck einer angeborenen *Wurzeln* Adelsqualität waren. Umstritten sind die Wurzeln. Auf germanische Kontinuitäten verwies die ältere Forschung. Zunächst wurde postuliert, „privater" Grundbesitz sei erst nach der Auflösung der gemeinschaftlich organisierten „Markgenossenschaften" entstanden. Da diese Sicht das Resultat der Gemeinfreientheorie war, traf sie auf Kritik von Historikern, die schon für die germanische Zeit von herrschaftlich verfasstem Grundbesitz sprechen wollten. Umstritten war allerdings, ob es viele „kleine" (W. Wittich) oder wenige „große" Grundherren gegeben habe (H. Dannenbauer). Auf grundsätzliche Ablehnung stießen all diese Konstruktionen dann bei den Historikern, die die Anfänge der mittelalterlichen Grundherrschaft in der römischen Antike sahen (A. Dopsch).

9. Materielle Grundlagen der Adelsherrschaft

Heute hat man sich auf ein idealtypisches Zwei-Wurzeln-Modell geeinigt, sieht in beiden Wurzeln aber nur „Vorformen" der mittelalterlichen Grundherrschaft. Aus germanischem Erbe stamme die Priorität der Herrschaft über Menschen, spätantik-römische Tradition sei die Bedeutung der Rechte über Grund und Boden [20: H. K. SCHULZE, Verfassung, Bd. 1, 99–106]. Die klassische, zweigeteilte Betriebsgrundherrschaft, bestehend aus selbst bewirtschaftetem Land und ausgegebenen Bauernstellen, ist nach A. Verhulst (1966) allerdings ein genuines Produkt der Karolingerzeit.

In jüngerer Zeit sind auf mehreren internationalen Kongressen große Fortschritte bei der Erforschung insbesondere der früh- und hochmittelalterlichen Grundherrschaft erzielt worden [224: L. KUCHENBUCH, Grundherrschaft; RÖSENER, EdG 13, 61–65]. Die Untersuchung adliger Grundherrschaften profitierte allerdings nur indirekt davon, da diese in fränkischer Zeit wegen der Quellenlage allenfalls schemenhaft erkennbar sind.

Als schriftliche Quellen stehen Testamente zur Verfügung, die zunächst Produkt einer ausklingenden antiken Tradition sind und fast ausschließlich aus dem Westen des Reichs stammen. Sozialgeschichtlich ausgewertet wurden die Testamente des Bischofs Berthramm von Le Mans von 616 [236: M. WEIDEMANN], des Adalgisel Grimo von Verdun von 643 [222: F. IRSIGLER, Gesellschaft] und des Abbo im unteren Rhônetal von 739 [218: P. J. GEARY, Aristocracy]. Von grundsätzlicher Bedeutung ist B. KASTENS Aufsatz über die Verfügung des Grafen Heccard von 876 [223]. *(Frühmittelalter: Quellen; Testamente)*

Die Untersuchung von schriftlich überlieferten Schenkungen an die Kirche wirft methodische Probleme auf, die – vor dem Hintergrund einer zunehmenden Diskussion über das Verhältnis von Schriftlichkeit und Mündlichkeit im Mittelalter – erst in neuerer Zeit erkannt worden sind: Man kann nicht ohne weiteres davon ausgehen, dass Traditionsnotizen und Urkunden nur die Funktion hatten, tatsächlich getätigte Rechtsgeschäfte zu dokumentieren, und in jedem Fall einen Wechsel des Besitzers belegen. Nach W. HARTUNG sollten adlige Schenkungen an Klöster im Frühmittelalter die Zersplitterung des Besitzes verhindern [Adel, in: 234]. Diese seien nämlich als unteilbares Lehen an den Schenker zurückgegangen. J. JAHN betonte, dass Traditionen dazu dienen konnten, Herrschafts- und Besitzrechte innerhalb eines ausgewählten, engeren Verwandtenkreises zu bewahren, weiterzuvererben oder in einem „Sippenkloster" zu konzentrieren [Tradere, in: 234]. T. REUTER arbeitete bei einer Untersuchung der sächsischen Verhältnisse des 10. und 11. Jahrhunderts die sozialen und politischen Hintergründe solcher *(Schenkungen)*

Aufzeichnungen heraus [229: Property]. Von „Anspruchsschriftlichkeit" sprach R. SABLONIER und forderte, den „Gebrauchs- und Kommunikationszusammenhang" des „überlieferten Schriftguts des 12. und 13. Jahrhunderts in Adelssachen" nicht zu vernachlässigen [Schriftlichkeit, in: 16].

Einzelne Arbeiten

W. STÖRMER hat adlige Grundherrschaften in Bayern vornehmlich auf der Basis einer Analyse von Schenkungen untersucht [46: Adel, 118–156]; auf derselben Quellengrundlage beruht K. BOSLs Strukturanalyse Frankens um 800 [214]. M. HEINZELMANN zog aus der Besitzübertragung des Abtes Siegfried von Engelbrechtsmünster von 820 Schlüsse über die adlige Grundherrschaft [221]. H.-W. GOETZ rekonstruierte aus diversen Quellen den Besitz eines Grafen am Ende des 9. Jahrhunderts. [220]. Einen allgemeinen Überblick über die adlige Grundherrschaft der Karolingerzeit bietet W. RÖSENER [Strukturformen, in: 231]. Von RÖSENER stammt auch eine Spezialuntersuchung zur adligen Grundherrschaft in Sachsen [232].

Ausbau der Grundherrschaften

Der Auf- und Ausbau der Grundherrschaft erschien der älteren Forschung als umfassender Depressionsprozess; die „Gemeinfreien" seien von den großen Grundherrschaften aufgesogen worden und in Abhängigkeit geraten (Th. von Inama-Sternegg, K. Lamprecht). Probleme warf diese Sicht auf, nachdem zu viele Entwicklungen mit diesem Prozess in einen kausalen Zusammenhang gebracht worden waren, u. a. eben auch die Entstehung des Adels. Deshalb wurde sie kritisiert (A. Dopsch) oder – im Rahmen der Königsfreientheorie – völlig abgelehnt (H. Dannenbauer). In diesem Kontext traf die Arbeit von A. BERGENGRUEN [213: Adel], der (u. a. mit Methoden der Siedlungsgeschichte) das Entstehen großer Grundherrschaften (und damit eines Adels) am Ende des 6. Jahrhunderts im Nordwesten des Frankenreichs nachweisen wollte, auf fast allgemeine Ablehnung.

Inzwischen hat die Forschung allerdings diese Fragen von der Untersuchung der Grundherrschaft abgekoppelt und ist wieder weitgehend zur Depressionstheorie wie auch zur Annahme von der Existenz „kleiner" Freier, die ihren Besitz selbst bewirtschafteten, zurückgekehrt [als Ausgangsbasis noch immer wichtig: 226: F. LÜTGE, Sozial- und Wirtschaftsgeschichte, 57–75; heute 74: H. FICHTENAU, Lebensordnungen, 455; 20: H. K. SCHULZE, Verfassung, Bd. 1, 111–115].

Fortbestand des Steuerwesens?

Im Rahmen eines neuen Ansatzes ergibt sich eine Akzentverschiebung. Die Hervorhebung der Bedeutung spätantiker Kontinuitäten hat zu Versuchen geführt, die Quellenterminologie in einem steuerrechtlichen Sinn zu deuten (E. Magnou-Nortier, J. Durliat). Geht man vom Fortbestand der antiken öffentlichen Finanzverwaltung aus, so er-

9. Materielle Grundlagen der Adelsherrschaft 85

scheinen weltliche Adlige als Inhaber öffentlich-rechtlicher Befugnisse, die insbesondere für die Erhebung von Steuern und Abgaben verantwortlich waren. Selbst wenn man diese weit reichenden Thesen nicht akzeptiert, so kann man doch davon ausgehen, dass die Freien auch über das Steuerwesen in die Grundherrschaften hineingezogen wurden [224: L. KUCHENBUCH, Grundherrschaft, 46]. In diesem Zusammenhang betont die neuere Forschung stärker die Bedeutung der Beherrschung wirtschaftlicher Mechanismen [215: O. BRUAND, Klientelverhältnisse]. Auch Reichtum war ein Definitionskriterium für Adel [74: H. FICHTENAU, Lebensordnungen, 194; 44: R. LE JAN, Familie, 60–63].

Überblicke über die adlige Grundherrschaft des Hochmittelalters bieten W. RÖSENER in zwei Sammelbänden, die mehrere einschlägige Aufsätze zum Thema enthalten [230; 231], und L. KUCHENBUCH [225: Potestas]. Zu den Aufzeichnungen über Schenkungen treten im Hoch- und Spätmittelalter Urbare als Quellen für die Untersuchung des adligen Grundbesitzes. Einzigartig früh ist der Codex Falkensteinensis aus der zweiten Hälfte des 12. Jahrhunderts (ed. E. Noichl, 1977); er zeigt eine weiter entwickelte Villikationsverfassung [46: W. STÖRMER, Adel, 147–151; W. RÖSENER, Beobachtungen, in: 230]. Seit dem 13. Jahrhundert wird die Überlieferung dichter; zunächst gilt dies für landesherrliche Urbare [E. BÜNZ, Probleme, in: 230]. Zahlreiche Quellen dieser Art sind in Studien über einzelne Familien erschlossen worden (s.u.).

Aufschluss über adligen Lehnsbesitz geben die spätmittelalterlichen Lehnsverzeichnisse. Neuere Editionen [217: FENSKE/SCHWARZ, Heinrich I. von Regenstein; 227: MÖTSCH/WITTER, Grafen von Henneberg] bieten auch einen Überblick über ältere Arbeiten.

Die Auflösung der Villikationsverfassung und die „Verrentung" der Grundherrschaft führten zu einem Rückgang der adligen Eigenwirtschaft, wenngleich man nicht mehr von derem völligen Verschwinden spricht [W. RÖSENER, Wirtschaftsverhältnisse, in: 337]. Die Weiterentwicklung war nicht einheitlich. Es entstanden mehrere Agrarlandschaften; trotz mancher Modifikationen erscheint die Typologie von F. LÜTGE noch immer als brauchbare Ausgangsbasis [226: Sozial- und Wirtschaftsgeschichte, 108–125]. Untersuchungen auch über adlige Grundherrschaften bestimmter Regionen finden sich bei H. PATZE [228]. Einen allgemeinen Überblick gibt RÖSENER [EdG 13, 36–40].

_{Hochmittelalter: Überblicksdarstellungen}

_{Urbare}

_{Lehnsverzeichnisse}

_{Auflösung der Villikationsverfassung}

_{Spätmittelalter}

10. Adelsleitbild, Erziehung, Bildung

Die Analyse adliger Leitbilder, zwangsläufig verknüpft mit den Themen Erziehung und Bildung, ist für die neuere Forschung, die Adel als mentales Phänomen und Lebensform versteht, ein außerordentlich wichtiger, zum Teil sogar konstitutiver Bereich [17: O. G. OEXLE, Aspekte]. Strittig sind kaum die Werte und Normen, die propagiert wurden, sondern deren geistesgeschichtliche Herkunft. Germanische Kontinuitäten betonten H. KALLFELZ [185: Standesethos, für das 10. und 11. Jahrhundert], K. BOSL [179: Leitbilder] und W. STÖRMER [46: Adel]. In dieser Perspektive tritt insbesondere der militärisch-kriegerische Aspekt adliger Wertvorstellungen hervor [vgl. 178: J.-P. BODMER, Krieger]. Diese Sicht prägt auch den Überblick von L. BOEHM [192: Erziehungs- und Bildungswesen] und in dieser Tradition steht jetzt wieder G. SCHEIBELREITERS Darstellung der Gesellschaft des 5.–8. Jahrhunderts [41].

<small>Germanische Kontinuitäten</small>

<small>Römische Kontinuitäten</small>

Im Allgemeinen hebt die jüngere Forschung aber auch hier die Bedeutung spätantiker Kontinuitäten hervor. Schon H. Pirenne und P. Riché hatten gezeigt, dass mit der Etablierung des Frankenreichs weder die klassische Bildung noch das Schulwesen untergegangen sind, und auch O. BRUNNER betonte früh die Rolle des antiken Erbes für das Selbstverständnis des europäischen Adels [7: Landleben].

Damit rückten die antiken Tugenden als zentraler Bestandteil adligen Wesens in den Vordergrund; Adel erscheint als ein nicht zuletzt ethisch definierter Begriff [253: K. SCHREINER, Untersuchungen, 44–49; DERS., Legitimation, in: 16]. Aus einer Analyse der Bischofsviten schloss M. HEINZELMANN auf das Fortleben antiker *virtutes* und auf die Kontinuität des Schulwesens [Adel, in: 16; vgl. 61: Bischofsherrschaft]; wichtig sei dabei der Königshof gewesen [182: Studia sanctorum]. Ein ähnliches Bild ergeben die sog. Fürsten- oder Laienspiegel der Karolingerzeit [177: H.H. ANTON, Fürstenspiegel; 180: O. EBERHARDT, Via Regia] und Dhuodas Manuale für ihren Sohn von 841/43 [ed. P. Riché, 1975, vgl. dazu 189: J. WOLLASCH, Familie]. Im Anschluss an Heinzelmann spricht K. F. WERNER sogar von einer Kontinuität adliger Laienbildung bis zur ritterlich-höfischen Kultur des Hochmittelalters [47: Naissance, 483–490; 22: Mehrzweck].

<small>Hochmittelalter</small>

Einen Überblick über Erziehung und Bildung im Hochmittelalter gibt J. BUMKE [334: Kultur, 430–451]. J. FRIED [110: Formierung, 34] sprach von der Zähmung des „rauhen Kriegeradels" (in Anlehnung an eine These von A. Nitschke über den Wandel der Ideale von der Selbständigkeit zur Ein- und Unterordnung). Im Zuge der Gottesfriedensbewegung und der Kirchenreform wurde Adel noch stärker durch Tugend und damit durch Verhalten definiert. Diese Veränderung ist in begriffsgeschichtlichen Arbeiten hervorgehoben worden [F. MAURER, Adel, in: 11; etwas zu weit gehend: 190: H. ZUTT, Adel]. Sie zeigt sich auch im neuen, in der Kloster- und Kirchenreform geprägten Heiligenbild des adligen Laien [187: F. LOTTER]. Die Formen der Sozialisation des Adels sind in jüngerer Zeit von H. WENZEL [211: Hören und Sehen] mit neuen Fragestellungen untersucht worden. U. LIEBERTZ-GRÜN beschäftigte sich mit der Sozialisation adliger Frauen [199: Frau und Herrscherin]. U. HOFFMANN analysierte Rolle, Werte und Verhaltensweisen des Adels in der Geschichtsschreibung des 9. bis 12. Jahrhunderts. [183: König].

Die spätmittelalterlichen Diskussionen um die Bedeutung von Adel setzten inhaltlich die Debatten des Hochmittelalters fort [184: V. HONEMANN; 188: B. TÖPFER, Urzustand, 291–352], wurden aber intensiviert. Dies zeigt sich auch an einer jetzt aufblühenden Ständedidaxe [181: W. HEINEMANN]. Unterschiedliche Konzeptionen des Adels wurden entworfen [K. SCHREINER, Legitimation, in: 16; 17: O. G. OEXLE, Aspekte, 48–55; im europäischen Kontext: 186: M. KEEN, Nobles], die Bedeutung der Abstammung trat zumindest in der Theorie weiter zurück. *Spätmittelalter*

Nach vorherrschender Sicht [192: L. BOEHM, Erziehungs- und Bildungswesen] kann man von einem Nebeneinander von volkssprachig-schriftloser Lebensführung des Laienadels und geistlicher Latinität sprechen, auch wenn das Gegensatzpaar *litteratus – illitteratus* nicht mit gebildet – ungebildet gleichgesetzt werden kann, sondern zwei „Bildungswelten" kennzeichnet [H. GRUNDMANN, in: 196, Bd. 3]. K. HAUCK wollte schon für die Zeit vor der ritterlichen Dichtung eine mündlich tradierte, „haus- und sippengebundene" adlige Literatur mit z.T. nichtchristlichen Wurzeln nachweisen [197]. *litteratus – illitteratus*

Weltliche Adlige, die lesen und schreiben konnten, gelten der herrschenden Lehre bis ins 13. Jahrhundert als Ausnahmen [209: A. WENDEHORST; 208: K.-H. SPIESS]. J. FLECKENSTEIN meinte, dass seit dem 12. Jahrhundert das Nebeneinander einer adligen, schriftlosen Kultur und einer geistlich-klerikalen lateinischen Kultur an den Höfen überwunden worden sei; eine vermittelnde Rolle schrieb er dabei den Hofklerikern zu [Miles, in: 317]. Allerdings dürfte der „verhöflichte Krieger" wohl lange die Ausnahme gewesen sein [S. KRÜGER, Krieger, in: 336]. Dies änderte sich im Spätmittelalter, doch geben die als Quellen herangezogenen Bücherverzeichnisse kein einheitliches Bild [O. *Lesen und Schreiben*

BRUNNER, Adelsbibliotheken, in: 8; 383: M. PIENDL, Hab und Gut; 204: E. PLETICHA, Adel und Buch; CH. REINLE, Spurensuche, in: 371]. Auf ein weiteres Problem hat K.-H. SPIESS hingewiesen: Eine Bibliothek kann schlicht der Demonstration von Rang und Würde dienen [208].

Einige neuere Arbeiten postulieren dagegen die Kontinuität von Lese- und Schreibfähigkeiten bei Laien für die fränkische Zeit [200: R. MCKITTERICK, Carolingians]. Die Bildung adliger Frauen hat schon H. GRUNDMANN hervorgehoben [Frauen, in: 196, Bd. 3], doch fehlt bei Untersuchungen dieses Themas noch die Verknüpfung mit explizit sozialgeschichtlichen Fragestellungen [202: D. MÜLLER]. Auch für das Hochmittelalter wird inzwischen, vor dem Hintergrund einer sehr umfassend gewordenen Diskussion über das Verhältnis von Mündlichkeit und Schriftlichkeit im Mittelalter, die Lesefähigkeit adliger Laien von einigen Autoren höher eingeschätzt [205: M. SCHOLZ; 194: U. ERNST]. K. F. WERNER bestreitet grundsätzlich die Kluft zwischen einer adligen, schriftlosen und einer geistlich-klerikalen lateinischen Kultur, da unterschiedliche Inhalte nicht festzustellen seien [22: Mehrzweck, 47: Naissance, 483–490].

Renaissance und Humanismus Renaissance und Humanismus erschienen der klassischen Sicht als bürgerliche Bewegungen mit einem individualistischen Menschenbild, in dem Leistung und Bildung statt Abstammung im Vordergrund standen. H. RÖSSLER sprach sogar von einem „Kulturzusammenbruch" und dem Ende der Adelskultur um 1430 [Adelsethik, in: 386]. Die Bildungsunwilligkeit des spätmittelalterlichen Adels ist schon von Zeitgenossen beklagt worden [S. KRÜGER, Krieger, in: 336]; allerdings war auch die Skepsis gegenüber der Verbreitung von Wissen groß [206: K. SCHREINER, Laienbildung].

Sozialgeschichtliche Interpretationen der Renaissance haben (im europäischen Kontext) diese Sicht nicht grundsätzlich verworfen, zeichnen aber ein erheblich differenzierteres Bild [193: P. BURKE, Renaissance; sogar A. von Martin hatte bereits 1923 auch von einer *„Adelsrenaissance"* „Adelsrenaissance" gesprochen]. O. BRUNNER zeigte die Konvergenz zwischen Adel und Humanismus nach 1500 [7: Landleben]. Im deutschen Sprachraum war dies jedoch offenbar erst ein Phänomen der Frühen Neuzeit. H. WENZEL stellte bei seiner Untersuchung der Autobiographien bürgerlicher und adliger Autoren immerhin doch gewisse Unterschiede fest [210; zum Thema vgl. auch 352: W. RÖSENER, Erinnerungskulturen].

Universitäten Einer älteren, eher geistesgeschichtlich orientierten Sicht erschien die Universität als Ort, wo soziale Unterschiede keine Rolle spielten und als Keimzelle einer alternativen Elite [H. GRUNDMANN, Ursprung, in: 196, Bd. 3]. In der neueren Forschung finden sich unterschiedliche Perspektiven [24: M. BORGOLTE, Sozialgeschichte, 377–383]. Primär sozialgeschichtliche Studien betonten, dass Universitäten nicht von der sozialen Umwelt abzukoppeln sind. Adlige Privilegien gab es auch hier und Karrieren Nichtadliger durch ein Studium waren im Spätmittelalter eher selten [201: P. MORAW, Universitätssystem; 207: R.CH. SCHWINGES, Universitätsbesucher]. Immerhin gelang Gelehrten in mancher Hinsicht die Gleichstellung mit Adligen [191: I. BAUMGÄRTNER, Gelehrtenstand; 198: H. LANGE, Adel des doctor]. Spezialuntersuchungen zu einzelnen Universitäten zeigten, dass Adlige den Wert eines Studiums (mit Abschluss) im Wesentlichen erst in der Frühen Neuzeit entdeckten [203: R. A. MÜLLER, für Ingolstadt; 195: CH. FUCHS, für Heidelberg; 212: CH. WIELAND für den Adel des Breisgaus].

11. Adel und Kirche im Hochmittelalter

Mit einer klassischen Arbeit von A. Schulte (1910) begannen standesgeschichtliche Untersuchungen der mittelalterlichen Kirche. Schulte betonte die Dominanz des Adels, zeigte die exklusiv adlige Besetzung der Bistümer und Königsabteien vom 9. bis ins 12. Jahrhundert und regte zahlreiche Forschungen an. Eine besondere Bedeutung gewannen diese Fragestellungen in einer hitzigen, ideologisch aufgeladenen Diskussion der fünfziger Jahre um die Rolle der Reformklöster in der Welt des Mittelalters [Überblick: 24: M. BORGOLTE, Sozialgeschichte, 313–322]. Dies führte zur Frage nach der sozialen Herkunft der Mönche. Schon Schulte selbst hatte behauptet, dass das Mönchtum der benediktinischen Reichsklöster seit fränkischer Zeit exklusiv adlig gewesen sei, während die Klöster der Hirsauer Reform mit dieser Konvention gebrochen hätten.

Neuere Forschungen [254: W. TESKE, für Cluny; 255: M. TOEPFER, für die Zisterzienser] zeigen grundsätzlich eine gewisse soziale Offenheit der Reformklöster, wenngleich H. JAKOBS nicht von einem „Programm" sprechen will [246: Hirsauer]. Deutlich wurden aber v. a. auch die Quellenprobleme für die Frühzeit. Inzwischen wird man sogar bei Aussagen über die Kanonissenstifte, die lange als Vollendung adliger Exklusivität galten, vorsichtiger [237: F. J. FELTEN, Kanonissenstifte; zum Problem vgl. auch 238: DERS., Problem].

Sozialgeschichtliche Untersuchungen von Ritterorden, insbesondere des Deutschen Ordens, erwiesen die schon von M. Hellmann

A. Schulte

Rolle der Reformklöster

Soziale Herkunft der Mönche

Ritterorden

angenommene Dominanz des niederen Adels [zuletzt 249: P. C. VON PLANTA, Deutscher Orden, mit einem Überblick über die ältere Forschung]. D. KURZE ging davon aus, dass Adlige auch im niederen Klerus vertreten waren [247: Klerus, 287].

Niederer Klerus

Umfassendere Zusammenhänge einer Sozialgeschichte der Religion hat in zahlreichen Arbeiten K. SCHREINER herausgearbeitet. Ausgangspunkt waren ebenfalls standesgeschichtliche Untersuchungen von Klöstern [253]; Schreiner fragte zudem nach den Wechselwirkungen zwischen politisch-sozialer Umwelt und monastischer Lebensform und wies auf die Spannung zwischen christlichen Gleichheitsforderungen und sozialen Hierarchien hin, die das gesamte Mittelalter prägte [251: Mönchsein]. Das Verhältnis Adel und Christentum – in einem weiteren Sinn: Gesellschaft und Religion – eröffnet neue Perspektiven, etwa bei der Untersuchung der Marienverehrung [252] oder des Spannungsfeldes zwischen den Versuchen, Adel biblisch zu legitimieren, und der Adelskritik auf der Basis christlichen Gedankenguts [K. SCHREINER, Legitimation, in: 16; vgl. auch 188: B. TÖPFER, Urzustand, 291–352].

Sozialgeschichte der Religion

Das von Schreiner angesprochene Problem bildet den Kontext zahlreicher Studien zu speziellen Fragen. Dies gilt z. B. für die Debatte zwischen Tenxwind von Andernach und Hildegard von Bingen über die soziale Zusammensetzung ihrer Konvente [A. HAVERKAMP, in: 10]. Auch die Frage nach dem Einzugsbereich von Klöstern ist nicht nur ein sozial-, sondern gerade deshalb auch ein politikgeschichtliches Problem. Herausgearbeitet wurde dies v. a. für die Kanonissenstifte Sachsens in der Ottonenzeit [114: K. LEYSER, Herrschaft, M. PARISSE, Frauenstifte, in: 121, Bd. 2; 250: TH. SCHILP, Norm].

P. MORAW/V. PRESS formulierten einen ähnlichen Ansatz als Programm für die Untersuchung von Dom- und Stiftskirchen [Probleme, in: 351]. MORAW hat ihn in mehreren Arbeiten umgesetzt, in denen Stiftskirchen als Orte der „Begegnung von Kirche und Welt" betrachtet werden [248: Stiftspfründen]. Neuere Arbeiten über Domstifte interessieren sich ebenfalls für die Wechselwirkung zwischen sozialem Umfeld, sozialem Wandel und Zusammensetzung der Kapitel. Als moderner Klassiker gilt G. FOUQUET [240: Speyer]; einen Überblick über neuere Forschungen gibt R. HOLBACH [244: Forschung], von dem eine ähnliche Arbeit über Trier stammt.

Stiftskirchen

Domstifte

Der enge Zusammenhang zwischen hochmittelalterlicher Kirchenreform und einem der Reform gegenüber sehr aufgeschlossenen Adel ist der Forschung schon früh aufgefallen. H. GRUNDMANN sah in „Adelsbekehrungen" sogar die potenzielle Keimzelle neuer Orden [in:

Adel und Kirchenreform

196, Bd. 1]. H. JAKOBS hat die politischen Implikationen betont und von einem „südwestdeutschen Reformadel" gesprochen. Die Gründungswelle der Klöster in Schwaben sei auch eine Art Opposition gegen die vom König in seinen Dienst genommene Reichskirche gewesen; das Reichsmönchtum habe für Kaiser und Reich, das cluniazensische Mönchtum für den Adel eigenen Rechts gebetet [245: St. Blasien, 279]. J. FRIED sprach von der Emanzipation des Adels aus königlicher Herrschaft durch die Reform und den dadurch gewonnenen Rückhalt beim Papst [243: Laienadel].

Die politischen Implikationen hat J. WOLLASCH allerdings relativiert [Reform, in: 239]. K. SCHMID wies auf einen tiefer gehenden Zusammenhang hin [Adel und Reform, in: 170]. Der gleichzeitige „Aufbruch" von Adel und Klosterreform basiere auf einer Symbiose: Die adlige Vogtei sicherte den materiellen Besitz der adligen Familie und war Bestandsgarantie für das Kloster, die Mönche sorgten für das Totengedenken und damit erst für die gedankliche Konstitution des adligen Geschlechts. Dieser Ansatz ist im Rahmen der Beschäftigung mit dem Thema „Memoria" weiterentwickelt worden [36: O. G. OEXLE, Memoria als Kultur]. Die engen Verbindungen zwischen Ministerialen und der Kanonikerreform haben J. B. FREED [241: Friars] und TH. ZOTZ [256: Milites Christi] hervorgehoben.

Symbiose

12. Ministerialität

Die Ministerialität gilt als eine Besonderheit der deutschen Geschichte, die schon früh den Vergleich mit Frankreich herausforderte und die Frage nach den Verhältnissen in den romanisch geprägten Teilen des Reichs aufwarf. Eine neuere, stark systematisierende und den militärischen Aspekt (Rittertum) betonende Gesamtdarstellung stammt von B. ARNOLD [257: Knighthood]. Die Forschungsgeschichte fasst J. B. FREED zusammen [259: Origins].

Zunächst wurde die Ministerialität als ständegeschichtliches Phänomen betrachtet, die Anfänge sah man früh. Zwei Probleme beschäftigten die ältere Forschung: die Hauptfaktoren des Aufstiegs und die soziale Herkunft der Ministerialen.

Ältere Ansätze: Ämter oder Kriegsdienst?

Die klassische Lehre, wie sie A. von Fürth 1843 als „Ämtertheorie" formulierte, ging davon aus, dass die Ämter am Hof (bzw. in der Grundherrschaft) Ausgangspunkte für den sozialen Aufstieg von Unfreien gewesen seien. G. Waitz und besonders H.-W. Klewitz für das

Elsass (1929) hoben die Bedeutung des ritterlichen Kriegsdienstes hervor. Herausgefordert wurde dieser Ansatz von G. Caro, W. Wittich und K.-H. Ganahl, die die Ministerialität als Institution zwar nicht wesentlich anders definierten als die herrschende Lehre, jedoch glaubten, dass die meisten Ministerialen Nachkommen Freier gewesen seien. Sogar ständegeschichtliche Kontinuitäten versuchte V. Ernst zu erweisen: Die Institution sei auf die „Urmeier" von Grundherrschaften zurückzuführen. E. Otto unterschied zwischen einer adligen und einer hörigen Ministerialität und führte diese beiden Schichten auf Eroberer bzw. Unterworfene der Frühzeit zurück.

Die Rückkehr zur klassischen Sicht kam v. a. mit E.E. Stengel (1926). Entscheidend für den sozialen Aufstieg sei nicht die Art des Dienstes gewesen, sondern der gehobene Dienst an sich. Die Ministerialen stammten zunächst und in erster Linie aus der Unfreiheit. Darauf basiert der heutige Konsens, den TH. ZOTZ in einem ausführlichen Überblick zusammenfasst [Formierung, in: 121, Bd. 3]. Erst seit dem 11. Jahrhundert, mit der Herausbildung eines erblichen Rechts, könne man von Ministerialität sprechen. Frühere Formen erscheinen der heutigen Forschung als „Vorstufen" [K. BOSL, in: 5, 228–276]. Regionale Untersuchungen, die bereits für das 10. Jahrhundert diesen Begriff verwenden [377: J. B. FREED, Salzburg; 272: G. FLOHRSCHÜTZ, Freising], arbeiten mit einer partiell anderen Definition, beruhen vielleicht aber auch schlicht auf einer besseren Quellenlage. P. NEUMEISTER hat mit dem Verweis auf die Begriffsgeschichte allerdings bezweifelt, ob man erst für die Zeit nach der Jahrtausendwende von einer Ministerialität sprechen solle [260].

Mit Stengel begann auch der Abschied von den zunehmend als unbefriedigend empfundenen ständegeschichtlichen Ansätzen. Sie wurden durch personen- und besitzgeschichtliche Untersuchungen abgelöst; die Maßstäbe setzte K. BOSLs Arbeit über die Reichsministerialität [262]. Bosl hat auch mit grundsätzlichen Abhandlungen die Forschung lange geprägt [Ius, in: 5]. Besonders betonte er die Bedeutung der Reichsministerialien für den Aufbau von „Königslandschaften". Die These von einer regelrechten „Staatsreform" der späten Salier und der Staufer (nach O. von Dungern) betrachtet man heute allerdings mit Skepsis [257: B. ARNOLD, Knighthood, 224], zumal Bosl die Rolle der Grafen und der freien Herren für das Königtum wohl unterschätzte [P. MORAW, Personenforschung, in: 347, 8]. J. U. KEUPP hat diese Kritik für die Zeit der frühen Staufer bei seiner Darstellung der Ministerialität Friedrich Barbarossas und Heinrichs VI. bestätigt [263: Dienst]. Die Spätzeit der Reichsministerialität untersuchte A. C. SCHLUNK mit dem

Ergebnis, dass die Reichsministerialen noch lange eine wichtige Stütze des Königtums bildeten [264: Königsmacht].

Heute gelten auch bei der Untersuchung von Ministerialenverbänden einzelner Herren prosopographische Ansätze als Standard [z. B. 268: G. BRADLER, Allgäu und Oberschwaben; 272: G. FLOHRSCHÜTZ, Freising; 377: J. B. FREED, Salzburg; 277: H.-G. TRÜPER, Bremen; 275: F. KUBŮ, Egerland; 279: W.H. WITZEL, Fulda; 274: C.-P. HASSE, Welfen; 269: H.R. DERSCHKA, Konstanz]. Sammelbände über die Ministerialen in bestimmten Regionen liegen für den Pfälzer Raum [278: F. L. WAGNER] und den Mittelrheinraum [276] vor.

Einzelne Ministerialenverbände

Die Probleme der Reichsklöster mit ihrer sich emanzipierenden Ministerialität untersuchten F.-J. JAKOBI [266] und K. SCHULZ [267]. Nach H. JAKOBS gelang der Versuch der Reformklöster, auf eine Ministerialität zu verzichten, nicht ganz. Allerdings will Jakobs für diesen Fall nicht von einer „ritterlichen" Ministerialität sprechen [246: Hirsauer, 170–186].

Ministerialität von Klöstern

In Reaktion auf die Versuche, die Ministerialen im Wesentlichen als Nachkommen von Freien zu sehen, betonte K. BOSL, dass die Zahl der Freien, die in die Ministerialität eintraten, gering gewesen sei. Man könne geradezu von einer sozialen Revolution sprechen; besonders die *servi*, die „niedrigsten Elemente", seien sozial aufgestiegen [Ius, in: 5, 282, 302 ff.]. Diese Sicht ist nicht mehr ganz unumstritten. TH. ZOTZ wies darauf hin, dass *servus* den sozial höher stehenden Unfreien bezeichne [Formierung, in: 121, Bd. 3, 7 f.]. F. REICHERT bezweifelte die Auffassung Bosls auf der Basis seiner Regionaluntersuchung: Im Südosten sei die freie Herkunft zahlreicher Ministerialengeschlechter nachweisbar [361: Landesherrschaft, 341–345]. K. F. WERNER sprach lapidar von einem „massiven Eintritt" von Freien [Adel, in: LexMA 1].

Eintritt von Freien

Im Zusammenhang damit steht die Frage, ob der im 12. Jahrhundert in mehreren Gebieten feststellbare Schwund der Freien in den Quellen auf deren Eintritt in die Ministerialität zurückgeführt werden kann. Gerade in neueren Arbeiten finden sich sehr unterschiedliche Sichtweisen. G. FLOHRSCHÜTZ [134: Ebersberg] und L. HOLZFURTNER [135: Andechser] schlossen sich dieser Deutung an, während S. BAUDISCH von einem Verdrängungsprozess sprach [131: Nordwestsachsen]. Das Problem dürfte darin bestehen, dass die ähnlichen Befunde von den Autoren regionaler Studien unterschiedlich interpretiert werden, da die Anbindung an ein allgemeines Modell zur Erklärung des sozialen Wandels unterbleibt. Insgesamt ist die Frage schwer einzuschätzen, zumal die Zensualität ein Durchgangsstadium zur Ministerialität sein konnte [290: K. SCHULZ]. Vielleicht konsensfähig ist das Fazit von H.

Dopsch für Salzburg [270: Ministerialität, 30]: Der Anteil der Freien war gering, führte aber zu einer frühzeitigen Differenzierung der Ministerialität [vgl. auch 271: P. Feldbauer, Herren, 247 f.].

Doppelministerialität Das Phänomen der Doppelministerialität stellt sich in verschiedenen Varianten. Unstrittig ist, dass bei Erbteilungen Ministeriale mehreren Herren gleichzeitig zugeordnet werden konnten [268: G. Bradler, Studien, 418 ff.]. Ebenfalls nachweisbar ist Doppel- oder sogar Mehrfachministerialität bei geistlichen Institutionen [289: K. Schulz, Richerzeche, 159–163; 279: W.H. Witzel, Fulda, 40–44].

Reichskirchenministerialität Ein Problem wirft die Frage der Reichskirchenministerialen auf. J. Ficker begründete die Auffassung, dass diese als Teil des Reichskirchenguts in einem weiteren Sinn ebenfalls zu den Reichsministerialen zählten. Dies erschien K. Bosl ein wenig überspitzt, aber grundsätzlich richtig [Ius, in: 5, 322]. Tatsächlich ist in einzelnen Fällen die gleichzeitige Zuordnung von Ministerialen zum Reich und zu einer Bischofskirche nachweisbar [K.-H. Spiess, Reichsdienstmannen, in: HRG 4; 257: B. Arnold, Knighthood, 107 ff.]. K.-F. Krieger geht diese Ansicht allerdings zu weit. Es habe auch Ministeriale gegeben, die als Teil des „Allodialbesitzes" einer Kirche erschienen [128: Lehnshoheit, 181].

Königliche und fürstliche Ministeriale Noch komplizierter ist das analoge Problem bei königlichen und fürstlichen Ministerialen. Friedrich II. behauptete für Bayern, Österreich, Steiermark und Braunschweig, dass die Dienstleute des Landes Teil des Reichslehens seien. Bosl sprach auch für diesen Fall von Doppelministerialität und einem „Kondominium" über diese Ministerialen. Im Hinblick auf die bayerischen Verhältnisse traf dies allerdings auf Widerspruch von G. Kirchner [DA 10 (1953/54) 459 f.; vgl. 257: B. Arnold, Knighthood, 108].

Österreich und Steiermark Besonders intensiv wurde das Problem für Österreich und für die Steiermark diskutiert. Man kann das Phänomen mit dem Verweis auf die Zentralisierungsbemühungen des Kaisers politisch zu erklären versuchen [262: K. Bosl, Reichsministerialität, 476–82; H. Dopsch, Probleme, in: 258, 229], doch gehen einige Historiker davon aus, dass Friedrichs Behauptung tatsächlich richtig war und man von einem Obereigentum des Reichs über die Landesministerialen sprechen kann [137: M. Mitterauer, Formen, 317 f.]. H. Wolfram lehnt daher die Begriffe Kondominat und Doppelministerialität ab [280: Zisterziensergründung, 14, 20].

Hintergrund des Problems ist die umstrittene Beschreibung des Aufstiegs der in Österreich und in der Steiermark sehr starken Ministerialen, die im 13. Jahrhundert als *ministeriales terrae* bzw. *Austrie* erscheinen. Mitterauer und P. Feldbauer [271: Herren, 248 ff.] wollten zeigen, dass deren Rechtsstellung ursprünglich auf ein vom König verliehenes Dienstmanneneigen aus Königsgut zurückging. Dies traf auf nachhaltigen Widerspruch von M. WELTIN, der den Ministerialen zumindest des 12. Jahrhunderts keine andere rechtliche und politische Stellung zuschrieb als den Adligen dieser Zeit. Auch Ministeriale hätten autogene Herrschaftsbereiche gebildet und seien durch die zeitweilige Schwäche der Landesherrschaft *via facti* zu *ministeriales terrae* aufgestiegen [141: Adel].

Das Verblassen und schließliche Ende der Besitzbeschränkungen für Ministeriale untersuchten K.-H. SPIESS [265: Inwärtseigen] und V. RÖDEL, [385: Reichslehenswesen]. Die Bedeutung der ritterlichen Lebensweise hoben jene Forscher hervor, die sich mit dem Rittertum beschäftigten [J. FLECKENSTEIN, Entstehung, in: 315; 319: J. FLORI, Essor; 257: B. ARNOLD, Knighthood]. A.C. SCHLUNK entwickelte für die Reichsministerialität ein Stufenmodell, das die Entwicklung von der Testierfähigkeit über die Erblichkeit der Reichsämter, die Verfügung über Eigenbesitz, den Besitz von Dienstlehen, den Besitz echter Lehen (passive Lehnsfähigkeit), die Vergabe echter Lehen (aktive Lehnsfähigkeit) bis zur Verfügung über sich selbst erfasst [264: Königsmacht, 72]. Von der Einschätzung der Bedeutung dieser Kriterien hängt es ab, wann man die Emanzipation zeitlich ansetzt; nach Fixdaten sucht man heute jedenfalls nicht mehr.

Als Indikator für den Anschluss an den Adel galt der älteren Literatur das Konnubium mit Familien des hohen Adels. Über die Frage des Zeitpunkts stritten sich schon O. von Dungern (13. Jahrhundert) und A. Schulte (15. Jahrhundert). J. B. FREED wies auf die Bedeutung der Stellung des Fürsten hin: Ist der Fürst stark, verschwinden die Unterschiede schneller [259: Origins, 230f.]. Untersuchungen niederadliger Familien (s.u.) lassen vermuten, dass auch wirtschaftliche Entwicklungen eine Rolle spielten. Heute ist man bei der Einschätzung dieser Frage aber generell eher skeptisch. K.-H. SPIESS zeigte, dass die Standesgrenzen lange beachtet worden sind. Dies galt besonders für das Heiratsverhalten [369: Abgrenzung]. Die letzten Einschränkungen verloren erst in der Neuzeit an Bedeutung [V. PRESS, Führungsgruppen, in: 351, 518].

Berücksichtigt werden muss in diesem Zusammenhang natürlich auch die schon immer betonte soziale Heterogenität der Ministerialität [264: A. C. SCHLUNK, Königsmacht, 69ff.; W. RÖSENER, Wirtschaftsverhältnisse, in: 337, 306ff.]. L. FENSKE verweist auf die Bedeutung des Herrn: Große Herren konnten große Dienstlehen vergeben [Genese, in: 10, 696]. Keineswegs allen Ministerialen gelang der Anschluss an den Adel [RÖSENER, Bauer und Ritter, ebd., 673f.; 259: J. B. FREED,

Stufen des Aufstiegs

Konnubium mit adligen Familien

Heterogenität

Origins, 232]. Als Fazit bleibt: Von einer „sozialen Revolution" durch Leistung und Dienste wird man heute nicht mehr ohne weiteres sprechen [261: M. PARISSE, Ministériaux].

<small>Bedeutung des Bischofsamtes</small>

Auf ähnliche Skepsis trifft heute die Meinung, dass die Reichsministerialität schon früh ein bevorzugtes Reservoir für das Bischofsamt gewesen sei [TH. ZOTZ, Formierung, in: 121, Bd. 3, 46, mit Verweis auf die personengeschichtlichen Untersuchungen von H. Zielinski]. Erst im Spätmittelalter war dies anders. Um 1500 stammten Erzbischöfe (auch als Kurfürsten) und Bischöfe häufig aus dem niederen Adel. Dies relativierte die Exklusivität des hochadligen Familienverbandes, als der der Reichstag am Ende des 15. Jahrhunderts aufzufassen ist [V. PRESS, Führungsgruppen, in: 351, 520].

<small>Der Vergleich mit Frankreich</small>

Der Unterschied zu Frankreich erschien J. B. FREED in seinem Überblick über die Debatte als noch nicht ganz geklärt [259: Origins]. Der ältere Parallelisierungsversuch von H. Pirenne, wonach der französische *homo ligius* der Ministeriale in Frankreich gewesen sei, wurde von D. Zeglin zurückgewiesen: Die ligische Treuebindung in Frankreich habe den Aufbau einer Ministerialität erübrigt. Diese Auffassung setzte sich in der deutschen Forschung zunächst durch [98: H. MITTEIS, Lehnrecht, 568]; der Dissens war aber wohl eher die Folge unterschiedlicher Ansätze. Pirennes Auffassung beruhte auf einer sozialgeschichtlichen Analyse, während in Deutschland eine rechtshistorisch geprägte Sichtweise vorherrschte.

In der folgenden Zeit wurden diverse Erklärungsversuche vorgebracht [u. a. 3: M. BLOCH, Feudalgesellschaft; K. BOSL, Mobilität, in: 5; 257: B. ARNOLD, Knighthood]. Weitgehend einig war man sich, dass in Deutschland die gesellschaftlichen Verhältnisse „archaischer" waren als in Frankreich, wo das Lehnsrecht eine frühere und wichtigere Rolle spielte. Der Gedanke des Gottesfriedens, der im Westen alle Waffentragenden unabhängig von ihrer Herkunft einte, habe in Deutschland wegen der weniger zersplitterten Herrschaftsverhältnisse nicht zu einem Verblassen der rechtlichen Unterschiede geführt. M. PARISSE hat allerdings betont, dass man – sozialgeschichtlich betrachtet – durchaus von einer ähnlichen Entwicklung in beiden Reichen sprechen kann: Die soziale Bandbreite innerhalb der französischen Ritterschaft entsprach jener innerhalb der deutschen Ministerialität [261: Ministériaux]. In Lothringen war die Sprachgrenze die Grenze zwischen einer freien und einer unfreien ritterlichen Dienstmannschaft [138: Noblesse].

<small>Ministerialität und höfische Kultur</small>

Die These, dass sich soziale und daraus resultierende politische Konflikte in der höfischen Literatur widerspiegeln, wurde bereits früh von A. Schulte und P. Kluckhohn vertreten, fand allerdings erst im

Zuge der Entwicklung einer sozialgeschichtlich interessierten Literaturwissenschaft breitere Resonanz [E. KÖHLER, Rolle, in: 308; G. KAISER, Minnesang, in: 303]. Insbesondere Ministeriale hätten die höfische Kultur getragen; erkennbar sei dies an der Betonung des Dienstgedankens in der deutschen Dichtung. Hintergrund war Bosls Einschätzung der Ministerialen als Aufsteiger im Dienste des Landesherrn und – v. a. im Südosten – Konkurrenten des alten Adels.

Wegen dieser fragwürdig gewordenen Ausgangsthese traf diese Sicht auf Kritik [u. a. U. PETERS, Rittertum, in: 303] und wird heute kaum mehr vertreten [PARAVICINI, EdG 32, 63]. Nach J. BUMKE stammten die Mäzene v. a. aus dem hohen Adel [301: Mäzene]. Die Standesverhältnisse der Minnesänger seien unklar und ohnehin keine Indikatoren für eine bestimmte Standesideologie [302: Ministerialität].

Das Verhältnis zwischen Ministerialität und Stadt ist Teil des umfassenderen Themas Adel und Stadt. Die klassische Sicht auf der Basis des Liberalismus des 19. Jahrhunderts postulierte einen fundamentalen Gegensatz und interpretierte das Entstehen städtischer Kommunen im Hochmittelalter als Heraufziehen einer anders aufgebauten Gesellschaft (u. a. auch M. Weber und K. Marx). Nach 1945 wurde von der deutschen Forschung dagegen der herrschaftliche Charakter der Stadtverfassung betont. Schon O. BRUNNER formulierte den heutigen Konsens, wonach der Gegensatz zwischen einer frühbürgerlich-städtischen und einer feudal-adligen Welt nicht haltbar sei [Stadt und Bürgertum, in: 8; für Italien zusammenfassend H. KELLER, Adel, in: 16].

Adel und Stadt

In den Blick geriet damit das Thema Ministerialität und Stadt. Schon im 19. Jahrhundert hatte K.W. Nitzsch die Bedeutung der Ministerialen bei der Entstehung städtischer Kommunen hervorgehoben. Diese These war nicht weiter verfolgt worden, da sich andere Stadtentstehungstheorien durchsetzten, in denen zuletzt die Bedeutung der Fernhändler und der bürgerlichen *coniuratio* betont wurde. In dieser Perspektive gestand man Ministerialen zwar bisweilen eine gewisse Mitwirkung zu, doch hätten sie sich dann entweder mit dem Stadtherrn zurückgezogen oder seien in der Bürgerschaft aufgegangen. Der in manchen Städten feststellbare ritterlich lebende Bürger *(civis et miles)* galt als Aufsteiger, der Anschluss an den Adel suchte.

Ministerialität und Stadt

Eine neue Sicht entwickelte v. a. K. SCHULZ nach einer personengeschichtlichen Untersuchung Triers [288: Ministerialität], die er zu Thesen mit weiter reichendem Geltungsbereich ausbaute [287: Problem]. Die Begriffe *ministerialis* und *civis* schlossen einander nicht aus, die Rolle der Dienstmannen im Handel und in der Politik der Stadt war groß. Die Entstehung der Kommune erscheint bei Schulz eher als

"Bürgerliche Ministerialität" Emanzipationsprozess der Ministerialen von ihrem Herrn. Schulz sprach auch von einer „bürgerlichen Ministerialität" und bezeichnete damit aus der Ministerialität stammende Bürger, die, ohne noch als Ministeriale bezeichnet zu werden, weiterhin eine hervorgehobene Stellung einnahmen.

Im Rahmen eines Symposions zum Thema Stadt und Ministerialität wurden 1970 ähnliche Thesen auch für andere Städte vertreten [283: E. MASCHKE/J. SYDOW, darin v. a. T. ROSŁANOWSKI zu den Städten am nördlichen Mittelrhein und H. MOSBACHER zu Straßburg], doch traf der Begriff „bürgerliche Ministerialität" auf den Widerspruch von J. FLECKENSTEIN (ebd., 155 f.): Der Begriffswandel von *ministerialis* bzw. *miles* zu *civis* zeige einen Wandel der sozialen Stellung; der „Sozialkatalysator" Rittertum habe Bürger und Ministeriale zusammengeführt [dazu auch FLECKENSTEIN, Freiburg und Straßburg, ebd.]. Fundamentale Kritik an der Vorstellung von einer „bürgerlichen Ministerialität" äußerte in jüngere Zeit H.R. DERSCHKA auf der Basis seiner Untersuchungen für Konstanz [269, 441 ff.].

Einzeluntersuchungen Seit den 1970er Jahren wurde die Ministerialität einzelner Städte personengeschichtlich untersucht [z. B. TH. ZOTZ, Worms, in: 258; 281: J. FLECKENSTEIN, Hildesheim, Braunschweig; 289: K. SCHULZ, Richerzeche, zu Köln]. Die Bedeutung der Ministerialen für die kommunale Bewegung ist heute anerkannt. Unklar ist die Reichweite dieser Theorie, da die zum Teil recht unterschiedlichen Ergebnisse vom Ansatz bestimmt werden. Erkennbar wurde dies immer dann, wenn – wie sich für Halberstadt und Goslar zeigte – Kontroversen auftraten [291: S. WILKE, Halberstadt; 285: W. PETKE, Pfalzstadt (Goslar); L. FENSKE, Halberstadt, in: 258; 284: K. MILITZER, Halberstadt]. C.-H. HAUPTMEYER sieht in der Ministerialentheorie eine kritische Zusatzinterpretation zur Fernhändlertheorie [282: Patriziat; vgl. ähnlich R. SPRANDEL, Beziehungen, in: 352]. Am weitesten geht A. C. SCHLUNK: Nicht der Ministeriale, Stadt ohne Bürger? sondern der „bürgerliche" *civis* müsse inzwischen nachgewiesen werden [286: Stadt ohne Bürger, 213]. Jedenfalls wird heute i. Allg. die ähnliche Herkunft von Meliorat oder Patriziat einer Stadt und niederem Landadel betont. Der ritterlich lebende Bürger erscheint der gegenwärtigen Forschung bis zum Beweis des Gegenteils eher als Nachfahre von Ministerialen.

Stadtadel Als Folge erlebte der Begriff Stadtadel eine Renaissance [292: R. ELZE/G. FASOLI]. J. FLECKENSTEIN hielt ihn für einen glücklichen Begriff, da mit ihm die Einbindung der städtischen Führungsschichten in die adlige Welt deutlich werde [293: Stadtadel]. K. SCHULZ schlug allerdings eine restriktivere Definition vor [Stadtadel, in: 292, 161 f.].

Die Frage, ob es eine eigenständige städtisch-bürgerliche Kultur gegeben habe, wird vor dem Hintergrund dieser Ergebnisse heute verneint [PARAVICINI, EdG 32, 33 ff.]. Formen der ritterlich-höfischen Kultur gab es auch in Städten im Norden des Reichs [327: W. PARAVICINI, Rittertum]. Ein eigenständiges bürgerliches Lebensideal konnte R. DEMSKI in der Führungsschicht Lübecks nicht entdecken [294]. Allerdings fand K. S. DÜNNEBEIL in der Zirkel-Gesellschaft dieser Stadt keine Bestrebungen, sich dem Adel gleichzusetzen [296]. Städtisch-bürgerliche Kultur?

In den Blick gerieten damit auch ganz allgemein die vielfältigen Verbindungen zwischen Adel und Stadt [vgl. auch R. SPRANDEL, Beziehungen, in: 352]. Sie waren das Thema einer Tagung aus dem Jahre 1992 [ZGO 137, 1989; vgl. 300: TH. ZOTZ, Adel in der Stadt] und eines Symposiums in Brake 1995 [295], wo v. a. die „bauliche Präsenz" des Adels in der Stadt hervorgehoben wurde [vgl. auch R. SCHÄFER, Stadthöfe, in: 371]. A. MINDERMANN hat dieses Thema für Göttingen und Stade untersucht [298]; ein von P. NIEDERHÄUSER herausgegebener Sammelband widmet sich am Beispiel Zürichs u. a. den Verbindungen zwischen Stadt- und Landadel [299]. A. RANFT hob diverse Verbindungslinien zwischen Adelsgesellschaften und Stadt hervor und bezeichnete – nicht zuletzt im Hinblick auf die in Städten ausgerichteten Turniere – die Stadt als „Bühne des Adels" [399: Adelsgesellschaften, 245; DERS., Adel und Stadt, in: 384; vgl. auch TH. ZOTZ, Adel, Bürgertum, in: 337]. Verbindungen zwischen Adel und Stadt

Indessen teilen nicht alle neueren Studien diese Sicht. U. ANDERMANN [415: Gewalt] und K. GRAF [297: Feindbild und Vorbild; DERS., Adel, in: 352] wiesen bei ihren Untersuchungen von Fehden wieder auf einen ideologischen Gegensatz hin. J. MORSEL sah Städtefeindschaft als ein Element im Rahmen des Diskurses, in dem „der Adel" als soziale Kategorie entstand [Erfindung, in: 16]. Gegensätze

13. Rittertum

Die Forschungssituation zum Rittertum ist geprägt durch unterschiedliche Ansätze und Definitionen, die zu stark voneinander abweichenden Ergebnissen in Teilbereichen und bisweilen auch zu Missverständnissen geführt haben. Weiter führend ist die von PARAVICINI vorgeschlagene Unterscheidung von Stand, Würde, Idee und Amt [EdG 32, 3 f.]. Einen Einblick in den Gang der Forschung gibt ein von A. BORST herausgegebener Sammelband [308; mit Bibliographie]; eine neuere Überblicksdarstellungen

Überblicksdarstellung stammt von M. KEEN [323: Rittertum]. A. BARBERO gab 1999 eine umfassende Bibliographie zum Thema heraus [306]. Die deutsche Forschung wird nachhaltig geprägt durch J. FLECKENSTEIN, der zahlreiche zentrale Aufsätze verfasst [gesammelt in: 317: Rittertum; 315: Ordnungen] und einschlägige Sammelbände herausgegeben hat [337: Turnier; 336: Curialitas]. Jüngst erschien von ihm auch eine zusammen mit TH. ZOTZ verfasste Gesamtdarstellung [316]. Als moderner Klassiker für die höfische Kultur des hohen Mittelalters gilt J. BUMKE [334]. Allgemein sei für dieses Thema auf PARAVICINI [EdG 32] verwiesen.

Verhältnis Adel – Rittertum

Die Gleichsetzung von Adel und Rittertum in der französischen Forschung des 19. Jahrhunderts erschien deutschen Historikern schon früh als problematisch, da im Reich auch aus der Unfreiheit stammende Ministeriale Ritter wurden. Die klassische deutsche Sicht findet sich bereits in G. Waitz' Deutscher Verfassungsgeschichte von 1874: Ein Ritter sei ein Reiterkrieger mit eigener Lebensweise, die den Unterschied des Geburtsstandes verwischt habe. Für das Hochmittelalter könne man von einem Stand sprechen, der den König, den Adel und die ritterliche Ministerialität umfasst habe. Umstritten waren und sind die Kausalzusammenhänge der Entwicklung. Daraus resultieren bis heute offene Fragen: Stammen die konstitutiven Werte und Formen des Rittertums „von unten", aus der Ministerialität, „von oben", vom alten Adel, oder „von außen", von der Kirche? Und: Entstand ein einheitlicher Ritterstand?

Umstrittene Fragen

Begriffsgeschichtliche Untersuchungen in Frankreich und Belgien

Begriffsgeschichtliche Untersuchungen in sozialgeschichtlicher Absicht begannen in Frankreich. Sie beeinflussten auch die deutsche Diskussion, zumal die Verhältnisse im Reich z.T. mitbehandelt wurden. Zentral erschien zunächst die Geschichte des Begriffs *miles*.

P. Guilhiermoz und M. Bloch

Auf der Grundlage der bahnbrechenden Arbeit von P. Guilhiermoz (1902) entwickelte M. BLOCH [3: Feudalgesellschaft] die These, dass sich die sozial nicht abgeschlossene Aristokratie des frühen Mittelalters über das Rittertum zum Adel als Geburts- und Rechtsstand wandelte. Hintergrund sei der Aufstieg neuer Schichten gewesen, die den rechtlichen Abschluss einer bislang v. a. durch Funktion und Besitz definierten Aristokratie erfordert habe. Demnach wäre der Adel aus dem Rittertum hervorgegangen.

G. Duby

Die Abkehr von Bloch begann mit regionalgeschichtlichen Untersuchungen in Frankreich und Belgien. G. Duby kam in seiner Pionierstudie über die Gegend um Mâcon (1953) zum Ergebnis, dass *miles* seit den letzten Jahrzehnten des 10. Jahrhunderts den Begriff *nobilis* ersetzte, zuerst also für eine ökonomisch herausragende Schicht von

Grundbesitzern und Kriegern auf der Ebene unterhalb der Fürsten verwendet worden sei. Mit der Ausbreitung des Gottesfriedens sei dann der Begriff für alle Waffentragenden verwendet worden und habe damit eine aus zwei Schichten (Herren und Vasallen) bestehende Aristokratie geeint [G. DUBY, Lignage, in: 312]. Nach Duby ist der Adel also zum Rittertum umgebildet worden.

Eine alternative Deutung entwickelte L. Genicot in einer Untersuchung von Namur (1960). Genicot unterschied zwei Schichten. Die obere Schicht, der Adel, werde durch Abstammung und Geburt definiert. Unterhalb des Adels habe sich, als neue Schicht aus Dienstleuten und nichtadligen Freien, die *militia* entwickelt und zum Rittertum fortgebildet. Eine Verschmelzung dieser Schichten sah Genicot erst im 14. Jahrhundert.

L. Genicot

Zahlreiche französische Regionalstudien [Überblick: 319: J. FLORI, Essor, 20–35; 314: F.-R. ERKENS, Militia, 626] orientierten sich an diesen beiden Modellen. Nachdem die Kontroversen um die Entstehung des Rittertums nicht nur auf regionale Unterschiede, sondern in erster Linie auf unterschiedliche Begriffsbildung moderner Historiker zurückzuführen sind, finden sich auch in der heutigen Diskussion Weiterführungen aller älteren Modelle. J. FLORI [319: Essor] spricht von einem alten Adel und einer darunter neu entstehenden Schicht von Waffenträgern geringer Herkunft. Die Werte seien „von oben"gekommen, es habe sich v. a. um Elemente der Königsethik gehandelt. D. BARTHÉLEMY bezeichnete auf der Basis einer umfassenden Regionaluntersuchung über die Grafschaft Vendôme (1993) Rittertum und Adel nicht als zwei Schichten, sondern als zwei komplementäre Ausdrücke sozialer Macht, die sich gemeinsam artikulierten. Barthélemy betonte die Kontinuität des Adels auch im Rittertum, der Aufstieg von Unfreien sei selten gewesen [307: Chevalerie]. G. TABACCO sah in der Kritik am Modell von M. Bloch v. a. Missverständnisse der Terminologie [329: Nobilità]; A. BARBERO hat für die französischen Verhältnisse explizit wieder an Blochs Vorstellungen angeknüpft [305: Aristocrazia].

Die heutige Forschung

In Deutschland begann eine sozialgeschichtliche Betrachtungsweise des Rittertums erst nach 1945, in deutlicher Abkehr von einem idealisierten und ideologisch gefärbten Ritterbild aus literarischen Quellen, wie es v. a. H. Naumann (1936) geprägt hat. J. BUMKE untersuchte den deutschen Begriff Ritter [309: Studien]. Dieser sei zuerst für Ministeriale verwendet worden, also für jene, „auf die es nicht ankommt". Von einem sozialen Aufstieg wollte Bumke nicht sprechen, es habe sich nur um den Aufstieg eines Wortes gehandelt. Zu einem anderen Ergebnis kam J. JOHRENDT bei seiner Untersuchung des Begriffs

Deutsche Arbeiten: Ritter und *miles*

miles [Milites, in: 308]. Bis zur Mitte des 12. Jahrhundert seien so die adligen Vasallen als „Berufskrieger" bezeichnet worden. M. MURRAY hat diese Einschätzung jüngst weitgehend bestätigt [325: Miles, 20–27].

<small>Engerer und weiterer Begriff von Rittertum</small>

J. FLECKENSTEIN [Begriff, in: 316] versuchte, die Ergebnisse in größere Kontexte einzubetten. Demnach entstand *miles* als sozialer Begriff auf der Ebene des höheren und mittleren Adels und umfasste später auch die Ministerialität (engerer Begriff von Rittertum). Im 12. Jahrhundert konnten dann Grafen, Herzöge und zuletzt – wie auf den Hoffesten 1180 und 1184 deutlich geworden sei [zu Barbarossa s. J. FLECKENSTEIN, in: 308] – sogar der König als *miles* bezeichnet werden (weiterer Begriff). Erweitert hat diese Vorstellung F.-R. ERKENS [314: Militia], der nicht von einem zeitlichen Nacheinander der beiden Begriffe sprechen wollte, da es bereits einen engeren und einen weiteren Begriff von *militia* gegeben habe. Damit könne man schon für das 10. Jahrhundert von einer Vorprägung des Rittertums sprechen.

<small>Wurzeln</small>

Die Antworten auf Einzelfragen hängen jeweils vom Ansatz ab. Dies zeigt sich etwa bei der Suche nach den Wurzeln des Rittertums. Auf französische Ursprünge verweisen insbesondere kulturelle Elemente, doch gilt dies nur für Teilbereiche [334: J. BUMKE, Kultur, 83–136; PARAVICINI, EdG 32, 28 f., 35]. Germanische Traditionen wurden nicht weiter verfolgt. J. FLECKENSTEIN [Adel, in: 315] repräsentiert die heutige Auffassung: Das Rittertum sei in allen Nachfolgereichen des Karolingerreichs vor dem Hintergrund der Herausbildung der Vasallität, der sozialen Trennung von Kriegern und Bauern und der kirchlichen Einflüsse auf das Kriegswesen entstanden.

Nicht nur Reminiszenzen, sondern konkrete antike Traditionen und damit römische Wurzeln betont K. F. WERNER [47: Naissance, 188 ff.]. Die spätantike Bedeutung von *militia* als Sammelbegriff für die Träger öffentlicher Ämter sei nicht untergegangen. Es habe eine (nicht nur militärische) „chevalerie d'Etat" gegeben, die über die Karolingerzeit hinweg tradiert worden sei. Das Rittertum wäre demnach „staatlichen" Ursprungs. Werner konnte sich dabei auf H. KELLERS Untersuchungen über Reichsitalien berufen [Adel, in: 16; 324: DERS., Militia]. Letztlich lässt die Frage aber verschiedene Perspektiven zu. F. CARDINI zeigte grundsätzlich, dass die Wurzeln eines so komplexen soziokulturellen Phänomens in mancher Hinsicht noch weiter zurückgeführt werden können [310: Radici].

<small>Ideal und Wirklichkeit</small>

Das Verhältnis zwischen ritterlichem Ideal und mittelalterlicher Wirklichkeit beinhaltet eine Reihe von Einzelproblemen, die jeweils umfassende Spezialdiskussionen hervorgerufen haben. Ob man von einen ritterlichen Tugend„system" sprechen kann, war in der älteren

Forschung ebenso umstritten wie die Frage nach den Kontinuitäten dieses Systems oder einzelner Elemente [335: G. EIFLER, Tugendsystem]. Bilanzierend meint J. BUMKE, die zahlreichen genannten Tugenden hätten sich jedenfalls stets auf einen Fundus von christlichen Geboten bezogen [334: Kultur, 417].

Im Hinblick auf das Verhältnis zwischen Ideal und Wirklichkeit geht die heutige Forschung generell von einer tiefen Kluft aus [334: J. BUMKE, Kultur, 430; 14: H.-H. KORTÜM, Menschen, 53–78]. Dies gilt sowohl für das Rittertum insgesamt als auch für einzelne Teilbereiche, etwa für das Bild der höfischen Frau [W. RÖSENER, Frau, in: 335; 325: M. MURRAY, Miles, 168–178] oder für die Konzeption der höfischen Liebe [334: J. BUMKE, Kultur, 503–582]. Kluft

Eine Erklärung für diese Kluft hat früh J. HUIZINGA in einem klassischen Buch über das spätmittelalterliche Rittertum in Westeuropa angeboten [321: Herbst]: Notwendigerweise sei das Ideal zu hoch gesteckt worden. Zeitgenössische Verfallstheorien entstanden damit fast zwangsläufig und lassen nicht unbedingt Rückschlüsse auf tatsächliche Entwicklungen zu [vgl. auch 7: O. BRUNNER, Landleben; A. BORST, Rittertum, in: 308]. Wiederum wird dies für zahlreiche Einzelprobleme konstatiert, etwa für die These vom Verfall des Turniers (F. Niedner), die heute als widerlegt gilt [W. H. JACKSON, W. RÖSENER, J. FLECKENSTEIN, in: 337]. Nach TH. SZABÓ entstand die zeitgenössische Hofkritik vor demselben Hintergrund [Hof, in: 336]. J. Huizinga

Am interessantesten erscheint die Frage, ob die Propagierung ritterlicher Ideale das Verhalten von Menschen beeinflusst hat. Nach J. HUIZINGA hat die Kluft zwischen Ideal und Wirklichkeit, die insbesondere im spätmittelalterlichen Kriegswesen unübersehbar wurde, zunächst zu einer Flucht in das Ideal, dann aber zu einer Rückwirkung auf das Verhalten im Krieg geführt [Bedeutung, in: 308; allgemein: 321: Herbst]. Aufgenommen wurde diese Vorstellung von einem großen Teil der Forschung [H. KUHN, S. PAINTER, in: 308]. J. FLECKENSTEIN konstatierte generell, dass sich das Rittertum „mehr und mehr auf den Frieden zu bewegt hat" und betrachtete auch die Geschichte des Turniers in diesem Kontext: Dieses habe sich vom fast ernst gemeinten Kampfspiel zum Teil des höfischen Festes entwickelt [Rittertum zwischen Krieg und Frieden, in: 317; vgl. auch O. GAMBER, W.H. JACKSON, in: 337]. J. BUMKE wies diese These allerdings mit der Begründung zurück, dass der Schaukampf (Buhurt) die frühere Form des Turniers gewesen sei [334: Kultur, 360].

Gegen Huizinga wandte sich (im europäischen Kontext) explizit M. KEEN. Zwar bezweifelte Keen keineswegs den „zivilisierenden"

Einfluss etwa des Turniers [323: Rittertum, 156], bestritt aber generell, dass durch die ritterlichen Ideale die Schrecken des Krieges eingeschränkt worden seien. Gerade die Idealisierung des Krieges habe eher das Gegenteil bewirkt und sei für die „Brutalisierung" des Kriegswesens im Spätmittelalter [424: PH. CONTAMINE, Guerre] mit verantwortlich [322: M. KEEN, Chivalry; vgl. auch 14: H.-H. KORTÜM, Menschen, 73–77].

Turniere   Als kulturelles Phänomen sind Turniere ein Import aus Frankreich. Eine neuere Gesamtdarstellung stammt von R. BARBER und J. BARKER [333]. Die deutsche Forschung bilanziert ein von J. FLECKENSTEIN herausgegebener Sammelband [337: Turnier]. Für die Einzelheiten sei auf PARAVICINI verwiesen [EdG 32]. Einig ist man sich über gemeinschaftsstiftende, wirtschaftliche und kulturelle Funktionen des Turniers [TH. ZOTZ, W. RÖSENER, J. FLECKENSTEIN, in: 337]. Die Antwort auf die Frage, ob Turniere als Training für den Krieg auch militärischen Wert besessen haben [428: J.F. VERBRUGGEN, Warfare; 323: M. KEEN, Rittertum, 136, 346; 311: F. CARDINI, Krieger], hängt davon ab, wie man sich die Kriegsführung im Hoch- und Spätmittelalter vorstellt. S. KRÜGER bietet einen Überblick über Turnierverbote [in: 337]. Die umfassende Wiederbelebung des Turnierwesens in den letzten Jahrzehnten des 15. Jahrhunderts ist ein Thema im Rahmen der Beschäftigung mit dem niederen Adel des Spätmittelalters (s.u.).

Die Rolle der Kirche   Die Frage nach der Rolle der Kirche wirft ebenfalls das Problem auf, wie man sich das Verhältnis von Ideal (in den zumeist kirchlich geprägten Quellen) und Wirklichkeit vorstellen soll. Zudem gehen die Unterschiede der Einschätzung darauf zurück, ob man im Rittertum primär ein sozial- oder ein kultur- und mentalitätsgeschichtliches Phänomen sieht.

Von einer geringen Bedeutung kirchlicher Einflüsse sprach J. JOHRENDT, der im Rittertum eine „Berufsgenossenschaft" sah [Milites, in: 308; vgl. S. PAINTER, ebd.]. A. BARBERO postulierte eine tiefe Kluft zwischen dem religiösen Ideal der Quellen und dem Selbstverständnis der Laien [305: Aristocrazia]. J. FLORI [319: Essor, 215–219] und M. KEEN [323: Rittertum, 33–99] sahen zwar auch einen durch die Kirche vermittelten Traditionsstrang des Ritterbildes, schätzten diesen aber als sekundär ein.

C. Erdmann   In der deutschen Forschung wird i. Allg. den kirchlichen Einflüssen ein größerer Stellenwert zuerkannt, seit C. ERDMANN in einer klassischen Arbeit über die Entstehung des Kreuzzugsgedankens die Herausbildung des christlichen Kriegerideals und die Annäherung der Kirche an den Krieg seit der Antike geschildert hat [313]. Versuche der

Beeinflussung des weltlichen Kriegertums durch die Kirche können weit zurückverfolgt werden. Dies zeigt sich etwa an den Schwertsegnungen; der „Urtext" für alle Liturgien der Schwertleite stammt aus dem Mainzer Pontificale des 10. Jahrhunderts (ed. C. VOGEL/R. ELZE, Le Pontifical Romano-Germanique du dixième siècle, Bd. 2, 1963, 379). K. LEYSER sah bereits in den Kirchenkonzilien des 9. Jahrhunderts Versuche der Verchristlichung des Kriegswesens [Canon Law, in: 10]. G. ALTHOFF hob nach einer Untersuchung von Memorialquellen den Einfluss von Cluny hervor [304]. Das Rittertum sei durch Fremdbestimmung entstanden, durch den Versuch, die Laienwelt auf christliche Ideale zu verpflichten. J. OBERSTE meinte, dass kirchliche Gelehrte den sozialen Aufstieg der *milites* in die von König und Kirche vorgesehenen Bahnen lenken wollten [326].

Der Einfluss von Cluny

Zur Entstehung der geistlichen Ritterorden sei generell auf den Sammelband von J. FLECKENSTEIN/M. HELLMANN [338] verwiesen; einen Überblick über die Geschichte des Deutschen Ordens bietet H. BOOCKMANN [339].

Geistliche Ritterorden

Nach klassischer Sicht entwickelte sich das Rittertum von einem „Berufsstand" zu einem „Geburtsstand". Dies wirft die Frage nach dem Abschluss auf. Anknüpfend an E. OTTO [Abschließung, in: 308] setzte J. FLECKENSTEIN den Abschluss als Geburtsstand in die erste Hälfte des 13. Jahrhunderts. [Abschließung, in: 315]. Eine andere Periodisierung schlägt W. PARAVICINI vor [EdG 32, 4]: Der seit etwa 1200 bestehende Berufsstand der Ritterbürtigen habe sich um 1300 zum Geburtsstand entwickelt, als die Erhebung zum Ritter nicht mehr nötig war.

Vom „Berufsstand" zum „Geburtsstand"

Die Frage nach Form und Zweck der Erhebung zum Ritter wirft das Problem der Bestimmung des zeitlichen und sachlichen Verhältnisses zwischen Wehrhaftmachung, der Verleihung des Rittergürtels, der höfischen Schwertleite und den Waffen- und Rittersegnungen auf. Damit verknüpfen sich langwierige Diskussionen um die Interpretation der sehr uneinheitlichen und oft diffusen Terminologie der Quellen.

Rittererhebungen: Form

Dies gilt zunächst für die Frage nach den Wurzeln der Form von Rittererhebungen. In älteren Arbeiten werden die germanischen Traditionen betont [330: W. ERBEN; 331: E.H. MASSMANN], allerdings ist auch Widerspruch zu verzeichnen [332: F. PIETZNER]. K. F. WERNER hält bei diesem Thema ebenfalls die römischen Wurzeln für bedeutsamer [47: Naissance, 503 f.]. Die Umgürtung mit dem *cingulum militare* sei Zeichen eines Amtsträgers, also eines Angehörigen der *militia*, geblieben. Auch J. FLORI interpretiert die Umgürtung mit dem Schwert als Ausdruck der Ausübung eines Amtes, versteht darunter aber das Herrscheramt oder ein Amt im Auftrag der Kirche [320: Glaive; 319:

Essor]. Demzufolge sei diese Zeremonie anfangs nur für Könige und Fürsten gedacht gewesen und erst im Zuge des Machtverfalls der Zentralgewalt auch für andere Waffenträger verwendet worden. Dies kritisierte D. BARTHÉLEMY, der in der Schwertleite ein Zeichen der Herrschaftsausübung des Adels mit einer längeren Tradition sah [307]. Auch R. ELZE [Königskrönung, in: 10] und E. ORTH [Formen, in: 336] lehnten Floris These ab. Nach Orth war das *cingulum* nur eine Metapher, die überlebt hatte. Wichtig seien vielmehr die kirchlichen Elemente der Zeremonie gewesen, durch die die Laienwelt auf christliche Werte verpflichtet werden sollte.

Rittererhebungen: Zweck

Auch über den Zweck des Ritus gibt es verschiedene Auffassungen. Im Guilhiermoz/Bloch-Modell (das heute v. a. F. CARDINI [311: Krieger] und A. BARBERO [305: Aristocrazia] vertreten) erscheint die formale Erhebung zum Ritter als Zugangskontrolle, die durch den hohen Adel ausgeübt wurde. J. FLORI [318: Chevalerie, 270] sprach darüber hinaus für die spätere Zeit (in Weiterführung des Duby-Modells) von einem Akt zur Demonstration der sozialen Stellung, der besonders für nachgeborene und im Zuge der Durchsetzung der Primogenitur vom Erbe ausgeschlossene Adelssöhne von Bedeutung gewesen sei, also für „les jeunes", die nach einer zentralen These von G. DUBY [in: 312] ganz wesentlich die ritterliche Kultur geprägt haben.

Im Reich ist die Verbreitung solcher formaler Akte schwer und zunächst nur für Königs- und Fürstensöhne nachzuweisen. Die umfassendste Untersuchung der hochmittelalterlichen *miles*-Promotion stammt von E. ORTH [Formen, in: 336], die mehrere Funktionen unterschied. Nach Orth war die formale Erhebung zum Ritter für Angehörige des hohen Adels keine rechtliche, sondern eine gesellschaftliche Notwendigkeit, während Ministeriale keine Wahl hatten. Ihre soziale Stellung wurde durch den Erwerb des „Ritter-Namens" konstituiert.

„Ritterstand"?

Nicht unbezweifelt aber blieb, ob man überhaupt von einem „Ritterstand" sprechen solle. J. BUMKE meinte, es handle sich hier um einen rein literarischen Begriff ohne feste Grenzen [309: Studien]. Noch weiter ging H. G. REUTER: Der Ritterstand sei eine Erfindung der Ritterforschung des 18. und 19. Jahrhunderts; *ordo militum* bezeichne in den Quellen „verschiedenste konkrete Einheiten" [328: Lehre]. Dies forderte die Kritik von J. FLECKENSTEIN heraus [BDLG 108, 1972, 524–528]: Man könne sehr wohl von einem einheitlichen Ritterstand sprechen, der in erster Linie durch das gemeinsame Bewusstsein definiert worden sei. Das Problem der Debatte besteht in der Verwendung unterschiedlicher Standesbegriffe.

14. Das Spätmittelalter

Eine knappe Gesamtdarstellung der gesellschaftlichen Entwicklung des Spätmittelalters gibt P. MORAW [348: Verfassung, 66–78]; einen Überblick über das Ergebnis bietet V. PRESS [Führungsgruppen um 1500, in: 351]. Die Vorstellung von der Herausbildung einer „Gesamtgesellschaft" mit ständischer Gliederung hat auch Folgen für die Adelsforschung. J. MORSEL sprach nach einer Untersuchung der Verhältnisse in Franken im Hinblick auf das Selbstverständnis der Zeitgenossen von der „Erfindung" des Adels als sozialer Kategorie in einem diskursiven Prozess vor dem Hintergrund der Auseinandersetzung mit Städten und Landesherren [in: 16]. {Überblicksdarstellungen} {„Erfindung" des Adels}

Dies erforderte natürlich die Abgrenzung „nach unten". Die Rolle der Turnierbewegung am Ende des 15. Jahrhunderts in dieser Entwicklung hoben (mit unterschiedlichen Akzentuierungen der Faktoren Herkunft und wirtschaftliche Basis) H. LIEBERICH [358: Landherren] für Bayern und C. ULRICHS [394: Lehnhof] für Franken hervor. Grenzen und „Grauzonen" zwischen Adel und „Nicht-Adel" im Spätmittelalter waren Themen einer Reichenau-Tagung des Jahres 1997, deren Beiträge von K. ANDERMANN und P. JOHANEK herausgegeben wurden [343]. Sie zeigen in erster Linie die Schwierigkeiten, die sich bei einer genauen Bestimmung der sozialen Gruppen oder Schichten ergeben. K.-H. SPIESS hat in diesem Rahmen die Kriterien des sozialen Aufstiegs in den Adel zusammengestellt [Aufstieg, in: 343]. Ein anderes Abgrenzungsproblem stellt sich im Hinblick auf den „Fürsten". Ob er (und wenn, ja, ab wann er) nicht mehr zum Adel gezählt wurde, müsste noch genauer untersucht werden [W. PARAVICINI, Interesse, in: 16]. {Abgrenzungsprobleme}

Ältere Arbeiten zu den Themen Briefadel und Wappenbriefe haben den Charakter von Bestandsaufnahmen, die das Verfahren schildern [365: E. DOBLER, Hofpfalzgrafenamt; 364: J. ARNDT, Wappenbriefe]. In jüngerer Zeit gab G. PFEIFER bei seiner Abhandlung über die in Südtirol überlieferten Wappenbriefen einen allgemeinen Überblick über diese Themen [367] und C. KAJATIN untersuchte die Bedeutung von Wappen- und Adelsbriefen für den sozialen Aufstieg anhand von Beispielen aus Zürich [Königliche Macht, in: 299]. K.-H. SPIESS bezeichnet die Nobilitierung im Hinblick auf die konkreten Folgen als „Eintrittskarte" in den Adel, von einer „Mitgliedskarte" könne man nicht sprechen [in: 343]. SPIESS gibt auch einen allgemeinen Überblick über Standeserhebungen [369: Abgrenzung], W. GOLDINGER untersuchte dieses Thema für die Zeit Sigismunds [366]. K.-F. KRIEGER sah {Briefadel, Wappenbriefe, Standeserhebungen} in den Standeserhebungen einen Teil der Vasallitätspolitik einiger Könige [128: Lehnshoheit, 183–233]. E. RIEDENAUER vermutete für Bayern politische Implikationen der habsburgischen Standespolitik: Sie sei gegen den Herzog gerichtet gewesen [368]. ST. SCHLINKER untersuchte die Erhebungen in den Reichsfürstenstand und deren verfassungsrechtliche Bedeutung vor dem Hintergrund der Rezeption des römischen Rechts. Auf diese Weise sei einerseits die Herkunft der Herrschaftsrechte vom Kaiser betont worden, andererseits habe die Fürstenwürde eine sichere Legitimation hochadliger Herrschaft bedeutet [139].

Entstehung der Landesherrschaft

Die Bildung der Landesherrschaft erscheint gerade der neueren Forschung als Bestandteil der Adelsgeschichte. Das Usurpations-/Delegationsmodell der älteren Forschung, das sich zu Beginn des 20. Jahrhunderts weitgehend durchgesetzt hatte, beruhte auf der Vorstellung, dass man von einem Absacken der Staatlichkeit auf die Ebene der Fürsten sprechen könne (G. von Below). Dies erschien als deutsche Sonderentwicklung und als Folge der Schwäche des Königtums nach der Stauferzeit.

Das Land nach O. Brunner

Die Alternative bot O. BRUNNERs Deutung des spätmittelalterlichen Landes als Genossenschaft von fehdeberechtigten adligen Grundherren, die ein gemeinsames Recht anerkannten [355]. Damit wurde die Bedeutung des Landesherrn relativiert, die Rolle des Konsenses hervorgehoben und die Kontinuität zum Hochmittelalter betont. Als Problem erschien früh der Geltungsbereich des Modells. Zunächst meinte man, dass es nur für den Südosten anwendbar sei – Brunner hatte die Verhältnisse in den österreichischen Donauländern beschrieben; heute ist man insgesamt eher skeptisch geworden [P. MORAW, Entfaltung; in: 347; SCHUBERT, EdG 35, 49 ff.], wenngleich dieser Ansatz noch immer seine Anhänger hat [141: M. WELTIN, Adel; vgl. DERS., in: ZRG GA 107 (1990). 339–376] und die neuere Debatte um das spätmittelalterliche „Landesbewusstsein" nachhaltig von Brunners Modell geprägt wird [Konstanzer Arbeitskreis für mittelalterliche Geschichte. Protokoll Nr. 378, Ms. Konstanz 2000].

Das Bündelungsmodell

Auch das Bündelungsmodell basiert auf der These von den autogenen Herrschaftsrechten; es ist die Grundlage für diverse Beiträge in den von H. PATZE herausgegebenen Sammelbänden über den Territorialstaat des 14. Jahrhunderts [359]. Als Ausgangspunkt wird nicht mehr der karolingische „Beamtenstaat" gesehen, sondern die autogene Adelsherrschaft, die „vervollständigt" werden musste. Der Ausgangspunkt war demnach für alle Adligen prinzipiell gleich. Rechte unterschiedlicher Herkunft mussten gesammelt und umgebildet werden, die Rolle von Konkurrenz und Konflikten tritt deutlicher hervor. Landes-

herrschaft gilt damit als „Vollendung adliger Herrschaft" [348: P. MO-
RAW, Verfassung, 183] und so wird auch die These von einem deutschen
Sonderweg für diese Entwicklung zurückgewiesen [354: B. ARNOLD,
Princes]. Als Folge steigt in den Augen der neueren Forschung die Bedeutung des Landesherrn und diejenige der fürstlichen Dynastie [353:
E. SCHUBERT, Einführung, 199f.]. Die Entwicklung der Landesherrschaften beruhte auch auf Zufälligkeiten; sie waren nie „fertig" und
wiesen so große Unterschiede auf, dass sie angeblich nur als Einzelfälle
beschrieben werden können (W. Schlesinger). Allerdings lässt auch
dieses Modell noch Fragen offen [vgl. E. SCHUBERT, Landesherrschaft,
in: LexMA 5; D. WILLOWEIT, in: 216].

Die Untersuchung des Adels als Landstand leidet unter der Kluft   Adel als Landstand
zwischen den großen Typologien (O. Hintze) und den Einzelstudien.
Unterschiedliche Ansätze führen zu recht heterogenen Ergebnissen [P.
MORAW, Stand, in: 347; KRÜGER, EdG 67]. Einen Überblick bieten die
von H. RAUSCH herausgegebenen Bände [360: Grundlagen, darin bes.
R. FOLZ, Ständeversammlungen]. Einig ist man sich immerhin darüber,
dass der Adel als erster Proto-Stand zu bezeichnen sei [P. MORAW,
Stand, in: 347, 249f.]. Probleme wirft die Frage auf, wie man die Entwicklung von der Mitsprache der Adligen in früh- und hochmittelalterlicher Tradition zum kollektiven Gegenüber als Landstand in der Neuzeit beschreiben soll. Die ältere Forschung sprach vom Bedeutungsverlust des Lehnswesens (G. von Below, H. Mitteis) und suchte die
Anfänge des Adels als Landstand in der ersten Hälfte des 13. Jahrhunderts, als in den „Fürstengesetzen" Friedrichs II. von 1231/32 die
Reichsfürsten auf die Mitwirkung der *meliores et maiores terrae* verpflichtet wurden. Landstände wären demnach zeitlich parallel zum
Land entstanden.

Auch O. BRUNNER ging davon aus, dass das Landrecht wichtiger
gewesen sei als das Lehnsrecht, hob aber eine andere Kontinuitätslinie
hervor: die Entwicklung vom Miteinander auf der Basis der Zugehörigkeit zum Land im hochmittelalterlichen Landtaiding (Gerichtsver-
sammlung) zum Dualismus Landschaft – Landesherr im 15. Jahrhundert [355].

Neuere Forschungen zeigten allerdings, dass sich das Lehnsrecht   Bedeutung des
durch Verdinglichung und Vordringen genossenschaftlicher Elemente   Lehnswesens und
zwar wandelte, als Integrationsmittel aber wichtig blieb [B. DIESTEL-   des fürstlichen Hofs
KAMP, Lehnrecht, in: 359, Bd. 1; allgemein SCHUBERT, EdG 35, 71 f.].
Das ständische Gegenüber des Adels entstand demnach aus lehnsrechtlichen Pflichten und Rechten. Damit gerieten die persönlichen Beziehungen in den Blick der Forschung. Hof und Hofrat erscheinen einem

personengeschichtlich orientierten Ansatz als Keimzelle des Adels als Landstand [P. MORAW, Stand, in: 347, 249]. Die Anfänge dieser Entwicklung lassen sich allerdings nur in seltenen Fällen vor dem 14. Jahrhundert fassen. Als frühes und gut dokumentiertes Beispiel gilt Bayern [F. QUARTHAL, W. VOLKERT, in: 363]. In dieser Perspektive fallen dann auch die Parallelitäten der Entwicklung auf Reichs- und Landesebene auf [P. MORAW, Versuch, in: 347].

Die Bedeutung personengeschichtlicher Untersuchungen

Personengeschichtliche Untersuchungen führten auch dazu, dass sozialgeschichtliche Fragestellungen (insbes. zur Rolle des Adels) inzwischen Bestandteil einer modernen Verwaltungsgeschichte geworden sind [342: K. JESERICH/H. POHL/G.-CH. UNRUH, darin: D. WILLOWEIT für die Landesherrschaft, P. MORAW für das Königtum], bei der Beschäftigung mit hoch- und spätmittelalterlichen Fürstenhöfen eine Rolle spielen [Überblick: PARAVICINI, EdG 32] und damit von der Residenzenforschung aufgenommen worden sind [Überblick: 357: P. JOHANEK, Höfe]. Die Hofämter an Fürstenhöfen untersuchte W. RÖSENER [362]. Die „Domestizierung" der Adligen am Fürstenhof (N. Elias) gilt allerdings im Wesentlichen als Phänomen der Frühen Neuzeit [MÜLLER, EdG 33].

Arbeiten über Familien des hohen Adels

Moderne Arbeiten über einzelne adlige Familien des Hoch- und Spätmittelalters beschränken sich nicht mehr auf Genealogie und Besitzgeschichte, sondern fragen darüber hinaus nach der Verwaltung der Herrschaftsgebiete und nach dem politischen Kontext. Probleme der wirtschaftlichen Situation, der Beziehungen zu anderen Herrschaftsträgern und ganz allgemein des sozialen Umfelds spielen dabei eine zunehmend wichtige Rolle [z.B. 378: J. J. HALBEKANN, Grafen von Sayn; 389: H. RUSS, Grafen von Truhendingen; 391: R. SCHÄFER: Herren von Eppstein, 379: N. KRUPPA, Grafen von Dassel]. Generell galt das Interesse allerdings weniger den hochadligen Familien, da diese im Spät-

Adelssterben?

mittelalter politisch an Bedeutung verloren. In zahlreichen Regionen wurde zudem ein „Adelssterben" festgestellt, das im Südosten des Reichs (Bayern, Österreich, Kärnten, Steiermark) besonders ausgeprägt war [340: A. GERLICH, Landeskunde, 313], sich jedoch nicht auf diese Gebiete beschränkte [L. FENSKE, (Halberstadt), W. RÖSENER (Baden), H. DOPSCH (Österreich), in: 258; 374: G. BILLIG, Adel Sachsens].

Gründe für dieses Phänomen wurden schon bei A. Schulte genannt (Eintritt in den geistlichen Stand, Kriegshandwerk, Verarmung) und z.T. auch bestätigt. Sie überzeugen nicht völlig, da der Beginn des „Adelssterbens" in einigen Regionen schon im 12. Jahrhundert zu fassen ist. In Verbindung damit steht die bereits erwähnte Frage, wieviele der aus den Quellen verschwundenen Freien in die Ministerialität eintraten (s.o.). Auf das methodische Problem des Namenschwundes wiesen K. SCHMID [Problematik, in: 170, 195 f.], P. MORAW [348: Verfassung, 78] und R. SABLONIER [Situation, in: 346, 10 f.] hin. So dürfte im Wesentlichen die veränderte Familienstruktur der Grund dafür sein, dass ein Spannungsfeld entstand zwischen drohender Zersplitterung des Hausguts durch zuviele Erben und der Sicherung des generativen Bestandes. Das Problem war adligen Familien bewusst und erforderte Heirats- und Vererbungsstrategien. K.-H. SPIESS hat die sozialen Verhaltensnormen des nichtfürstlichen Hochadels vor dem Hintergrund dieser existenziellen Herausforderung untersucht [393].

Familien des niederen Adels gilt in jüngerer Zeit großes Interesse; besonders trifft dies für den reichsunmittelbaren Niederadel zu. Im Zentrum neuerer Arbeiten stehen ebenfalls Probleme der wirtschaftlichen Basis und die Beziehungen zum sozialen und politischen Umfeld [z. B. 376: J. DOLLE, Herren von Boventen; 382: P. MÜLLER, Herren von Fleckenstein; 388: K. RUPPRECHT, Guttenberg; 396: W. WAGENHÖFER, Bibra; 380: T. MITTELSTRASS, Bauland und Kraichgau; 381: J. MORSEL, Thüngen]. Untersuchungen zum Heiratsverhalten zeigen, dass sich das Problem, den Bestand von Besitz einerseits und Familie andererseits zu sichern, auch für den niederen Adel stellte [377: J. B. FREED, Bondsmen, für Salzburg; 166: J. MORSEL, Geschlecht]. Arbeiten über Familien des niederen Adels

Die Reichsburgmannschaften hat F. SCHWIND [in: 147, Bd. 1] untersucht, von TH. SCHILP stammt eine Arbeit über die (bis 1806 reichsunmittelbare) Burg Friedberg [392]. Die Bedeutung lehnsrechtlicher Beziehungen zwischen König und Niederadel zeigen die Arbeiten von K.-F. KRIEGER [128] und V. RÖDEL [385]. König und niederer Adel

Die konkreten Lebensverhältnisse des niederen Adels hat E. ORTH untersucht [Ritter, in: 337]. Mehrere Beiträge eines von H. EHMER herausgegebenen Sammelbandes [146: Burgen] befassen sich ebenfalls mit diesem Thema; als Quellen wurden dabei Rechnungen (M. MERSIOWSKY), Burgfrieden (K.-H. SPIESS) und Burginventare (CH. HERRMANN) herangezogen. M. PIENDL beschrieb „Hab und Gut" eines bayerischen Ritters anhand eines frühen Burginventars aus der 2. Hälfte des 14. Jahrhunderts [383]. Unter rechtsgeschichtlichen Aspekten beschäftigte sich F. K. ALSDORF mit Ganerbenburgen [370]. Lebensverhältnisse des niederen Adels

Allgemein beklagt wird das Fehlen einer regional vergleichenden Adelsgeschichte. Das Problem liegt darin, dass bislang weder eine Definition der Regionen noch der Kriterien eines Vergleichs vorliegt. Gefordert ist hier v. a. die Landesgeschichte, da sich Adelsgruppen auf die regionale Vormacht ausrichteten [340: A. GERLICH, Landeskunde, Vergleichende Adelsgeschichte

320 f.]. Nützlich als Überblick ist noch immer der ältere Sammelband von H. RÖSSLER [386].

Arbeiten über größere Räume

Als moderner Klassiker einer primär sozialgeschichtlich orientierten Adelsgeschichte für einen größeren Raum gilt die Arbeit von R. SABLONIER über die Ostschweiz [390: Adel im Wandel]. Das von Sablonier entwickelte Modell zur Beschreibung und Erklärung von Auf- und Abstiegsprozessen hat zahlreiche Arbeiten beeinflusst, die ähnliche Fragestellungen verfolgten. Im Zentrum des Interesses stand dabei zumeist der niedere Adel [z. B. 387: D. RÜBSAMEN, Pleissenland; 395: TH. VOGTHERR, Lüneburger Landadel; 394: C. ULRICHS, Fränkischer Niederadel; 372: K. ANDERMANN, Pfälzischer Niederadel; 373: H.-P. BAUM, Mainfränkischer Niederadel; vgl. auch diverse Beiträge in: 343: K. ANDERMANN/P. JOHANEK: Nicht-Adel, bes. CH. REINLE, Bayerischer Niederadel; J. SCHNEIDER, Ehrbarmannen in Kursachsen]. C. BUMILLER analysierte die Sozialgeschichte der Grafschaft Zollern [375].

Horizontale Gruppenbildungen

Auch bei der Untersuchung horizontaler Gruppenbildungen galt das Interesse lange weniger dem hohen Adel. Die Rolle der Grafen für das nachstaufische Königtum ist erst in jüngerer Zeit hervorgehoben worden [P. MORAW, Personenforschung, in: 347]. Die Erforschung der Grafengesellschaften ist ein Thema der Frühen Neuzeit [ENDRES, EdG 18].

Adelsgesellschaften

Die spätmittelalterlichen Adelsgesellschaften als Einungen v. a. des niederen Adels werden vornehmlich als Ausdruck der Verbrämung eines sozialen und politischen Niedergangs gedeutet [W. MEYER, Turniergesellschaften, in: 337; J. FLECKENSTEIN, Nachwort, ebd.]. A. RANFT hat auf einen umfassenderen Kontext hingewiesen [399: Adelsgesellschaften]. Nach Ranft kann man zwar durchaus von Abgrenzungsversuchen wegen sozialer Probleme sprechen, doch hatten Adelsgesellschaften eine längere Geschichte und erfüllten zahlreiche Funktionen. V. a. waren sie Ausdruck der Demonstration einer Lebensform [vgl. auch 405: DERS., Turniere]. Ein systematisches Gesamtverzeichnis der Adelsgesellschaften legten H. KRUSE/A. RANFT/W. PARAVICINI vor [397].

Reichsritterschaft

Nach der älteren Sicht, die in umfassenden und wegen der Quellenbelege noch immer unverzichtbaren Arbeiten von K. H. Roth von Schreckenstein zum Ausdruck kommt (1859/1871), sind die Wurzeln der Reichsritterschaft im Hochmittelalter zu suchen. In den Reichsrittern sah man in erster Linie die Nachkommen von Reichsministerialen, die ihre unmittelbare Beziehung zu König und Reich bewahren konnten.

Personengeschichtliche Untersuchungen zeigten allerdings früh, dass die wenigsten Angehörigen der Reichsritterschaft aus der Reichsministerialität stammten. Die neuere Forschung hebt einen anderen

Kontext hervor: die Umgestaltung der Reichsverfassung und die Entstehung des Reichstags am Ende des Spätmittelalters [P. MORAW, Versuch, in: 347]. Reichsunmittelbarkeit ist ein Begriff, der erst für das 15. Jahrhundert sinnvoll verwendet werden kann [393: K.-H. SPIESS, Familie, 3; D. WILLOWEIT, Reichsunmittelbarkeit, in: HRG 4]. Damit erscheint die Reichsritterschaft eher als Ergebnis der gescheiterten Einbindung in eine landständische Verfassung denn als Bewahrung einer althergebrachten rechtlichen Stellung [394: C. ULRICHS, Lehnhof]. V. PRESS sieht in der Reichsritterschaft demgemäß ein Phänomen der Frühen Neuzeit [398: Karl V.].

In mancher Hinsicht gilt das Spätmittelalter als eine Zeit der Krisen. Zahlreiche Modelle wurden zur Beschreibung und Erklärung dieser Phänomene entworfen [RÖSENER, EdG 13, 95–102], am einflussreichsten war W. Abels Theorie der Agrarkrise. Demographische Veränderungen infolge der Pest und der Hungersnöte des 14. Jahrhunderts hätten zu einem Preisverfall agrarischer Produkte geführt, während Preise für gewerbliche Produkte und Löhne gleich blieben oder sogar stiegen. Dies habe zu einem Rückgang der Einkommen adliger Grundherren geführt. F. LÜTGE zog daraus den Schluss, dass insbesondere niedere Adlige sozial abstiegen oder als Raubritter endeten, da sie unfähig waren, sich auf die neuen Verhältnisse umzustellen [226: Sozial- und Wirtschaftsgeschichte, 182f.]. Krise des Spätmittelalters?
Agrarkrise

Im Rahmen marxistischer Ansätze wurde eine andere Kausalität vermutet. Wegen des tendenziellen Falls der Feudalquote hätten die Grundherren ihre Forderungen erhöhen müssen und damit die Krise erst ausgelöst; man könne also von einer Krise des Feudalismus sprechen. G. Bois, Crise de féodalisme (1976), hat in einer viel beachteten Regionalstudie über die Ostnormandie gezeigt, dass stagnierende oder fallende Herreneinkünfte zu erhöhten Forderungen, Umverteilungskonflikten und Kriegen führten, aus denen letztlich der König und die Fürsten als Sieger hervorgingen. Die Möglichkeiten der Anwendung des Modells auf andere Regionen sind noch nicht ausgelotet worden [402: P. KRIEDTE, Agrarkrise]. Krise des Feudalismus

In neuerer Zeit ist allerdings generell nachhaltige Kritik an den Krisenmodellen laut geworden. Einfache Kausalketten werden heute als ungenügend betrachtet. Ob das Modell von Abel mit Modifikationen weiter verwendet werden kann [RÖSENER, EdG 13, 9] oder vor dem Zusammenbruch steht [353: E. SCHUBERT, Einführung, 102], ist umstritten. Die Kritik überwiegt [411: P. SCHUSTER, Krise]. Kritik

Dieses Ausgangsproblem beeinflusst natürlich maßgeblich die Antwort auf die Frage, ob es eine Adelskrise gegeben habe. R. KÖHN Adelskrise: methodische Probleme zeigte die Schwierigkeiten bei der Berechnung des Einkommens von Adligen auf [401]. Weitgehend unbestritten ist immerhin, dass die Grundrenten langfristig tatsächlich sanken [W. RÖSENER, W. STÖRMER, in: 228, Bd. 2].

Kompensations- möglichkeiten
Neuere Forschungen zur wirtschaftlichen Situation adliger Familien zeigen aber auch die verschiedenen Möglichkeiten, diese Verluste zu kompensieren. Auf die Bedeutung kaufmännischer Betätigung und rationalen Wirtschaftens wiesen z.B. M. BITTMANN [400: Kreditwirtschaft], K. ANDERMANN [Einkommensverhältnisse, in: 384] und H. G. RISCH [406: Betätigung] hin [vgl. auch 408: H. VON SEGGERN/G. FOUQUET, Adel und Zahl]. Schon früh hatte K. H. SCHÄFER die Rolle von Angehörigen des niederen Adels im italienischen Söldnertum hervorgehoben [409: Ritter]. Auch hier boten sich neue Verdienstmöglichkeiten [S. KRÜGER, Rittertum, in: 258; ST. SELZER, Sold, in: 408; 412: ST. SELZER, Söldner].

Verhältnis zur Landesherrschaft
Das konkrete Verhältnis zur entstehenden Landesherrschaft konnte außerordentlich unterschiedlich sein, in vielen Regionen ist zudem keine geradlinige Entwicklung festzustellen. Methodisch wichtig ist etwa die Untersuchung von P.-M. HAHN über den Zusammenhang zwischen der Herrschaftsausübung einer Burgherrenfamilie in der Altmark und der Verdichtung der Landesherrschaft [356]. Viele der erwähnten neueren Arbeiten beschäftigen sich mit der Rolle des Adels als Gläubiger des Landesherrn und den politischen Folgen [vgl. auch 410: D. SCHELER, Rendite, für Jülich und Berg]. Von allen neueren Studien wird auch die Bedeutung der Übernahme von Ämtern im Dienste des Landesherrn hervorgehoben.

Unterschiede in Zweigen derselben Familie
Demgemäß wird in den erwähnten Einzeluntersuchungen adliger Familien unisono betont, dass von einem allgemeinen und stetigen Niedergang keine Rede sein kann. Die Unterschiede in verschiedenen Zweigen derselben Familie waren bisweilen beträchtlich [z.B. 376: J. DOLLE, Herren von Boventen; 382: P. MÜLLER, Herren von Fleckenstein]. Ältere Arbeiten, die das Abelsche Krisenmodell als Ausgangspunkt nahmen [H.-P. Sattler, Die Ritterschaft der Ortenau, 1962], erscheinen heute als ungenügend.

Die erwähnten neueren Regionaluntersuchungen ergaben ein Bild, das von Umschichtungsprozessen und von starker Differenzierung geprägt ist. Aufstiegsmobilität ist ebenso festzustellen wie Verarmung und sozialer Abstieg. R. SABLONIERS Formel vom „Adel im Wandel" [390] schuf einen neuen Konsens, dem sich nahezu alle neueren Autoren anschlossen. Als Folge wird heute z.T. vehement bestritten, dass man von einer Adelskrise sprechen könne [403: J. MORSEL,

R. Sablonier: Adel im Wandel

Crise]. W. RÖSENER dagegen hat unlängst die These von einer Krise des Adels bei einer Untersuchung der Verhältnisse im Südwesten des Reichs noch einmal mit Nachdruck verteidigt [407].

Die ältere Diskussion um die Rechtmäßigkeit der Fehde wurde von der klassischen Arbeit von O. BRUNNER [355: Land] auf ein neues Fundament gestellt. Brunner sah in der Fehde nicht nur ein legitimes Mittel der Selbsthilfe, sondern den Ausdruck autogener Herrschaftsrechte der Adligen, die mit dem Landesherrn das Land bildeten. Die Fehde sei ein „zentrales Bauprinzip alles älteren politischen Lebens" gewesen. Die folgende Diskussion fand einen gewissen Abschluss mit W. RÖSENER, der einen Wandel der Rechtsvorstellungen als Grund für die veränderte Einschätzung der Fehde betrachtete, aber auch von Missbrauch sprechen wollte [418: Problematik; vgl. ähnlich H. PATZE, Grundherrschaft, in: 228, Bd. 1]. Fehden und Raubrittertum

In jüngster Zeit hat das Interesse an diesem Thema stark zugenommen. In den neueren Studien überwiegt die Kritik an der Vorstellung vom Missbrauch, da der Hintergrund dieser Einschätzung, die These von der Adelskrise, nicht mehr akzeptiert wird [419: CH. TERHARN, Herforder Fehden; 416: R. GÖRNER, Raubritter; 381: J. MORSEL, Thüngen, 511]. Die Stilisierung zum „Raubritter" wird als ein Phänomen städtischer oder kirchlicher Quellen betrachtet [415: U. ANDERMANN, Gewalt; 297: K. GRAF, Feindbild]. Die Neueinschätzung des Themas wurde deutlich auf einer Tagung des Jahres 1994 zum Thema Raubrittertum [414: K. ANDERMANN, Raubritter], wo der Verzicht auf den – nicht zeitgenössischen – Begriff Raubritter vorgeschlagen wurde. Dagegen betonte TH. VOGEL in einer Arbeit über Nürnberger Fehden wieder eher den Missbrauch des Fehderechts [421]. Jedenfalls ist das Thema nicht nur ein Problem des Verhältnisses zwischen Stadt und niederem Adel. A. WIDMER schildert das aufschlussreiche Beispiel einer Bauernfehde, die mit angemieteten Niederadligen geführt wurde [422] und CH. REINLE hat sich jüngst ausführlich mit der Fehdeführung Nichtadliger beschäftigt [417].

Neue Perspektiven eröffnen Arbeiten, die nach dem sozialen Sinn der Fehde fragen. R. SABLONIER meinte, dass die für die Herrenstellung notwendige Demonstration von Gewaltfähigkeit vor dem Hintergrund der entstehenden Landesherrschaft nur noch in der Fehde möglich gewesen sei, und bezeichnete den Raubritter als „extremen Nichtanpasser" [Rittertum, in: 337]. Nach J. MORSEL diente die Fehde der Herstellung einer herrschaftlichen Gemeinschaft und der Reaktualisierung eines Herrschaftsverhältnisses [Erfindung, in: 16]. G. ALGAZI sah in der Fehde den Versuch, die soziale Ordnung zu reproduzieren, und kriti- Sozialer Sinn der Fehde sierte insbesondere O. Brunners Auffassung: Die Legalität der Fehden Adliger sei schon von manchen Zeitgenossen in Frage gestellt worden. Gerade für das Spätmittelalter könne man kaum abstrakt bestimmen, was denn „Recht" gewesen sei [413: Herrengewalt]. H. ZMORA deutete bei seiner Untersuchung der Verhältnisse in Franken die Fehden des niederen Adels als Konkurrenzkämpfe um Herrschaftsrechte und Fürstennähe [423: State].

Wirtschaftliche Aspekte

Eher im Hintergrund steht heute die Frage nach der wirtschaftlichen Seite. Ob die Fehde lukrativ war, ist umstritten. Immerhin hatte H. ULMSCHNEIDER Götz von Berlichingen als „Raubunternehmer" tituliert [420].

Entwicklung des spätmittelalterlichen Kriegswesens

Die Frage nach den Entwicklungen des spätmittelalterlichen Kriegswesens hängt eng mit dem Problem zusammen, ob militärische Änderungen mit zu den Auslösern einer Adelskrise gezählt haben. Die klassische Sicht repräsentiert die Darstellung von V. SCHMIDTCHEN [426]: Die Renaissance des Fußvolks, der Aufstieg der Landsknechte und die Entwicklung militärischer Taktik haben im Spätmittelalter zu einer Entfunktionalisierung des Adels geführt. Nach J. F. VERBRUGGEN basierte allerdings bereits die hochmittelalterliche Kriegsführung auf taktischen Überlegungen [428: Warefare]. PH. CONTAMINE bestritt in seiner Darstellung des europäischen Kriegswesens im Mittelalter, dass die Bedeutung des Reiterkriegers kontinuierlich abgenommen habe [424: Guerre, 251–257].

R. SABLONIER wollte ebenfalls nicht von einer Entfunktionalisierung des Adels sprechen, allerdings hätten politische Veränderungen, insbesondere die Ausformung der Landesherrschaft, das Kriegswesen verändert und zum Verlust der autonomen Schutz- und Gewaltfunktion des Adels geführt [Rittertum, in: 337]. Damit vereinbar ist die Sicht von A. RANFT, der von einer Verunsicherung des Adels sprach, da traditionell identitätsstiftende Funktionen verloren gingen [405: Turniere, 404: Einer vom Adel]. Man kann demnach vielleicht von einer Krise des Selbstverständnisses sprechen, die nicht unbedingt eine Folge wirtschaftlicher Probleme sein musste.

Der große Gegensatz zwischen dem adligen Ritter und dem Söldner- und Landsknechtführer ist wohl nur in einer primär geistesgeschichtlichen Perspektive begründbar [R. WOHLFEIL, Ritter, in: 308]. Adlige besetzten durchaus Führungsstellen im Landsknechtheer, doch kann man für deutsche Verhältnisse kaum davon sprechen, dass Kaiser Maximilian die Integration des Adels in die neue Truppe der Landsknechte wirklich gelang [425: M. C. MANDLMAYER/K. G. VOCELKA,

Bedeutungsverlust der Burgen

Adelsaufgebot; 426: V. SCHMIDTCHEN, Kriegswesen, 187, 236]. Der

Bedeutungsverlust der Burgen war jedenfalls eine Folge der sich wandelnden Rahmenbedingungen in der entstehenden Landesherrschaft [A. RIEBER, Burg, in: 386; 427: K.-H. SPIESS, Burg; zusammenfassend 353: E. SCHUBERT, Einführung, 213 f.].

III. Quellen und Literatur

Die Abkürzungen entsprechen den Siglen der Historischen Zeitschrift. Eine umfassende Bibliographie zum Thema findet sich im Internet unter http://www.phil.uni-passau.de/mittelaltgeschichte/adel.htm

0. Handbücher und Lexika

Enzyklopädie deutscher Geschichte (EdG)
> M. BORGOLTE, Die mittelalterliche Kirche, München 1992 (EdG 17)
> E. BOSHOF, Königtum und Königsherrschaft im 10. und 11. Jahrhundert, 2. Aufl. München 1997 (EdG 27)
> R. ENDRES, Adel in der Frühen Neuzeit, München 1993 (EdG 18)
> R. KAISER, Das römische Erbe und das Merowingerreich, 3. überarb. u. erw. Aufl. München 2004 (EdG 26)
> K.-F. KRIEGER, König, Reich und Reichsreform im Spätmittelalter, München 1992 (EdG 14)
> K. KRÜGER, Die Landständische Verfassung, München 2003 (EdG 67)
> R. A. MÜLLER, Der Fürstenhof in der Frühen Neuzeit, 2. Aufl. München 2004 (EdG 33)
> W. PARAVICINI, Die ritterlich-höfische Kultur des Mittelalters, 2. Aufl. München 1999 (EdG 32)
> W. RÖSENER, Agrarwirtschaft, Agrarverfassung und ländliche Gesellschaft im Mittelalter, München 1992 (EdG 13)
> E. SCHUBERT, Fürstliche Herrschaft und Territorien im späten Mittelalter, München 1996 (EdG 35)

Handwörterbuch zur deutschen Rechtsgeschichte (HRG), unter Mitarb. von W. Stammler hrsg. von A. Erler und E. Kaufmann, Berlin 1971–1998

Lexikon des Mittelalters (LexMA), München u. a. 1980–1998

Reallexikon der germanischen Altertumskunde (RGA), begr. von J. Hoops., hrsg. von H. Beck, 2., völlig neu bearb. u. stark erw. Aufl. Berlin–New York 1973 ff.

1. Allgemeines

1. G. ALTHOFF (Hrsg.), Formen und Funktionen öffentlicher Kommunikation im Mittelalter, Stuttgart 2001.
2. G. ALTHOFF, Spielregeln der Politik im Mittelalter. Kommunikation in Frieden und Fehde, Darmstadt 1997.
3. M. BLOCH, Die Feudalgesellschaft, Stuttgart 1999 (erstmals 1939).
4. A. BORST, Lebensformen im Mittelalter, 4. Aufl. Frankfurt a. M. 1987.
5. K. BOSL, Frühformen der Gesellschaft im mittelalterlichen Europa. Ausgewählte Beiträge zu einer Strukturananlyse der mittelalterlichen Welt, München-Wien 1964.
6. K. BOSL, Die Grundlagen der modernen Gesellschaft im Mittelalter. Eine deutsche Gesellschaftsgeschichte des Mittelalters, 2 Bde., Stuttgart 1972.
7. O. BRUNNER, Adeliges Landleben und europäischer Geist. Leben und Werk Wolf Helmhards von Hohberg 1612–1688, Salzburg 1949.
8. O. BRUNNER, Neue Wege der Verfassungs- und Sozialgeschichte, 3. Aufl. Göttingen 1980.
9. G. DILCHER, Der alteuropäische Adel – ein verfassungsgeschichtlicher Typus?, in: H.-U. Wehler (Hrsg.), Europäischer Adel 1750–1950, Göttingen 1990, 56–86.
10. L. FENSKE/W. RÖSENER/TH. ZOTZ (Hrsg.), Institutionen, Kultur und Gesellschaft im Mittelalter. Fs. für J. Fleckenstein zu seinem 65. Geburtstag, Sigmaringen 1984.
11. J. FLECKENSTEIN/K. SCHMID (Hrsg.), Adel und Kirche. Gerd Tellenbach zum 65. Geburtstag dargebracht von Freunden und Schülern, Freiburg i. Br. u. a. 1968.
12. J. JARNUT, Konsumvorschriften in Früh- und Hochmittelalter, in: T. Ehlert (Hrsg.), Haushalt und Familie in Mittelalter und früher Neuzeit, Wiesbaden 1997, 119–128.
13. H. KÄMPF (Hrsg.), Herrschaft und Staat im Mittelalter, Darmstadt 1956 (Ndr. 1974).
14. H.-H. KORTÜM, Menschen und Mentalitäten. Einführung in Vorstellungswelten, Berlin 1996.
15. K. KROESCHELL, Studien zum frühen und mittelalterlichen deutschen Recht, Berlin 1995.
16. O. G. OEXLE/W. PARAVICINI (Hrsg.), Nobilitas. Funktion und Repräsentation des Adels in Alteuropa, Göttingen 1997.

17. O. G. OEXLE, Aspekte der Geschichte des Adels im Mittelalter und in der Frühen Neuzeit, in: H.-U. Wehler (Hrsg.), Europäischer Adel 1750–1950, Göttingen 1990, 19–56.
18. W. RÖSENER (Hrsg.), Jagd und höfische Kultur im Mittelalter, Göttingen 1997.
19. W. RÖSENER, Adelsherrschaft als kulturhistorisches Phänomen. Paternalismus, Herrschaftssymbolik und Adelskritik, in: HZ 268 (1999) 1–34.
20. H. K. SCHULZE, Grundstrukturen der Verfassung im Mittelalter, Stuttgart u. a., Bd. 1: Stammesverband, Gefolgschaft, Lehnswesen, Grundherrschaft, 2. Aufl. 1990; Bd. 2: Familie, Sippe und Geschlecht, Haus und Hof, Dorf und Mark, Pfalz und Königshof, Stadt, 2. Aufl. 1991; Bd. 3: Kaiser und Reich, 1998.
21. K.-H. SPIESS, Rangdenken und Rangstreit im Mittelalter, in: W. Paravicini (Hrsg.), Zeremoniell und Raum. 4. Symposium der Residenzen-Kommission der Akademie der Wissenschaften in Göttingen, Sigmaringen 1997, 39–61.
22. K. F. WERNER, Adel – „Mehrzweck-Elite" vor der Moderne?, in: Ders., Einheit der Geschichte. Studien zur Historiographie, Sigmaringen 1999, 120–135 (erstmals 1994).

2. Probleme der Sozial- und Verfassungsgeschichte

23. E.-W. BÖCKENFÖRDE, Die deutsche verfassungsgeschichtliche Forschung im 19. Jahrhundert. Zeitgebundene Fragestellungen und Leitbilder, 2. Aufl. Berlin 1995.
24. M. BORGOLTE, Sozialgeschichte des Mittelalters, München 1996.
25. K. BOSL, Kasten, Stände, Klassen im mittelalterlichen Deutschland. Zur Problematik soziologischer Begriffe und ihrer Anwendung auf die mittelalterliche Gesellschaft, in: Ders., Die Gesellschaft in der Geschichte des Mittelalters, 3. Aufl. Göttingen 1975, 61–83 (erstmals 1969).
26. H.-W. GOETZ, Moderne Mediävistik. Stand und Perspektiven der Mittelalterforschung, Darmstadt 1999.
27. F. GRAUS, Verfassungsgeschichte des Mittelalters, in: HZ 243 (1986) 529–589.
28. M. MITTERAUER, Probleme der Stratifikation in mittelalterlichen Gesellschaftssystemen, in: J. Kocka (Hrsg.), Theorien in der Praxis des Historikers, Göttingen 1977, 13–43 (Diskussion 44–54).

29. B. SCHNEIDMÜLLER, Konsensuale Herrschaft. Ein Essay über Formen und Konzepte politischer Ordnung im Mittelalter, in: P.-J. Heinig u. a. (Hrsg.), Reich, Regionen und Europa in Mittelalter und Neuzeit. Fs. für P. Moraw, Berlin 2000, 53–87.
30. H. WUNDER, Probleme der Stratifikation in mittelalterlichen Gesellschaftssystemen. Ein Diskussionsbeitrag zu Thesen von Michael Mitterauer, in: GG 4 (1978) 542–550.

3. Genealogien, Memoria

31. G. ALTHOFF, Anlässe zur schriftlichen Fixierung adligen Selbstverständnisses, in: ZGO 134 (1986) 34–46.
32. G. ALTHOFF, Genealogische und andere Fiktionen in mittelalterlicher Historiographie, in: Fälschungen im Mittelalter. Internationaler Kongreß der MGH, Teil 1: Kongreßdaten und Festvorträge, Literatur und Fälschung, Hannover 1988, 417–441.
33. L. GENICOT, Les généalogies (Typologie des Sources du Moyen Age Occidental, Fasc. 15), Turnhout 1975.
34. P. JOHANEK, Die Schreiber und die Vergangenheit. Zur Entfaltung einer dynastischen Geschichtsschreibung an den Fürstenhöfen des 15. Jahrhunderts, in: Ders., Was weiter wirkt... Recht und Geschichte in Überlieferung und Schriftkultur des Mittelalters, Münster 1997, 313–327 (erstmals 1992).
35. ST. KRIEB, Erinnerungskultur und adliges Selbstverständnis im Spätmittelalter, in: ZWLG 60 (2001) 59–75.
36. O. G. OEXLE (Hrsg.), Memoria als Kultur, Göttingen 1995.

4. Die Gesellschaft im Früh- und Hochmittelalter

37. J. FRIED, Der Weg in die Geschichte. Die Ursprünge Deutschlands bis 1024, Berlin 1994.
38. H. KELLER, Zwischen regionaler Begrenzung und universalem Horizont. Deutschland im Imperium der Salier und Staufer 1024 bis 1250, Berlin 1986.
39. G. KÖBLER, Zur Lehre von den Ständen in fränkischer Zeit, in: ZRG GA 89 (1972) 161–174.

40. G. VON OLBERG, Die Bezeichnungen für soziale Stände, Schichten und Gruppen in den Leges barbarorum, Berlin-New York 1991.
41. G. SCHEIBELREITER, Die barbarische Gesellschaft. Mentalitätsgeschichte der europäischen Achsenzeit 5.–8. Jahrhundert, Darmstadt 1999.
42. G. TELLENBACH, Die Germanen und das Abendland bis zur Mitte des 13. Jahrhunderts, in: Saeculum Weltgeschichte, Bd. 4: Die Hochkulturen im Zeichen der Weltreligionen (2), Freiburg u.a. 1967, 158–401.
43. R. WENSKUS, Stammesbildung und Verfassung. Das Werden der frühmittelalterlichen gentes, 2. Aufl. Köln-Wien 1977.

5. Adel im Frühmittelalter

44. R. LE JAN, Famille et pouvoir dans le monde franc (VIIe-Xe siècle). Essai d'anthropologie sociale, Paris 1995.
45. H. K. SCHULZE, Reichsaristokratie, Stammesadel und fränkische Freiheit. Neuere Forschungen zur frühmittelalterlichen Sozialgeschichte, in: HZ 227 (1978) 353–373.
46. W. STÖRMER, Früher Adel. Studien zur politischen Führungsschicht im fränkisch-deutschen Reich vom 8. bis 11. Jahrhundert, 2 Bde., Stuttgart 1973.
47. K. F. WERNER, Naissance de la noblesse. L'essor des élites politiques en Europe, Paris 1998 (dt. Ausgabe i. Vorber.).

5.1 Senatorischer Adel, „Militäradel"

48. E. K. CHRYSOS/A. SCHWARCZ (Hrsg.), Das Reich und die Barbaren, Wien-Köln 1989.
49. A. DEMANDT, Der spätrömische Militäradel, in: Chiron 10 (1980) 609–636.
50. D. SCHLINKERT, Ordo senatorius und nobilitas. Die Konstitution des Senatsadels in der Spätantike, Stuttgart 1996.
51. K. F. STROHEKER, Der senatorische Adel im spätantiken Gallien, Tübingen 1948.

5.2 Merowingerzeit

52. H. GRAHN-HOEK, Die fränkische Oberschicht im 6. Jahrhundert, Sigmaringen 1976.

53. F. IRSIGLER, Untersuchungen zur Geschichte des frühfränkischen Adels, 2. Aufl. Bonn 1981.
54. K. SCHREINER, Adel oder Oberschicht? Bemerkungen zur sozialen Schichtung der fränkischen Gesellschaft, in: VSWG 68 (1981) 225–231.
55. M. WEIDEMANN, Adel im Merowingerreich. Untersuchungen zu seiner Rechtsstellung, in: JbRGZM 40/2 (1993) 535–555.
56. TH. ZOTZ, Adel, Oberschicht, Freie. Zur Terminologie der frühmittelalterlichen Sozialgeschichte, in: ZGO 125 (1977) 3–20.

5.3 „Adelsheil", „Adelsheiliger"

57. K. BOSL, Der „Adelsheilige". Idealtypus und Wirklichkeit, Gesellschaft und Kultur im merowingerzeitlichen Bayern des 7. und 8. Jahrhunderts, in: F. Prinz (Hrsg.), Mönchtum und Gesellschaft im Frühmittelalter, Darmstadt 1976, 354–386 (erstmals 1965).
58. F. GRAUS, Sozialgeschichtliche Aspekte der Hagiographie der Merowinger- und Karolingerzeit. Die Viten der Heiligen des südalemannischen Raumes und die sogenannten Adelsheiligen, in: A. Borst (Hrsg.), Mönchtum, Episkopat und Adel zur Gründungszeit des Klosters Reichenau, Sigmaringen 1974, 131–176.
59. F. GRAUS, Volk, Herrscher und Heiliger im Reich der Merowinger. Studien zur Hagiographie der Merowingerzeit, Prag 1965.
60. K. HAUCK, Geblütsheiligkeit, in: B. Bischoff/S. Brechter (Hrsg.), Liber Floridus. Mittellateinische Studien. P. Lehmann zum 65. Geburtstag, St. Ottilien 1950, 187–240.
61. M. HEINZELMANN, Bischofsherrschaft in Gallien. Zur Kontinuität römischer Führungsschichten vom 4. bis zum 7. Jahrhundert, München 1976.
62. H. KELLER, Mönchtum und Adel in den Vitae patrum Jurensium und in der Vita Germani abbatis Grandivallensis. Beobachtungen zum frühmittelalterlichen Kulturwandel im alemannisch-burgundischen Grenzraum, in: K. Elm/E. Gönner/E. Hillenbrand (Hrsg.), Landesgeschichte und Geistesgeschichte. Fs. für O. Herding zum 65. Geburtstag, Stuttgart 1977, 1–23.
63. F. PRINZ, Frühes Mönchtum im Frankenreich. Kultur und Gesellschaft in Gallien, in den Rheinlanden und in Bayern am Beispiel der monastischen Entwicklung (4. bis 8. Jahrhundert), 2. Aufl. München 1988.
64. G. SCHEIBELREITER, Der Bischof in merowingischer Zeit, Wien-Köln 1983.

5.4 Archäologie

65. H. W. BÖHME, Adelsgräber im Frankenreich. Archäologische Zeugnisse zur Herausbildung einer Herrenschicht unter den merowingischen Königen, in: JbRGZM 40/2 (1993) 397–534.
66. M. BORGOLTE, Stiftergrab und Eigenkirche. Ein Begriffspaar der Mittelalterarchäologie in historischer Kritik, in: Zs. f. Archäologie des Mittelalters 13 (1985) 27–38.
67. A. BURZLER, Archäologische Beiträge zum Noblifizierungsprozeß in der jüngeren Merowingerzeit, Kallmünz 2000.
68. R. CHRISTLEIN, Besitzabstufungen zur Merowingerzeit im Spiegel reicher Grabfunde aus West- und Süddeutschland, in: JbRGZM 20 (1973) 147–180.
69. E. HASSENPFLUG, Das Laienbegräbnis in der Kirche. Historisch-archäologische Studien zu Alemannien im frühen Mittelalter, Rahden 1999.
70. F. STEIN, Adelsgräber des achten Jahrhunderts in Deutschland, 2 Bde., Berlin 1967.
71. H. STEUER, Frühgeschichtliche Sozialstrukturen in Mitteleuropa. Eine Analyse der Auswertungsmethoden des archäologischen Quellenmaterials, Göttingen 1982.

5.5 Karolingerzeit

72. M. BORGOLTE, Geschichte der Grafschaften Alemanniens in fränkischer Zeit, Sigmaringen 1984.
73. K. BRUNNER, Oppositionelle Gruppen im Karolingerreich, Wien u. a. 1979.
74. H. FICHTENAU, Lebensordnungen des 10. Jahrhunderts. Studien über Denkart und Existenz im einstigen Karolingerreich, 2 Bde., Stuttgart 1984 (Ndr. in einem Bd. 1992).
75. H.-W. GOETZ, „Nobilis". Der Adel im Selbstverständnis der Karolingerzeit, in: VSWG 70 (1983) 153–191.
76. J. HANNIG, Consensus fidelium. Frühfeudale Interpretationen des Verhältnisses von Königtum und Adel am Beispiel des Frankenreiches, Stuttgart 1982.
77. E. KUPFER, Karolingische Grafschaftsstrukturen im bayrisch-österreichischen Raum, in: MIÖG 111 (2003) 1–17.
78. U. NONN, Pagus und comitatus in Niederlothringen. Untersuchungen zur politischen Raumgliederung im früheren Mittelalter, Bonn 1983.

79. R. W. L. PUHL, Die Gaue und Grafschaften des früheren Mittelalters im Saar-Mosel-Raum. Philologisch-onomastische Studien zur frühmittelalterlichen Raumorganisation anhand der Raumnamen und der mit ihnen spezifischen Ortsnamen, Saarbrücken 1999.
80. H. K. SCHULZE, Die Grafschaftsverfassung der Karolingerzeit in den Gebieten östlich des Rheins, Berlin 1973.
81. G. TELLENBACH, Ausgewählte Abhandlungen und Aufsätze, Bd. 3, Stuttgart 1988.
82. R. WENSKUS, Sächsischer Stammesadel und fränkischer Reichsadel, Göttingen 1976.
83. M. WERNER, Adelsfamilien im Umkreis der frühen Karolinger. Die Verwandtschaft Irminas von Oeren und Adelas von Pfalzel, Sigmaringen 1982.

5.6 Principes, Duces, Comites

84. K. BRUNNER, Der fränkische Fürstentitel im 9. und 10. Jahrhundert, in: H. Wolfram (Hrsg.), Intitulatio, Bd. 2: Lateinische Herrscher- und Fürstentitel im neunten und zehnten Jahrhundert, Wien-Köln-Graz 1973, 179–340.
85. H.-W. GOETZ, „Dux" und „Ducatus". Begriffs- und verfassungsgeschichtliche Untersuchungen zur Entstehung des sogenannten „jüngeren" Stammesherzogtums an der Wende vom 9. zum 10. Jahrhundert, Bochum 1977.
86. A. SCHMID, Comes und comitatus im süddeutschen Raum während des Hochmittelalters. Beobachtungen und Überlegungen, in: L. Kolmer/P. Segl (Hrsg.), Regensburg, Bayern und Europa. Fs. für K. Reindel zum 70. Geburtstag, Regensburg 1995, 189–212.
87. K. F. WERNER, Untersuchungen zur Frühzeit des französischen Fürstentums, 9. bis 10. Jahrhundert, in: Die Welt als Geschichte 18 (1958) 256–289; 19 (1959) 146–193; 20 (1960) 87–119.
88. K. F. WERNER, Vom Frankenreich zur Entfaltung Deutschlands und Frankreichs. Ursprünge – Strukturen – Beziehungen. Ausgewählte Beiträge, Sigmaringen 1984.

5.7 Adel in anderen gentes

89. M. BECHER, Non enim habent regem Antiqui Saxones ... Verfassung und Ethnogenese in Sachsen während des 8. Jahrhunderts, in: H.-J. Hässler (Hrsg.), Studien zur Sachsenforschung, Bd. 12, Oldenburg 1999, 1–32.

90. T. CAPELLE, Die Sachsen des frühen Mittelalters, Darmstadt 1998.
91. Die Alamannen, hrsg. v. Archäologischen Landesmuseum, Stuttgart 1997.
92. J. JAHN, Ducatus Baiuvariorum. Das bairische Herzogtum der Agilolfinger, Stuttgart 1991.
93. J. JARNUT, Agilolfingerstudien. Untersuchungen zur Geschichte einer adligen Familie im 6. und 7. Jahrhundert, Stuttgart 1986.
94. H. KELLER, Archäologie und Geschichte der Alamannen in merowingischer Zeit. Überlegungen und Fragen zu einem neuen Buch, in: ZGO 129 (1981) 1–51.
95. W. LAMMERS (Hrsg.), Entstehung und Verfassung des Sachsenstammes, Darmstadt 1967.

6. Lehnswesen

96. F. L. GANSHOF, Was ist das Lehnswesen?, 6. Aufl. Darmstadt 1983.
97. W. KIENAST, Die fränkische Vasallität. Von den Hausmeiern bis zu Ludwig dem Kind und Karl dem Einfältigen, Frankfurt a.M. 1990.
98. H. MITTEIS, Lehnrecht und Staatsgewalt. Untersuchungen zur mittelalterlichen Verfassungsgeschichte, Weimar 1933 (Ndr. 1974).
99. S. REYNOLDS, Fiefs and Vassals. The Medieval Evidence Reinterpreted, Oxford 1994.
100. K.-H. SPIESS, Das Lehnswesen in Deutschland im hohen und späten Mittelalter, Idstein 2002.

7. Zeitgenössische Gesellschaftstheorie

101. O. G. OEXLE, Deutungsschemata der sozialen Wirklichkeit im frühen und hohen Mittelalter. Ein Beitrag zur Geschichte des Wissens, in: F. Graus (Hrsg.), Mentalitäten im Mittelalter. Methodische und inhaltliche Probleme, Sigmaringen 1987, 65–118.
102. O. G. OEXLE, Die funktionale Dreiteilung als Deutungsschema der sozialen Wirklichkeit in der ständischen Gesellschaft des Mittelalters, in: W. Schulze (Hrsg.), Ständische Gesellschaft und soziale Mobilität, München 1988, 19–51.

103. O. G. Oexle, Potens und Pauper im Frühmittelalter, in: W. Harms/K. Speckenbach (Hrsg.), Bildhafte Rede in Mittelalter und früher Neuzeit. Probleme ihrer Legitimation und ihrer Funktion, Tübingen 1992, 131–150.

8. Hochmittelalter

8.1 Adel und Königtum

104. G. Althoff, Gerd/H. Keller, Heinrich I. und Otto der Große. Neubeginn auf karolingischem Erbe, 2 Bde., 2. Aufl. Göttingen-Zürich 1994.
105. G. Althoff, Amicitiae und Pacta. Bündnis, Einung und Gebetsgedenken im beginnenden 10. Jahrhundert, Hannover 1992.
106. G. Althoff, Das ottonische Reich als regnum francorum?, in: J. Ehlers (Hrsg.), Deutschland und der Westen Europas, Sigmaringen 2002, 235–262.
107. G. Althoff, Verwandte, Freunde und Getreue. Zum politischen Stellenwert der Gruppenbindungen im frühen Mittelalter, Darmstadt 1990.
108. E. Boshof, Das Reich in der Krise. Überlegungen zum Regierungsausgang Heinrichs III., in: HZ 228 (1979) 265–287.
109. F.-R. Erkens, Fürstliche Opposition in ottonisch-salischer Zeit, in: AKG 64 (1982) 307–370.
110. J. Fried, Die Formierung Europas 840–1046, 2. Aufl. München 1993.
111. Ch. Hillen, Curia Regis. Untersuchungen zur Hofstruktur Heinrichs (VII.) 1220–1235 nach den Zeugen seiner Urkunden. Frankfurt a. M. u. a. 1999.
112. E. Hlawitschka, Vom Frankenreich zur Formierung der europäischen Staaten- und Völkergemeinschaft 840–1046. Ein Studienbuch zur Zeit der späten Karolinger, der Ottonen und der frühen Salier in der Geschichte Mitteleuropas, Darmstadt 1986.
113. H. Keller, Zum Charakter der „Staatlichkeit" zwischen karolingischer Reichsreform und hochmittelalterlichem Herrschaftsausbau, in: FMSt 23 (1989) 248–264.
114. K. J. Leyser, Herrschaft und Konflikt. König und Adel im ottonischen Sachsen, Göttingen 1984.
115. K. J. Leyser, Ritual, Zeremonie und Gestik: das ottonische Reich, in: FMSt 27 (1993) 1–26.

116. A. NITSCHKE, Karolinger und Ottonen. Von der „karolingischen Staatlichkeit" zur „Königsherrschaft ohne Staat"?, in: HZ 273 (2001) 1–30.
117. A. PLASSMANN, Die Struktur des Hofes unter Friedrich I. Barbarossa nach den deutschen Zeugen seiner Urkunden, Hannover 1998.
118. B. SCHNEIDMÜLLER, Die Welfen. Herrschaft und Erinnerung, Stuttgart u. a. 2000.
119. K. SCHMID, Das Problem der „Unteilbarkeit" des Reiches, in: Ders. (Hrsg.), Reich und Kirche vor dem Investiturstreit. Vorträge beim wissenschaftlichen Kolloquium aus Anlaß des achtzigsten Geburtstags von G. Tellenbach, Sigmaringen 1985, 1–15.
120. G. TELLENBACH, Königtum und Stämme in der Werdezeit des Deutschen Reiches, Weimar 1939.
121. ST. WEINFURTER (Hrsg.), Die Salier und das Reich, Bd. 1: Salier, Adel und Reichsverfassung; Bd. 2: Die Reichskirche in der Salierzeit; Bd. 3: Gesellschaftlicher und ideengeschichtlicher Wandel im Reich der Salier, Sigmaringen 1991.
122. ST. WEINFURTER, Die Zentralisierung der Herrschaftsgewalt im Reich durch Kaiser Heinrich II., in: HJb 106 (1986) 241–297.

8.2 Die ottonisch-salische Reichskirche

123. T. REUTER, The „Imperial Church System" of the Ottonian and Salian Rulers: a Reconsideration, in: JEcclH 33 (1982) 347–374.
124. R. SCHIEFFER, Der geschichtliche Ort der ottonisch-salischen Reichskirchenpolitik. Nordrhein-Westfälische Akademie der Wissenschaften. Geisteswissenschaften. Vorträge G 352, Opladen 1998.

8.3 Reichsfürstenstand, Heerschildordnung, Kurfürsten

125. F.-R. ERKENS, Kurfürsten und Königswahl. Zu neueren Theorien über den Königswahlparagraphen im Sachsenspiegel und die Entstehung des Kurfürstenkollegs, Hannover 2002.
126. W. FREITAG, Kleine Reichsfürsten im 15. Jahrhundert – das Beispiel Anhalt, in: Sachsen und Anhalt 23 (2001) 141–160.
127. K. HEINEMEYER, König und Reichsfürsten in der späten Salier- und frühen Stauferzeit, in: BDLG 122 (1986) 1–40.
128. K.-F. KRIEGER, Die Lehnshoheit der deutschen Könige im Spätmittelalter (ca. 1200–1437), Aalen 1979.

129. K.-F. KRIEGER, Fürstliche Standesvorrechte im Spätmittelalter, in: BDLG 122, 1986, 91–116.
130. P. MORAW, Fürstentum, Königtum und „Reichsreform" im deutschen Spätmittelalter, in: BDLG 122 (1986) 117–136.

8.4 Einzelne Räume

131. S. BAUDISCH, Lokaler Adel in Nordwestsachsen. Siedlungs- und Herrschaftsstrukturen vom späten 11. bis zum 14. Jahrhundert, Köln u. a. 1999.
132. O. P. CLADAVETSCHER, nobilis, edel, fry, in: H. Beumann (Hrsg.), Historische Forschungen für Walter Schlesinger, Köln–Wien 1974, 242–251.
133. I. EBERL/W. HARTUNG/J. JAHN (Hrsg.), Früh- und hochmittelalterlicher Adel in Schwaben und Bayern, Sigmaringendorf 1988.
134. G. FLOHRSCHÜTZ, Der Adel des Ebersberger Raumes im Hochmittelalter, München 1989.
135. L. HOLZFURTNER, Die Grafschaft der Andechser. Comitatus und Grafschaft in Bayern 1000–1180, München 1994.
136. H. KELLER, Adelsherrschaft und städtische Gesellschaft in Oberitalien (9.–12. Jahrhundert), Tübingen 1979.
137. M. MITTERAUER, Formen adeliger Herrschaftsbildung im hochmittelalterlichen Österreich. Zur Frage der „autogenen Hoheitsrechte", in: MIÖG 80 (1972) 265–338.
138. M. PARISSE, Noblesse et chevalerie en Lorraine médiévale. Les familles nobles du XIe au XIIIe siécle, Nancy 1982.
139. ST. SCHLINKER, Fürstenamt und Rezeption. Reichsfürstenstand und gelehrte Literatur im späten Mittelalter, Köln u. a. 1999.
140. A. VERHULST, Die Jahrtausendwende in der neueren französischen Historiographie: theoretische Konstruktion und historische Wirklichkeit, in: Ders./Y. Morimoto (Hrsg.), Landwirtschaft und Stadtwirtschaft im Mittelalter/Economie rurale et economie urbaine au Moyen Age, Gent/Fukuoka 1994, 81–87.
141. M. WELTIN, Der hochmittelalterliche österreichische und steirische Adel in alter und neuer Sicht, in: K. Zatloukal (Hrsg.), 2. Pöchlarner Heldengespräch. Die historische Dietrichsepik, Wien 1992, 103–124.
142. D. WILLOWEIT, Fürst und Fürstentum in Quellen der Stauferzeit, in: RhVjBll 63 (1999) 7–25.

8.5 Adelsburgen

143. TH. BILLER, Die Adelsburg in Deutschland, München 1993.
144. H. W. BÖHME (Hrsg.), Burgen der Salierzeit, 2 Bde., Sigmaringen 1991.
145. Burgen in Mitteleuropa. Ein Handbuch, Bd. 1: Bauformen und Entwicklung; Bd. 2: Geschichte und Burgenlandschaften, Stuttgart 1999.
146. H. EHMER (Hrsg.), Burgen im Spiegel der historischen Überlieferung, Sigmaringen 1998.
147. H. PATZE (Hrsg.), Die Burgen im deutschen Sprachraum. Ihre rechts- und verfassungsgeschichtliche Bedeutung, 2 Bde., Sigmaringen 1976.
148. R. SCHIEFFER, Burgen als Problem vergleichender Landesgeschichte. Bericht über eine neue Publikation, in: RhVjbll 42 (1978) 486–503.
149. J. ZEUNE, Burgen. Symbole der Macht. Ein neues Bild der mittelalterlichen Burg, Regensburg 1996.

8.6 Wappen

150. V. V. FILIP, Einführung in die Heraldik, Stuttgart 2000.
151. W. PARAVICINI, Gruppe und Person. Repräsentation durch Wappen im späteren Mittelalter, in: O. G. Oexle/A. von Hülsen-Esch (Hrsg.), Die Repräsentation der Gruppen. Texte – Bilder – Objekte, Göttingen 1998, 327–390.
152. M. PASTOUREAU, Traité d'Héraldique, 2. Aufl. Paris 1993.
153. G. SCHEIBELREITER, Tiernamen und Wappenwesen, 2. Aufl. Wien u. a. 1992.
154. Wappenfibel. Handbuch der Heraldik, begr. durch A. M. HILDEBRANDT, hrsg. von „Herold", Verein für Heraldik und verwandte Wissenschaften, bearb. v. L. BIEWER, 19. Aufl. Neustadt a. d. Aisch 1998.

9. Familienstruktur und adliges Selbstverständnis

155. G. ALBERTONI/G. PFEIFER (Hrsg.), Adelige Familienformen im Mittelalter. Strutture di famiglie nobilari, Bozen/Bolzano 2003.
156. M. BORGOLTE, „Selbstverständnis" und „Mentalitäten". Mittelalterliche Menschen im Verständnis moderner Historiker, in: AKG 79 (1997) 189–210.

157. M. BORGOLTE, Memoria. Zwischenbilanz eines Mittelalterprojekts, in: ZfG 46 (1998) 197–210.
158. C. B. BOUCHARD, Family Structure and Family Consciousness among the Aristocracy in the Ninth to Eleventh Century, in: Francia 14 (1986) 639–658.
159. C. B. BOUCHARD, The Origins of the French Nobility: A Reassessment, in: American Historical Review 86,1 (1981) 501–532.
160. J. GOODY, Die Entwicklung von Ehe und Familie in Europa, Berlin 1986 (engl. 1983).
161. R. HÄRTEL (Hrsg.), Personennamen und Identität. Namengebung und Namengebrauch als Anzeiger individueller Bestimmung und gruppenbezogener Zuordnung, Graz 1997.
162. W. HECHBERGER, Staufer und Welfen 1125–1190. Zur Verwendung von Theorien in der Geschichtswissenschaft, Köln u. a. 1996.
163. D. HERLIHY, Medieval Households, Cambridge/Mass. 1985.
164. K. J. LEYSER, The German Aristocracy from the Ninth to the Early Twelfth Century. A Historical and Cultural Sketch, in: Ders., Medieval Germany and its Neighbours, 900–1250, London 1982, 161–189 (erstmals 1968).
165. M. MITTERAUER, Die Familie als historische Sozialform, in: Ders./R. Sieder, Vom Patriarchat zur Partnerschaft. Zum Strukturwandel der Familie, 4. Aufl. München 1991, 21–45.
166. J. MORSEL, Geschlecht und Repräsentation. Beobachtungen zur Verwandtschaftskonstruktion im fränkischen Adel des späten Mittelalters, in: O. G. Oexle/A. von Hülsen-Esch (Hrsg.), Die Repräsentation der Gruppen. Texte – Bilder – Objekte, Göttingen 1998, 259–325.
167. A. C. MURRAY, Germanic Kinship Structure, Toronto 1983.
168. J. L. NELSON, Family, Gender and Sexuality in the Middle Ages, in: M. Bentley (Hrsg.), Companion to Historiography, London-New York 1997, 153–176.
169. U. PETERS, Dynastengeschichte und Verwandtschaftsbilder. Die Adelsfamilie in der volkssprachigen Literatur des Mittelalters, Tübingen 1999.
170. K. SCHMID, Gebetsgedenken und adliges Selbstverständnis im Mittelalter. Ausgewählte Beiträge, Sigmaringen 1983.
171. K. SCHMID, Geblüt, Herrschaft, Geschlechterbewußtsein. Grundfragen zum Verständnis des Adels im Mittelalter, Sigmaringen 1998.

172. I. WIEBROCK, Die Sippe bei den Germanen der Frühzeit bis zum Ausgang der Völkerwanderung. Eine Untersuchung anhand der schriftlichen Quellen, Diss. Marburg 1979.

10. Namengebung

173. D. GEUENICH/W. HAUBRICHS/J. JARNUT (Hrsg.). Nomen et gens. Zur historischen Aussagekraft frühmittelalterlicher Personennamen, Berlin-New York 1997.
174. H.-W. GOETZ, Zur Namengebung in der alamannischen Grundbesitzerschicht der Karolingerzeit. Ein Beitrag zur Familienforschung, in: ZGO 133 (1985) 1–41.
175. L. HOLZFURTNER, Untersuchungen zur Namengebung im frühen Mittelalter nach den bayerischen Quellen des achten und neunten Jahrhunderts, in: ZBLG 45 (1985) 3–21.
176. M. MITTERAUER, Ahnen und Heilige. Namengebung in der europäischen Geschichte, München 1993.

11. Leitbilder und Wertvorstellungen

177. H. H. ANTON, Fürstenspiegel und Herrscherethos der Karolingerzeit, Bonn 1968.
178. J.-P. BODMER (VON WALD), Der Krieger der Merowingerzeit und seine Welt. Eine Studie über Kriegertum als Form der menschlichen Existenz im Frühmittelalter, Zürich 1957.
179. K. BOSL, Leitbilder und Wertvorstellungen des Adels von der Merowingerzeit bis zur Höhe der feudalen Gesellschaft, München 1974.
180. E. EBERHARDT, Via Regia. Der Fürstenspiegel Smaragds von St. Mihiel und seine literarische Gattung, München 1977.
181. W. HEINEMANN, Zur Ständedidaxe in der deutschen Literatur des 13.–15. Jahrhunderts, in: Beiträge zur Geschichte der deutschen Literatur und Sprache 88 (1967) 1–90; 89 (1967) 290–403; 92 (1970) 386–435.
182. M. HEINZELMANN, Studia sanctorum. Éducation, milieux d'instruction et valeurs éducatives dans l'hagiographie en Gaule jus-

qu'à la fin de l'epoque mérowingienne, in: Haut moyen-âge. Culture, éducation et société. Études offertes à Pierre Riché, Nanterre 1990, 105–138.

183. U. HOFFMANN, König, Adel und Reich im Urteil fränkischer und deutscher Historiker des 9. bis 11. Jahrhunderts, Bamberg 1968.

184. V. HONEMANN, Aspekte des „Tugendadels" im europäischen Spätmittelalter, in: L. Grenzmann/K. Stackmann (Hrsg.), Literatur und Laienbildung im Spätmittelalter und in der Reformationszeit, Stuttgart 1984, 274–288.

185. H. KALLFELZ, Das Standesethos des Adels im 10. und 11. Jahrhundert, Diss. Würzburg 1960.

186. M. KEEN, Nobles, Knights and Men-at-Arms in the Middle Ages, London 1996.

187. F. LOTTER, Das Idealbild adliger Laienfrömmigkeit in den Anfängen Clunys: Odos Vita des Grafen Gerald von Aurillac, in: W. Lourdaux/D. Verhelst (Hrsg.), Benedictine Culture 750–1050, Leuven 1983, 76–95.

188. B. TÖPFER, Urzustand und Sündenfall in der mittelalterlichen Gesellschafts- und Staatstheorie, Stuttgart 1999.

189. J. WOLLASCH, Eine adlige Familie des früheren Mittelalters. Ihr Selbstverständnis und ihre Wirklichkeit, in: AKG 39 (1957) 150–188.

190. H. ZUTT, Adel und edel – Wort und Bedeutung – bis ins 13. Jahrhundert, Diss. Freiburg i.Br. 1956.

12. Erziehung, Bildung

191. I. BAUMGÄRTNER, „De privilegiis doctorum". Über Gelehrtenstand und Doktorwürde im späten Mittelalter, in: HJb 106 (1986) 298–332.

192. L. BOEHM, Das mittelalterliche Erziehungs- und Bildungswesen, in: Propyläen Geschichte der Literatur, Bd. 2: Die mittelalterliche Welt 600–1400, Berlin 1982, 143–181.

193. P. BURKE, Die Renaissance in Italien. Sozialgeschichte einer Kultur zwischen Tradition und Erfindung, Berlin 1984 (Ndr. 1996).

194. E. ERNST, Formen der Schriftlichkeit im höfischen Roman des hohen und späten Mittelalters, in: FMSt 31 (1997) 252–369.

195. CH. FUCHS, Dives, Pauper, Nobilis, Magister, Frater, Clericus. Sozialgeschichtliche Untersuchungen über Heidelberger Universitätsbesucher des Spätmittelalters (1386–1450), Leiden u. a. 1995.
196. H. GRUNDMANN, Ausgewählte Aufsätze, Stuttgart, Bd. 1: Religiöse Bewegungen, 1976; Bd. 3: Bildung und Sprache, 1978.
197. K. HAUCK, Haus- und sippengebundene Literatur mittelalterlicher Adelsgeschlechter, in: W. Lammers (Hrsg.), Geschichtsdenken und Geschichtsbild im Mittelalter, Darmstadt 1965, 165–199 (erstmals 1954).
198. H. LANGE, Vom Adel des doctor, in: K. Luig /D. Liebs (Hrsg.), Das Profil des Juristen in der europäischen Tradition. Symposion aus Anlaß des 70. Geburtstages von Franz Wieacker, Ebelsbach 1980, 279–294.
199. U. LIEBERTZ-GRÜN, Frau und Herrscherin. Zur Sozialisation deutscher Adeliger 1150–1450, in: B. Lundt (Hrsg.), Auf der Suche nach der Frau im Mittelalter. Fragen, Quellen, Antworten, München 1991, 165–188.
200. R. MCKITTERICK, The Carolingians and the Written Word, Cambridge 1989.
201. P. MORAW, Das spätmittelalterliche Universitätssystem in Europa – sozialgeschichtlich betrachtet, in: H. Brunner/N. R. Wolf (Hrsg.), Wissensliteratur im Mittelalter und in der frühen Neuzeit. Bedingungen, Typen, Publikum, Sprache, Wiesbaden 1993, 9–25.
202. D. MÜLLER, Die gebildete Frau im Mittelalter. Von Lioba bis Christine de Pizan, in: R. W. Keck/E. Wiersing/K. Wittstadt (Hrsg.), Literaten – Kleriker – Gelehrte. Zur Geschichte der Gebildeten im vormodernen Europa, Köln u. a. 1996, 145–170.
203. R. A. MÜLLER, Universität und Adel. Eine soziostrukturelle Studie zur Geschichte der bayerischen Landesuniversität Ingolstadt 1472–1648, Berlin 1974.
204. E. PLETICHA, Adel und Buch. Studien zur geistigen Welt des fränkischen Adels am Beispiel seiner Bibliotheken vom 15. bis zum 18. Jahrhundert, Neustadt a.d. Aisch 1983.
205. M. G. SCHOLZ, Hören und Lesen. Studien zur primären Rezeption der Literatur im 12. und 13. Jahrhundert, Wiesbaden 1980.
206. K. SCHREINER, Laienbildung als Herausforderung für Kirche und Gesellschaft. Religiöse Vorbehalte und soziale Widerstände gegen die Verbreitung von Wissen im späten Mittelalter und in der Reformation, in: ZHF 11 (1984) 257–354.
207. R. CH. SCHWINGES, Deutsche Universitätsbesucher im 14. und

15. Jahrhundert. Zur Sozialgeschichte des alten Reiches, Stuttgart 1986.
208. K.-H. SPIESS, Zum Gebrauch von Literatur im spätmittelalterlichen Adel, in: I. Kasten/W. Paravicini/R. Pérennec (Hrsg.), Kultureller Austausch und Literaturgeschichte im Mittelalter, Sigmaringen 1998, 85–101.
209. A. WENDEHORST, Wer konnte im Mittelalter lesen und schreiben?, in: J. Fried (Hrsg.), Schulen und Studium im sozialen Wandel des hohen und späten Mittelalters, Sigmaringen 1986, 9–33.
210. H. WENZEL, Die Autobiographie des späten Mittelalters und der frühen Neuzeit, Bd. 1: Die Selbstdeutung des Adels; Bd. 2: Die Selbstdeutung des Bürgertums, München 1980.
211. H. WENZEL, Hören und Sehen in Schrift und Bild. Kultur und Gedächtnis im Mittelalter, München 1995.
212. CH. WIELAND, Status und Studium. Breisgauischer Adel und Universität im 16. Jahrhundert, in: ZGO 148 (2000) 97–150.

13. Grundherrschaft und Lehnsbesitz

213. A. BERGENGRUEN, Adel und Grundherrschaft im Merowingerreich. Siedlungs- und standesgeschichtliche Studie zu den Anfängen des fränkischen Adels in Nordfrankreich und Belgien, Wiesbaden 1958.
214. K. BOSL, Franken um 800. Strukturanalyse einer fränkischen Königsprovinz, 2. Aufl. München 1969.
215. O. BRUAND, Klientelverhältnisse, Herrschaft über Grund und Boden und wirtschaftliche Macht der fränkischen Aristokratie im 7. und 8. Jahrhundert, in: Die Franken. Wegbereiter Europas, Bd. 1, Mainz 1996, 534–539.
216. G. DILCHER/C. VIOLANTE (Hrsg.), Strukturen und Wandlungen der ländlichen Herrschaftsformen vom 10. zum 13. Jahrhundert. Deutschland und Italien im Vergleich, Berlin 2000 (ital. 1996).
217. L. FENSKE/U. SCHWARZ, Das Lehnsverzeichnis Graf Heinrichs I. von Regenstein 1212/1227. Gräfliche Herrschaft, Lehen und niederer Adel am Nordostharz, Göttingen 1990.
218. P. J. GEARY, Aristocracy in Provence. The Rhône Basin at the Dawn of Carolingian Age, Stuttgart 1985.
219. H.-W. GOETZ, Herrschaft und Recht in der frühmittelalterlichen Grundherrschaft, in: HJb 104 (1984) 392–410.

220. H.-W. GOETZ, Typus einer Adelsherrschaft im späteren 9. Jahrhundert: Der Linzgaugraf Udalrich, in: St. Galler Kultur und Geschichte 11 (1981) 131–173.
221. M. HEINZELMANN, Beobachtungen zur Bevölkerungsstruktur einiger grundherrschaftlicher Siedlungen im karolingischen Bayern, in: FMSt 11 (1977) 202–217.
222. F. IRSIGLER, Gesellschaft, Wirtschaft und religiöses Leben im Obermosel-Saar-Raum zur Zeit des Diakons Adalgisel Grimo, in: Hochwälder Geschichtsblätter 1 (1989) 5–18.
223. B. KASTEN, Erbrechtliche Verfügungen des 8. und 9. Jahrhunderts. Zugleich ein Beitrag zur Organisation und zur Schriftlichkeit bei der Verwaltung adeliger Grundherrschaften am Beispiel des Grafen Heccard aus Burgund, in: ZRG GA 107 (1990) 236–338.
224. L. KUCHENBUCH, Grundherrschaft im früheren Mittelalter, Idstein 1991.
225. L. KUCHENBUCH, Potestas und Utilitas. Ein Versuch über Stand und Perspektiven der Forschung zur Grundherrschaft im 9.–13. Jahrhundert, in: HZ 265 (1997) 117–146.
226. F. LÜTGE, Deutsche Sozial- und Wirtschaftsgeschichte. Ein Überblick, 3. Aufl. Berlin u. a. 1966.
227. J. MÖTSCH/K. WITTER (Hrsg.), Die ältesten Lehnsbücher der Grafen von Henneberg, Weimar 1996.
228. H. PATZE (Hrsg.), Die Grundherrschaft im späten Mittelalter, 2 Bde., Sigmaringen 1983.
229. T. REUTER, Property transactions and social relations between rulers, bishops and nobles in early eleventh-century Saxony: the evidence of the Vita Meinwerci, in: W. Davies/P. Fouracre (Hrsg.), Property and power in the early Middle Ages, Cambridge 1995, 165–199.
230. W. RÖSENER (Hrsg.), Grundherrschaft und bäuerliche Gesellschaft im Hochmittelalter, Göttingen 1995.
231. W. RÖSENER (Hrsg.), Strukturen der Grundherrschaft im frühen Mittelalter, Göttingen 1989.
232. W. RÖSENER, Zur Struktur und Entwicklung der Grundherrschaft in Sachsen in karolingischer und ottonischer Zeit, in: A. Verhulst (Hrsg.), Le grand domaine aux époques mérovingienne et carolingienne, Gent 1985, 173–207.
233. D. SCHELER, Grundherrschaft. Zur Geschichte eines Forschungskonzepts, in: H. Mommsen/W. Schulze (Hrsg.), Vom Elend der

Handarbeit. Probleme historischer Unterschichtenforschung, Stuttgart 1981, 142–158.
234. F. SEIBT (Hrsg.), Gesellschaftsgeschichte. Fs. für K. Bosl zum 80. Geburtstag, Bd. 1, München 1988, 417–438.
235. H. VOLLRATH, Herrschaft und Genossenschaft im Kontext frühmittelalterlicher Rechtsbeziehungen, in: HJb 102 (1982) 33–71.
236. M. WEIDEMANN, Das Testament des Bischofs Berthramm von Le Mans vom 27. März 616, Mainz 1986.

14. Adel und Kirche im Hoch- und Spätmittelalter

237. F. J. FELTEN, Wie adlig waren die Kanonissenstifte (und andere weibliche Konvente) im (frühen und hohen) Mittelalter, in: I. Crusius (Hrsg.), Studien zum Kanonissenstift, Göttingen 2001, 39–128.
238. F. J. FELTEN, Zum Problem der sozialen Zusammensetzung von alten Benediktinerklöstern und Konventen der neuen religiösen Bewegung, in: A. Haverkamp (Hrsg.), Hildegard von Bingen in ihrem historischen Umfeld, Wiesbaden 2000, 189–235.
239. J. FLECKENSTEIN (Hrsg.), Investiturstreit und Reichsverfassung, Sigmaringen 1975.
240. G. FOUQUET, Das Speyerer Domkapitel im späten Mittelalter (ca. 1350–1540). Adlige Freundschaft, fürstliche Patronage und päpstliche Klientel, 2 Bde., Mainz 1987.
241. J. B. FREED, The Friars and German Society in the thirteenth Century, Cambridge/Mass. 1977.
242. E. FREISE, Studien zum Einzugsbereich der Klostergemeinschaft von Fulda, in: K. Schmid (Hrsg.), Die Klostergemeinschaft von Fulda im früheren Mittelalter, Bd. 2/3, München 1978, 1003–1269.
243. J. FRIED, Laienadel und Papst in der Frühzeit der französischen und deutschen Geschichte, in: H. Beumann/W. Schröder (Hrsg.), Aspekte der Nationenbildung im Mittelalter. Ergebnisse der Marburger Rundgespräche 1972–1975, Sigmaringen 1978, 367–406.
244. R. HOLBACH, Zu Ergebnissen und Perspektiven neuerer Forschung zu spätmittelalterlichen deutschen Domkapiteln, in: RhVjbll 56 (1992) 148–180.
245. H. JAKOBS, Der Adel in der Klosterreform von St. Blasien, Köln-Graz 1968.

246. H. JAKOBS, Die Hirsauer. Ihre Ausbreitung und Rechtsstellung im Zeitalter des Investiturstreits, Köln-Graz 1961.
247. D. KURZE, Der niedere Klerus in der sozialen Welt des späteren Mittelalters, in: Ders., Klerus, Ketzer, Prophetien. Gesammelte Aufsätze, Warendorf 1996, 1–36 (erstmals 1976).
248. P. MORAW, Stiftspfründen als Elemente des Bildungswesens im spätmittelalterlichen Reich, in: I. Crusius (Hrsg.), Studien zum weltlichen Kollegiatstift in Deutschland, Göttingen 1995, 270–297.
249. P. C. VON PLANTA, Adel, Deutscher Orden und Königtum im Elsaß des 13. Jahrhunderts. Unter Berücksichtigung der Johanniter, Frankfurt a. M. u. a. 1997.
250. TH. SCHILP, Norm und Wirklichkeit religiöser Frauengemeinschaften im Frühmittelalter. Die Institutio sanctimonialium Aquisgranensis des Jahres 816 und die Problematik der Verfassung von Frauenkommunitäten, Göttingen 1998.
251. K. SCHREINER, Mönchsein in der Adelsgesellschaft des hohen und späten Mittelalters. Klösterliche Gemeinschaftsbildung zwischen spiritueller Selbstbehauptung und sozialer Anpassung, in: HZ 248 (1989) 557–620.
252. K. SCHREINER, Nobilitas Mariae. Die edelgeborene Gottesmutter und ihre adeligen Verehrer: Soziale Prägungen und politische Funktionen mittelalterlicher Adelsfrömmigkeit, in: C. Opitz/H. Röckelein/G. Signori/G. P. Marchal (Hrsg.), Maria in der Welt. Marienverehrung im Kontext der Sozialgeschichte, 10.–18. Jahrhundert, Zürich 1993, 213–242.
253. K. SCHREINER, Sozial- und standesgeschichtliche Untersuchungen zu den Benediktinerkonventen im östlichen Schwarzwald, Stuttgart 1964.
254. W. TESKE, Laien, Laienmönche und Laienbrüder in der Abtei Cluny. Ein Beitrag zum „Konversenproblem", in: FMSt 10 (1976) 248–322; 11 (1977) 288–339.
255. M. TOEPFER, Die Konversen der Zisterzienser. Untersuchungen über ihren Beitrag zur mittelalterlichen Blüte des Ordens, Berlin 1983.
256. TH. ZOTZ, Milites Christi: Ministerialität als Träger der Kanonikerreform, in: St. Weinfurter (Hrsg.), Reformidee und Reformpolitik im spätsalisch-frühstaufischen Reich, Mainz 1992, 301–328.

15. Ministerialität

15.1 Allgemeines

257. B. ARNOLD, German knighthood 1050–1300, Oxford 1985 (Ndr. 1999).
258. J. FLECKENSTEIN (Hrsg.), Herrschaft und Stand. Untersuchungen zur Sozialgeschichte im 13. Jahrhundert, 3. Aufl. Göttingen 1979.
259. J. B. FREED, The Origins of the European Nobility: The Problem of the Ministerials, in: Viator 7, 1976, 211–241.
260. P. NEUMEISTER, Beobachtungen und Überlegungen zur Ministerialität des 9., 10. und 11. Jahrhunderts, in: ZfG 43, 1995, 421–432.
261. M. PARISSE, Les ministériaux en Empire: ab omni jugo servili absoluti, in: JbWLG 6, 1980, 1–24.

15.2 Reichsministerialität

262. K. BOSL, Die Reichsministerialität der Salier und Staufer, 2 Bde., Stuttgart 1950, 1951.
263. J. U. KEUPP, Dienst und Verdienst. Die Ministerialität Friedrich Barbarossas und Heinrichs VI., Stuttgart 2002.
264. A. C. SCHLUNK, Königsmacht und Krongut. Die Machtgrundlage des deutschen Königtums im 13. Jahrhundert und eine neue historische Methode, Stuttgart 1988.
265. K.-H. SPIESS, Vom reichsministerialen Inwärtseigen zur eigenständigen Herrschaft. Untersuchungen zur Besitzgeschichte der Herrschaft Hohenecken vom 13. bis zum 17. Jahrhundert, in: Jahrbuch zur Geschichte von Stadt und Landkreis Kaiserslautern 12/13 (1974/75) 84–106.

15.3 Reichsklöster

266. F.-J. JAKOBI, Ministerialität und „ius ministerialium" in Reichsabteien der frühen Stauferzeit, in: K. Hauck (Hrsg.), Sprache und Recht. Beiträge zur Kulturgeschichte des Mittelalters. Fs. für R. Schmidt-Wiegard zum 60. Geburtstag, Bd. 1, Berlin–New York 1986, 321–352.
267. K. SCHULZ, Reichsklöster und Ministerialität. Gefälschte Dienstrechte des 12. Jahrhunderts. Ursachen und Absichten, in: F. Seibt (Hrsg.), Gesellschaftsgeschichte. Fs. für K. Bosl zum 80. Geburtstag, Bd. 2, München 1988, 37–54.

15.4 Einzelne Räume

268. G. BRADLER, Studien zur Geschichte der Ministerialität im Allgäu und in Oberschwaben, Göppingen 1973.
269. H. R. DERSCHKA, Die Ministerialen des Hochstiftes Konstanz, Stuttgart 1999.
270. H. DOPSCH, Ministerialität und Herrenstand in der Steiermark und Salzburg, in: Zs. des HV für Steiermark 62 (1971) 3–31.
271. P. FELDBAUER, Herren und Ritter, München 1973.
272. G. FLOHRSCHÜTZ, Die Freisinger Dienstmannen im 10. und 11. Jahrhundert, in: Beiträge zur altbayerischen Kirchengeschichte 25 (1967) 9–79.
273. J. B. FREED, The Formation of the Salzburg Ministerialage in the Tenth and Eleventh Century: An Example of Upward Social Mobility in the Middle Ages, in: Viator 9 (1978) 67–102.
274. C.-P. HASSE, Die welfischen Hofämter und die welfische Ministerialität in Sachsen. Studien zur Sozialgeschichte des 12. und 13. Jahrhunderts, Husum 1995.
275. F. KUBŮ, Die staufische Ministerialität im Egerland. Ein Beitrag zur Siedlungs- und Verwaltungsgeschichte, Pressath 1995.
276. Ministerialitäten im Mittelrheinraum, Wiesbaden 1978.
277. H.-G. TRÜPER, Ritter und Knappen zwischen Weser und Ems. Die Ministerialität des Erzstifts Bremen, Stade 2000.
278. F. L. WAGNER (Hrsg.), Ministerialität im Pfälzer Raum. Referate und Aussprachen der Arbeitstagung vom 12. bis 14. Oktober 1972 in Kaiserslautern, Speyer 1975.
279. W. H. WITZEL, Die fuldischen Ministerialen des 12. und 13. Jahrhunderts. Ein Beitrag zur mittelalterlichen Geschichte der Reichsabtei Fulda, Fulda 1998.
280. H. WOLFRAM, Zisterziensergründung und Ministerialität am Beispiel Zwettls, in: Kuenringer-Forschungen (Jb. f. Landeskunde v. Niederösterreich NF 46/47), Wien 1980/81, 1–39.

15.5 Ministerialität und Stadt

281. J. FLECKENSTEIN, Ministerialität und Stadtherrschaft. Ein Beitrag zu ihrem Verhältnis am Beispiel von Hildesheim und Braunschweig, in: K.-U. Jäschke/R. Wenskus (Hrsg.), Fs. für H. Beumann zum 65. Geburtstag, Sigmaringen 1977, 349–364.
282. C.-H. HAUPTMEYER, Vor- und Frühformen des Patriziats mitteleuropäischer Städte. Theorien zur Patriziatsentstehung, in: Die alte Stadt 6 (1979) 1–20.

283. E. Maschke/J. Sydow (Hrsg.), Stadt und Ministerialität, Stuttgart 1973.
284. K. Militzer, Stadtentstehung und Entwicklung des Bürgertums in Halberstadt und Quedlinburg, in: Ders./P. Przybilla, Stadtentstehung, Bürgertum und Rat. Halberstadt und Quedlinburg bis zur Mitte des 14. Jahrhunderts, Göttingen 1980, 11–200.
285. W. Petke, Pfalzstadt und Reichsministerialität. Über einen neuen Beitrag zur Reichsgut- und Pfalzenforschung, in: BDLG 109 (1973) 270–304.
286. A. C. Schlunk, Stadt ohne Bürger? Eine Untersuchung über die Führungsschichten der Städte Nürnberg, Altenburg und Frankfurt um die Mitte des 15. Jahrhunderts, in: U. Bestmann/F. Irsigler/J. Schneider (Hrsg.), Hochfinanz, Wirtschaftsräume, Investitionen. Fs. für W. von Stromer, Bd. 1, Trier 1987, 189–244.
287. K. Schulz, Die Ministerialität als Problem der Stadtgeschichte, in: RhVjbll 32 (1968) 184–219.
288. K. Schulz, Ministerialität und Bürgertum in Trier, Bonn 1968.
289. K. Schulz, Richerzeche, Meliorat und Ministerialität in Köln, in: Köln, das Reich und Europa. Abhandlungen über weiträumige Verflechtungen der Stadt Köln in Politik, Recht und Kultur im Mittelalter, Köln 1971, 149–172.
290. K. Schulz, Zum Problem der Zensualität im Hochmittelalter, in: Ders. (Hrsg.), Beiträge zur Wirtschafts- und Sozialgeschichte des Mittelalters. Fs. für H. Helbig zum 65. Geburtstag, Köln-Wien 1976, 86–127.
291. S. Wilke, Ministerialität und Stadt. Vergleichende Untersuchungen am Beispiel Halberstadt, in: JbGMOD 25 (1976) 1–41.

15.6 Niederer Adel und Stadt

292. R. Elze/G. Fasoli (Hrsg.), Stadtadel und Bürgertum in den italienischen und deutschen Städten des Spätmittelalters, Berlin 1991.
293. J. Fleckenstein, Vom Stadtadel im spätmittelalterlichen Deutschland, in: Zs. f. Siebenbürgische Landeskunde 3 (1980) 2–13.
294. R. Demski, Adel und Lübeck. Studien zum Verhältnis zwischen adliger und bürgerlicher Kultur im 13. und 14. Jahrhundert, Frankfurt a. M. 1996.
295. Der Adel in der Stadt des Mittelalters und der Frühen Neuzeit. Beiträge zum VII. Symposium des Weserrenaissance-Museums Schloß Brake vom 9. bis zum 11. Oktober 1995, Marburg 1996.

296. S. DÜNNEBEIL, Die Lübecker Zirkel-Gesellschaft. Formen der Selbstdarstellung einer städtischen Oberschicht, Lübeck 1996.
297. K. GRAF, Feindbild und Vorbild. Bemerkungen zur städtischen Wahrnehmung des Adels, in: ZGO 141 (1993) 121–154.
298. A. MINDERMANN, Adel in der Stadt des Spätmittelalters. Göttingen und Stade 1300–1600, Bielefeld 1996.
299. P. NIEDERHÄUSER (Hrsg.), Alter Adel – neuer Adel? Zürcher Adel zwischen Spätmittelalter und früher Neuzeit, Zürich 2003.
300. TH. ZOTZ, Adel in der Stadt des deutschen Spätmittelalters. Erscheinungsformen und Verhaltensweisen, in: ZGO 141 (1993) 22–50.

15.7 Ministerialität und höfische Literatur

301. J. BUMKE, Mäzene im Mittelalter. Die Gönner und Auftraggeber der höfischen Literatur in Deutschland 1150 bis 1300, München 1979.
302. J. BUMKE, Ministerialität und Ritterdichtung. Umrisse der Forschung, München 1976.
303. H. FROMM (Hrsg.), Der deutsche Minnesang. Aufsätze zu seiner Erforschung, Bd. 2, Darmstadt 1985.

16. Rittertum

16.1 Allgemeines

304. G. ALTHOFF, Nunc fiant Christi milites, qui dudum extiterunt raptores. Zur Entstehung von Rittertum und Ritterethos, in: Saeculum 32 (1981) 317–333.
305. A. BARBERO, L'Aristocrazia nella società francese del Medioevo. Analisi delle fonti letterarie (secoli X-XIII), Bologna 1987.
306. A. BARBERO, La cavalleria medievale, Rom 1999.
307. D. BARTHÉLEMY, Qu'est-ce que la chevalerie, en France aux Xe et XIe siècles?, in: RH 118 (1994) 15–74.
308. A. BORST (Hrsg.), Das Rittertum im Mittelalter, 2. Aufl. Darmstadt 1989.
309. J. BUMKE, Studien zum Ritterbegriff im 12. und 13. Jahrhundert, 2. Aufl. Heidelberg 1977.
310. F. CARDINI, Alle Radici della Cavalleria medievale, Firenze 1981.

311. F. CARDINI, Der Krieger und der Ritter, in: J. Le Goff (Hrsg.), Der Mensch des Mittelalters, 2. Aufl. Frankfurt a. M.–New York 1990, 87–129.
312. G. DUBY, Hommes et structures du Moyen Age, Paris 1973.
313. C. ERDMANN, Die Entstehung des Kreuzzugsgedankens, Stuttgart 1935 (Ndr. 1974).
314. F.-R. ERKENS, Militia und Ritterschaft. Reflexionen über die Entstehung des Rittertums, in: HZ 258 (1994) 623–659.
315. J. FLECKENSTEIN, Ordnungen und formende Kräfte des Mittelalters. Ausgewählte Beiträge, Göttingen 1989.
316. J. FLECKENSTEIN, Rittertum und ritterliche Welt. Mit einem Beitrag von Th. Zotz, Berlin 2002.
317. J. FLECKENSTEIN, Vom Rittertum im Mittelalter. Perspektiven und Probleme, Goldbach 1997.
318. J. FLORI, Chevalerie, noblesse et lutte de classe au Moyen Age, in: MA 94 (1988) 257–279.
319. J. FLORI, L'essor de la chevalerie, XIe-XIIe siécles, Genéve 1986.
320. J. FLORI, L'idéologie du glaive. Préhistoire de la chevalerie, Genéve 1983.
321. J. HUIZINGA, Herbst des Mittelalters. Studien über Lebens- und Geistesformen des 14. und 15. Jahrhunderts in Frankreich und in den Niederlanden. 11. Aufl. Stuttgart 1975 (niederländ. 1941).
322. M. KEEN, Chivalry, Nobility and the Man-at-Arms, in: Ch.T. Allmand (Hrsg.), War, Literature and Politics in the Late Middle Ages, Liverpool 1976, 32–45.
323. M. KEEN, Das Rittertum, München-Zürich 1987 (engl. 1984).
324. H. KELLER, Militia. Vasallität und frühes Rittertum im Spiegel oberitalienischer Miles-Belege des 10. und 11. Jahrhunderts, in: QuFiAB 62 (1982) 59–118.
325. M. MURRAY, Miles – Ritter – Chevalier. Zum Verständnis und Selbstverständnis des Rittertums in Mittel- und Westeuropa um 1200, Berlin 2001.
326. J. OBERSTE, Rittertum der Kreuzzugszeit in religiösen Deutungen. Zur Konstruktion von Geschichtsbildern im 12. Jahrhundert, in: Francia 27,1 (2000) 53–88.
327. W. PARAVICINI, Rittertum im Norden des Reiches, in: Ders. (Hrsg.), Nord und Süd in der deutschen Geschichte des Mittelalters, Sigmaringen 1990, 147–191.
328. H. G. REUTER, Die Lehre vom Ritterstand. Zum Ritterbegriff in Historiographie und Dichtung vom 11. bis zum 13. Jahrhundert, 2. Aufl. Köln-Wien 1975.

329. G. TABACCO, Su nobiltà e cavalleria nel medioevo. Un ritorno a Marc Bloch?, in: Studi di storia medievale e moderna per Ernesto Sestan, Bd. 1: Medioevo, Firenze 1980, 31–55.

16.2. Schwertleite und Ritterschlag

330. W. ERBEN, Schwertleite und Ritterschlag. Beiträge zu einer Rechtsgeschichte der Waffen, in: Zs. f. hist. Waffenkunde 8 (1918/20) 101–168.
331. E. H. MASSMANN, Schwertleite und Ritterschlag. Dargestellt auf Grundlage der mittelhochdeutschen literarischen Quellen, Hamburg 1932.
332. F. PIETZNER, Schwertleite und Ritterschlag, Diss. Heidelberg 1934.

16.3 Höfische Kultur

333. R. BARBER/J. BARKER, Die Geschichte des Turniers, Düsseldorf–Zürich 2001.
334. J. BUMKE, Höfische Kultur. Literatur und Gesellschaft im hohen Mittelalter, 2 Bde., 5. Aufl. München 1990.
335. G. EIFLER (Hrsg.), Ritterliches Tugendsystem, Darmstadt 1970.
336. J. FLECKENSTEIN (Hrsg.), Curialitas. Studien zu Grundfragen der höfisch-ritterlichen Kultur, Göttingen 1990.
337. J. FLECKENSTEIN (Hrsg.), Das ritterliche Turnier im Mittelalter. Beiträge zu einer vergleichenden Formen- und Verhaltensgeschichte des Rittertums, Göttingen 1985.

16.4 Ritterorden

338. J. FLECKENSTEIN/M. HELLMANN (Hrsg.), Die geistlichen Ritterorden Europas, Sigmaringen 1980.
339. H. BOOCKMANN, Der Deutsche Orden. Zwölf Kapitel aus seiner Geschichte, 2. Aufl. München 1982.

17. Spätmittelalter

17.1 Allgemeines

340. A. GERLICH, Geschichtliche Landeskunde des Mittelalters, Darmstadt 1986.
341. P.-J. HEINIG, Kaiser Friedrich III. (1440–1493). Hof, Regierung und Politik, 3 Bde., Köln u. a. 1997.

342. K. G. A. JESERICH/H. POHL/G.-CH. VON UNRUH (Hrsg.), Deutsche Verwaltungsgeschichte, Bd. 1: Vom Spätmittelalter bis zum Ende des Reiches, Stuttgart 1983.
343. K. ANDERMANN/P. JOHANEK (Hrsg.), Zwischen Nicht-Adel und Adel, Stuttgart 2001.
344. H.-D. HEIMANN (Hrsg.), Adelige Welt und familiäre Beziehung. Aspekte der „privaten Welt" des Adels in böhmischen, polnischen und deutschen Beispielen vom 14. bis zum 16. Jahrhundert, Potsdam 2000.
345. D. KRAACK, Monumentale Zeugnisse der spätmittelalterlichen Adelsreise: Inschriften und Graffiti des 14.–16. Jahrhunderts, Göttingen 1997.
346. H. KÜHNEL (Hrsg.), Adelige Sachkultur des Spätmittelalters, Wien 1982.
347. P. MORAW, Über König und Reich. Aufsätze zur deutschen Verfassungsgeschichte des späten Mittelalters, Sigmaringen 1995.
348. P. MORAW, Von offener Verfassung zu gestalteter Verdichtung. Das Reich im späten Mittelalter 1250 bis 1490, Berlin 1985.
349. C. NOLTE, „Ir seyt ein frembs weib, das solt ir pleiben, dieweil ihr lebt". Beziehungsgeflechte in fürstlichen Familien des Spätmittelalters, in: D. Ruhe (Hrsg.), Geschlechterdifferenz im interdisziplinären Gespräch, Würzburg 1998, 11–43.
350. W. PARAVICINI, Die Preußenreisen des europäischen Adels, Sigmaringen, Bd. 1, 1989; Bd. 2.1, 1994; Bde. 2.2 und 3 in Vorber.
351. V. PRESS, Das Alte Reich. Ausgewählte Aufsätze, Berlin 1997.
352. W. RÖSENER (Hrsg.), Adelige und bürgerliche Erinnerungskulturen des Spätmittelalters und der frühen Neuzeit, Göttingen 2000.
353. E. SCHUBERT, Einführung in die deutsche Geschichte im Spätmittelalter, 2. Aufl. Darmstadt 1998.

17.2 Landesherrschaft und Landstände, Höfe und Residenzen

354. B. ARNOLD, Princes and territories in medieval Germany, Cambridge u. a. 1991.
355. O. BRUNNER, Land und Herrschaft. Grundfragen der territorialen Verfassungsgeschichte Österreichs im Mittelalter, 5. Aufl. Wien 1965 (Ndr. 1990).
356. P.-H. HAHN, Fürstliche Territorialhoheit und lokale Adelsgewalt. Die herrschaftliche Durchdringung des ländlichen Raumes zwischen Elbe und Aller (1300–1700), Berlin–New York 1989.

357. P. JOHANEK, Höfe und Residenzen, Herrschaft und Repräsentation, in: E.C. Lutz (Hrsg.), Mittelalterliche Literatur im Lebenszusammenhang, Freiburg/Schweiz 1997, 45–78.
358. H. LIEBERICH, Landherren und Landleute. Zur politischen Führungsschicht Baierns im Spätmittelalter, München 1964.
359. H. PATZE (Hrsg.), Der deutsche Territorialstaat im 14. Jahrhundert, 2 Bde., Sigmaringen 1970, 1971.
360. H. RAUSCH (Hrsg.), Die geschichtlichen Grundlagen der modernen Volksvertretung, 2 Bde., Darmstadt 1974, 1980.
361. F. REICHERT, Landesherrschaft, Adel und Vogtei. Zur Vorgeschichte des spätmittelalterlichen Ständestaates im Herzogtum Österreich, Köln-Wien 1985.
362. W. RÖSENER, Hofämter an mittelalterlichen Fürstenhöfen, in: DA 45 (1989) 485–550.
363. W. ZIEGLER (Hrsg.), Der Bayerische Landtag vom Spätmittelalter bis zur Gegenwart. Probleme und Desiderate historischer Forschung, München 1995.

17.3 Standeserhebungen, Briefadel, Wappenbriefe

364. J. ARNDT, Die Entwicklung der Wappenbriefe von 1350 bis 1806 unter besonderer Berücksichtigung der Palatinatswappenbriefe, in: Der Herold. Vierteljahresschrift für Heraldik, Genealogie und verwandte Wissenschaften NF 7 (1969/71) 161–193.
365. E. DOBLER, Das kaiserliche Hofpfalzgrafenamt und der Briefadel im alten Deutschen Reich vor 1806 in rechtshistorischer und soziologischer Sicht. Diss. Freiburg i. Br. 1950.
366. W. GOLDINGER, Die Standeserhöhung unter König und Kaiser Sigismund, in: MIÖG 78 (1970) (Fs. H. Appelt) 323–337.
367. G. PFEIFER (Bearb.), Wappen und Kleinod. Wappenbriefe in öffentlichen Archiven Südtirols, Bozen 2000.
368. E. RIEDENAUER, Das Herzogtum Bayern und die kaiserlichen Standeserhebungen des späten Mittelalters. Zur Frage einer habsburgischen Adelspolitik im Reich, in: ZBLG 36 (1973) 600–644.
369. K.-H. SPIESS, Ständische Abgrenzung und soziale Differenzierung zwischen Hochadel und Ritteradel im Spätmittelalter, in: RhVjbll 56 (1992) 181–205.

17.4 Adelsgruppen, Adelsfamilien

370. F. K. ALSDORF, Untersuchungen zur Rechtsgestalt und Teilung deutscher Ganerbenburgen, Frankfurt a. M.–Bern–Cirencester 1980.
371. K. ANDERMANN (Hrsg.), Rittersitze. Facetten adligen Lebens im Alten Reich, Tübingen 2002.
372. K. ANDERMANN, Studien zur Geschichte des pfälzischen Niederadels im späten Mittelalter. Eine vergleichende Untersuchung an ausgewählten Beispielen, Speyer 1982.
373. H.-P. BAUM, Soziale Schichtung im mainfränkischen Niederadel um 1400, in: ZHF 13 (1986) 129–148.
374. G. BILLIG, Der Adel Sachsens im hohen und späten Mittelalter. Ein Überblick, in: K. Keller/J. Matzerath (Hrsg.), Geschichte des sächsischen Adels, Köln u. a. 1997, 31–52.
375. C. BUMILLER, Studien zur Sozialgeschichte der Grafschaft Zollern im Spätmittelalter, Sigmaringen 1990.
376. J. DOLLE, Studien zur Geschichte der Herren von Boventen, Göttingen 1993.
377. J. B. FREED, Noble Bondsmen. Ministerial marriages in the Archidiocese of Salzburg 1100–1343, Ithaca 1995.
378. J. J. HALBEKANN, Die älteren Grafen von Sayn. Personen-, Verfassungs- und Besitzgeschichte eines rheinischen Grafengeschlechts 1139–1246/47, Wiesbaden 1997.
379. N. KRUPPA, Die Grafen von Dassel (1097–1337/38), Bielefeld 2002.
380. T. MITTELSTRASS, Die Ritter und Edelknechte von Hettingen, Hainstadt, Buchen und Dürn. Niederadelige Personengruppen in Bauland und Kraichgau, Buchen 1991.
381. J. MORSEL, La noblesse contre le prince. L'espace social des Thüngen à la fin du moyen âge (Franconie, v. 1250–1525), Stuttgart 2000.
382. P. MÜLLER, Die Herren von Fleckenstein im späten Mittelalter, Stuttgart 1990.
383. M. PIENDL, Hab und Gut eines bayerischen Ritters im 14. Jahrhundert, in: D. Albrecht/A. Kraus/K. Reindel (Hrsg.), Fs. für M. Spindler zum 75. Geburtstag, München 1969, 193–213.
384. ST. RHEIN (Hrsg.), Die Kraichgauer Ritterschaft in der frühen Neuzeit, Sigmaringen 1993.
385. V. RÖDEL, Reichslehenswesen, Ministerialität, Burgmannschaft und Niederadel. Studien zur Rechts- und Sozialgeschichte des

Adels in den Mittel- und Oberrheinlanden während des 13. und 14. Jahrhunderts, Darmstadt-Marburg 1979.
386. H. RÖSSLER (Hrsg.), Deutscher Adel 1430–1555. Büdinger Vorträge 1963, Darmstadt 1965.
387. D. RÜBSAMEN, Kleine Herrschaftsträger im Pleissenland. Studien zur Geschichte des mitteldeutschen Adels im 13. Jahrhundert, Köln-Wien 1987.
388. K. RUPPRECHT, Ritterschaftliche Herrschaftswahrung in Franken. Die Geschichte der von Guttenberg im Spätmittelalter und zu Beginn der Frühen Neuzeit, Neustadt a.d. Aisch 1994.
389. H. RUSS, Die Edelfreien und Grafen von Truhendingen. Studien zur Geschichte eines Dynastengeschlechts im fränkisch-schwäbisch-bayerischen Grenzraum vom frühen 12. bis frühen 15. Jahrhundert, Neustadt a.d. Aisch 1992.
390. R. SABLONIER, Adel im Wandel. Eine Untersuchung zur sozialen Situation des ostschweizerischen Adels um 1300, Göttingen 1979 (Ndr. Zürich 2000).
391. R. SCHÄFER, Die Herren von Eppstein. Herrschaftsausübung, Verwaltung und Besitz eines Hochadelsgeschlechts im Spätmittelalter, Wiesbaden 2000.
392. TH. SCHILP, Die Reichsburg Friedberg im Mittelalter. Untersuchungen zu ihrer Verfassung und Politik, Friedberg/Hessen 1982.
393. K.-H. SPIESS, Familie und Verwandtschaft im deutschen Hochadel des Spätmittelalters, Stuttgart 1993.
394. C. ULRICHS, Vom Lehnhof zur Reichsritterschaft. Strukturen des fränkischen Niederadels am Übergang vom späten Mittelalter zur frühen Neuzeit, Stuttgart 1997.
395. TH. VOGTHERR, Wirtschaftlicher und sozialer Wandel im Lüneburger Landadel während des Spätmittelalters, Hildesheim 1983.
396. W. WAGENHÖFER, Die Bibra. Studien und Materialien zur Genealogie und zur Besitzgeschichte einer fränkischen Niederadelsfamilie im Spätmittelalter, Neustadt a.d. Aisch 1998.

17.5 Adelsgesellschaften, Reichsritterschaft

397. H. KRUSE/W. PARAVICINI/A. RANFT (Hrsg.), Ritterorden und Adelsgesellschaften im spätmittelalterlichen Deutschland. Ein systematisches Verzeichnis, Frankfurt a. M. u. a. 1991.
398. V. PRESS, Kaiser Karl V., König Ferdinand und die Entstehung der Reichsritterschaft, 2. Aufl. Wiesbaden 1980.

399. A. RANFT, Adelsgesellschaften. Gruppenbildungen und Genossenschaft im spätmittelalterlichen Reich, Sigmaringen 1994.

17.6 „Adelskrise" des Spätmittelalters

400. M. BITTMANN, Kreditwirtschaft und Finanzierungsmethoden. Studien zu den wirtschaftlichen Verhältnissen des Adels im westlichen Bodenseeraum 1300–1500, Stuttgart 1991.
401. R. KÖHN, Einkommensquellen des Adels im ausgehenden Mittelalter, illustriert an südwestdeutschen Beispielen, in: Schriften des Vereins für Geschichte des Bodensees und seiner Umgebung 103 (1985) 33–62.
402. P. KRIEDTE, Spätmittelalterliche Agrarkrise oder Krise des Feudalismus?, in: GG 7 (1981) 42–68.
403. J. MORSEL, Crise? Quelle crise? Remarques à propos de la prétendence crise de la noblesse allemande à la fin du Moyen Age, in: Sources. Travaux historiques 14 (1988) 17–42.
404. A. RANFT, Einer von Adel. Zu adligem Selbstverständnis und Krisenbewußtsein im 15. Jahrhundert, in: HZ 263 (1996) 317–343.
405. A. RANFT, Die Turniere der vier Lande: Genossenschaftlicher Hof und Selbstbehauptung des niederen Adels, in: ZGO 142 (1994) 83–102.
406. H. G. RISCH, Die wirtschaftliche Betätigung des holsteinischen Adels im 13. und 14. Jahrhundert, in: S. Urbanski/Ch. Lamschus/J. Ellermeyer (Hrsg.), Recht und Alltag im Hanseraum. G. Theuerkauf zum 60. Geburtstag, Lüneburg 1993, 385–410.
407. W. RÖSENER, Befand sich der Adel im Spätmittelalter in einer Krise? Zur Lage des südwestdeutschen Adels im 14. und 15. Jahrhundert, in: ZWLG 61 (2002) 91–109.
408. H. VON SEGGERN/G. FOUQUET (Hrsg.), Adel und Zahl. Studien zum adligen Rechnen und Haushalten in Spätmittelalter und früher Neuzeit, Ubstadt-Weihen 2000.
409. K. H. SCHÄFER, Deutsche Ritter und Edelknechte in Italien während des 14. Jahrhunderts, 4 Bde., Paderborn 1911, 1914, 1940.
410. D. SCHELER, Rendite und Repräsentation. Der Adel als Landstand und landesherrlicher Gläubiger, in: RhVjbll 58 (1994) 121–132.
411. P. SCHUSTER, Die Krise des Spätmittelalters. Zur Evidenz eines sozial- und wirtschaftsgeschichtlichen Paradigmas in der Geschichtsschreibung des 20. Jahrhunderts, in: HZ 269 (1999) 19–56.
412. ST. SELZER, Deutsche Söldner im Italien des Trecento, Tübingen 2001.

17.7 Fehden und „Raubrittertum"

413. G. ALGAZI, Herrengewalt und Gewalt der Herren im späten Mittelalter: Herrschaft, Gegenseitigkeit und Sprachgebrauch, Frankfurt a. M.-New York 1996.
414. K. ANDERMANN (Hrsg.), „Raubritter" oder „Rechtschaffene vom Adel"? Aspekte von Politik, Friede und Recht im späten Mittelalter, Sigmaringen 1997.
415. U. ANDERMANN, Ritterliche Gewalt und bürgerliche Selbstbehauptung, Frankfurt a. M. u. a. 1991.
416. R. GÖRNER, Raubritter. Untersuchungen zur Lage des spätmittelalterlichen Niederadels, besonders im südlichen Westfalen, Münster 1987.
417. CH. REINLE Bauernfehden. Studien zur Fehdeführung Nichtadliger im spätmittelalterlichen römisch-deutschen Reich, besonders in den bayerischen Herzogtümern, Wiesbaden 2003.
418. W. RÖSENER, Zur Problematik des spätmittelalterlichen Raubrittertums, in: H. Maurer/H. Patze (Hrsg.), Fs. für B. Schwineköper zu seinem 70. Geburtstag, Sigmaringen 1982, 469–488.
419. CH. TERHARN, Die Herforder Fehden im späten Mittelalter. Ein Beitrag zum Fehderecht, Berlin 1994.
420. H. ULMSCHNEIDER, Götz von Berlichingen. Ein adeliges Leben der deutschen Renaissance, Sigmaringen 1974.
421. TH. VOGEL, Fehderecht und Fehdepraxis im Spätmittelalter am Beispiel der Reichsstadt Nürnberg (1404–1438), Frankfurt a. M. u. a. 1998.
422. A. WIDMER, „daz ein bub die eidgenossen angreif." Eine Untersuchung zu Fehdewesen und Raubrittertum am Beispiel der Gruber-Fehde (1390–1430), Bern u. a. 1995.
423. H. ZMORA, State and nobility in early modern germany. The knightly feud in Franconia 1440–1567, Cambridge 1997.

17.8 Kriegswesen

424. PH. CONTAMINE, La guerre au Moyen Age, 3. Aufl. Paris 1993.
425. M. C. MANDLMAYER/K. G. VOCELKA, Vom Adelsaufgebot zum stehenden Heer. Bemerkungen zum Funktionswandel des Adels im Kriegswesen der frühen Neuzeit, in: G. Klingenstein/H. Lutz (Hrsg.), Spezialforschung und „Gesamtgeschichte". Beispiele und Methodenfragen zur Geschichte der frühen Neuzeit, München 1982, 112–125.

426. V. SCHMIDTCHEN, Kriegswesen im späten Mittelalter. Technik, Taktik, Theorie. Weinheim 1990.
427. K.-H. SPIESS, Burg und Herrschaft im 15. und 16. Jahrhundert, in: W. Dotzauer/W. Kleiber/M. Mathens/K.-H. Spiess (Hrsg.), Landesgeschichte und Reichsgeschichte, Fs. für A. Gerlich zum 70. Geburtstag, Stuttgart 1995, 195–212.
428. J. F. VERBRUGGEN, The Art of Warfare in Western Europe during the Middle Ages. From the eight Century to 1340, 2. Aufl. Woodbridge 1997.

Register

1. Personen und Autoren

Abbo 83
Abel 1
ABEL, W. 113
Adalbero, Bf. v. Laon 24
Adalgisel Grimo, Diakon in Verdun 83
Adolf v. Nassau, Kg. 40
Agilolfinger 9
Alamannen 8, 68
Albero, Ebf. v. Trier 31
Albina 9
ALGAZI, G. 67, 115
Alkuin 15
ALSDORF, F. K. 111
ALTHOFF, G. 57, 62, 74, 75, 80, 81, 105
AMENT, H. 66
Ammianus Marcellinus 8, 68
ANDERMANN, K. 107, 112, 114, 115
ANDERMANN, U. 99, 115
Anniona 9
ANTON, H. H. 86
ARNDT, J. 107
Arnold v. Selenhofen, Ebf. v. Mainz 31
ARNOLD, B. 91, 92, 94–96, 109
Artois, Gf. v. 52
AUBIN, H. 73

Baden, Markgrafen v. 46
Bajuwaren 9, 68
BARBER, R. 104
BARBERO, A. 100, 101, 104, 106
BARKER, J. 104
BARTHÉLEMY, D. 73, 101, 106
Bartolus de Saxoferrata 54
BAUDISCH, S. 93
BAUM, H.-P. 112
BAUMGÄRTNER, I. 89
BECHER, M. 69, 72
BEHRMANN, Th. 62

BELOW, G. v. 58, 64, 73, 108, 109
Berchtesgaden, Propst v. 22
Berg, Hzg. v. 46
BERGENGRUEN, A. 84
Bernhard, Abt v. Clairvaux 25, 35
Bernhard, Gf. v. Septimanien 15
Berthramm, Bf. v. Le Mans 83
BILLER, TH. 77, 78
BILLIG, G. 110
BITTMANN, M. 114
BLICKLE, P. 48
BLOCH, M. 59, 63, 72, 75, 96, 100, 101
BÖCKENFÖRDE, E.W. 60
BODMER, J.-P. 86
BOEHM, L. 86, 87
BÖHME, H. W. 66, 78
Böhmen, Kg. v. 23
BOIS, G. 73, 113
Bolanden, Herren v. 30
Bonizo, Bf. v. Sutri 24
BOOCKMANN, H. 105
BORGOLTE, M. 61, 67, 71, 75, 77, 89
BORST, A. 61, 99, 103
BOSHOF, E. 80, 81
BOSL, K. 60, 61, 65, 84, 86, 92–94, 96, 97
BOUCHARD, C.B. 76, 77
BRADLER, G. 93, 94
Brandenburg, Mgf. v. 23
Braunschweig-Lüneburg, Hzg. v. 46
BRUAND, O. 85
BRUNNER, H. 58
BRUNNER, K. 70, 72
BRUNNER, O. 36, 59, 60, 61, 67, 86, 88, 97, 103, 108, 109, 115, 116
BUMILLER, C. 112
BUMKE, J. 79, 86, 97, 100–103, 106
BÜNZ, E. 85
Burchard, Bf. v. Worms, 27
Burgunder 8
BURKE, P. 88

BURZLER, A. 66

Caesar 5
CAPELLE, T. 69, 78
CARDINI, F. 102, 104, 106
CARO, G. 92
Chlodwig I., Kg. 7, 8
Chlothar II., Kg. 8, 11
CHRISTLEIN, R. 66, 68
Cilli, Gf. v. 46
CLADAVETSCHER, O. 70
Columban, Hl. 7
CONTAMINE, PH. 52, 104, 116

Dagobert I., Kg. 9, 11
DANNENBAUER, H. 59, 60, 78, 82, 84
DEMANDT, A. 64
DEMSKI, R. 99
DERSCHKA, H. R. 93, 98
Dhuoda 15, 86
DIESTELKAMP, B. 109
DILCHER, G. 62
DOBLER, E. 107
DOLLE, J. 111, 114
DOPSCH, A. 59, 73, 82, 84
DOPSCH, H. 94, 110
Drazza 9
DUBY, G. 72, 73, 75, 79, 100, 101, 106
DUMÉZIL, G. 79
DUNGERN, O. v. 59, 81, 92, 95
DÜNNEBEIL, K. S. 99
DURLIAT, J. 65, 84

EBERHARDT, O. 86
Ebo, Ebf. v. Reims, 12
EHMER, H. 111
EICHHORN, K. F. 58
EIFLER, G. 103
ELIAS, N. 110
Ellwangen, Propst v. 22
ELZE, R. 98, 105, 106
ENDRES, R. 112
ENGELS, F. 59
ENGELS, O. 72
ERBEN, W. 105
ERDMANN, C. 104
Erich, Mgf. v. Friaul 15
ERKENS, F.-R. 80, 82, 101, 102
Ernst II., Hzg. v. Schwaben 22
ERNST, U. 88
ERNST, V. 92

Fagana 9

FASOLI, G. 98
FELDBAUER, P. 94
FELTEN, F.J. 89
FENKSE, L. 79, 85, 95, 98, 110
Feringa 9
FICHTENAU, H. 61, 63, 69, 72, 84, 85
FICKER, J. 81, 94
FILIP, V.V. 79
FLECKENSTEIN, J. 71, 79, 81, 87, 95, 98, 100, 102–106, 112
FLOHRSCHÜTZ, G. 71, 73, 92, 93
FLORI, J. 95, 101, 104–106
FOLZ, R. 109
FOUQUET, G. 90, 114
Franken 5, 6
Franz v. Sickingen 51
FREED, J.B. 91–93, 95, 96, 111
FREISE, E. 57, 75
FREITAG, W. 82
FRIED, J. 61, 63, 67, 71, 74, 80, 86, 91
Friedrich I. Barbarossa, Ks. 21, 36, 37, 102
Friedrich II., Ks. 23, 37, 94, 109
Friedrich III., Ks. 45
Friedrich II., Mgf. v. Brandenburg 44
Friesen 9
FUCHS, CH. 89
FÜRTH, A. v. 91

GAMBER, O. 103
GANAHL, K.-H. 92
GANSHOF, F.L. 71
GEARY, P.J. 83
Geldern, Gf. v. 46
Genf, Grafen v. 46
GENICOT, L. 57, 101
Georg, Hl. 35
Gerald, Gf. v. Aurillac 25
Gerhard, Bf. v. Cambrai 24
Gerhard, Bf. v. Speyer 45
GERLICH, A. 110, 111
GEUENICH, D. 77
GIRTLER, R. 62
Glatz, Grafen v. 46
GOETZ, H.-W. 61, 68–70, 72, 74, 77, 80, 84
GOLDINGER, W. 107
GOODY, J. 74, 76
GÖRNER, R. 115
GRAF, K. 99, 115
GRAHN-HOEK, H. 63
GRAUS, F. 7, 61, 64, 65
Gregor, Bf. v. Tours 6, 14

GRUNDMANN, H. 87, 88, 90
GUILHIERMOZ, P. 100

Habsburg, Erzherzöge v. 45
Habsburger 52
Hahilinga 9
HAHN, P.-M. 114
HALBEKANN, J.J. 110
Ham 1
HANNIG, J. 70
HARTUNG, W. 77, 83
HASSE, C.-P. 93
HASSENPFLUG, E. 66, 67
HAUBRICHS, W. 77
HAUCK, K. 60, 65, 67, 87
HAUPTMEYER, C.-H. 98
HAVERKAMP, A. 90
Heccard, Gf. 83
HECHBERGER, W. 76
HEIMANN, H.-D. 62
HEINEMANN, W. 87
HEINEMEYER, K. 81
HEINIG, P.-J. 82
Heinrich I., Kg. 17, 80
Heinrich II., Ks. 19, 30
Heinrich III., Ks. 19, 28
Heinrich IV., Ks. 19, 28
Heinrich V., Ks. 28
Heinrich VI., Ks. 29
Heinrich VII., Ks. 37, 40
Heinrich von Kalden 29
HEINZELMANN, M. 65, 66, 84, 86
HELLMANN, M. 89, 105
Henneberg, Gf. v. 46
Hennegau, Gf. v. 23 (s.a. Namur)
HERLIHY, D. 74, 76
HERRMANN, CH. 111
Hessen, Landgf. v. 46
Hildegard v. Bingen 26, 90
HILLEN, CH. 82
HINTZE, O. 109
HLAWITSCHKA, E. 70
HOFFMANN, H. 75
HOFFMANN, U. 87
HÖFLER, O. 59
HOLBACH, R. 90
Holstein, Hzg. v. 46
HOLZFURTNER, L. 71, 77, 93
HONEMANN, V. 87
HUIZINGA, J. 103
Huosi 9

INAMA-STERNEGG, TH. v. 58, 84

IRSIGLER, F. 63, 83
Isidor, Bf. v. Sevilla 63

JACKSON, W.H. 103
JAHN, J. 68, 69, 83
JAKOBI, F.-J. 93
JAKOBS, H. 89, 91, 93
JARNUT, J. 63, 68, 77, 79
JESERICH, K. 110
JOHANEK, P. 57, 107, 110, 112
JOHRENDT, J. 101, 104
Jonas, Bf. v. Orléans 15
Jülich, Mgf. v. 46

Kain 1
KAISER, R. 61
KAISER, G. 97
KAJATIN, C. 107
KALLFELZ, H. 86
KÄMPF, H. 60
Kanaan 1
Karl I., der Große, Ks. 9, 11, 12, 14, 32
Karl II., der Kahle, Ks. 15
Karl IV., Ks. 40, 41, 45
Karl Martell, Hausmeier 11, 71
Karolinger 69, 70, 80
KASTEN, B. 83
KEEN, M. 87, 100, 103, 104
KELLER, H. 66, 68, 75, 80, 97, 102
KEUPP, J.U. 92
KIENAST, W. 71
KIRCHNER, G. 94
Kleve, Hzg. v. 46
KLEWITZ, H.-W. 91
KLUCKHOHN, P. 96
KÖBLER, G. 69
KÖHLER, E. 97
KÖHN, R. 113
Köln, Ebf. v. 23
Konrad I., Kg. 17
Konrad II., Ks. 19, 22, 28, 32
Konrad, Gf. v. Beichlingen, 31
Konrad v. Pfullingen, Ebf. v. Trier 31
KORTÜM, H.-H. 62, 103, 104
KOSSACK, G. 66
KRAACK, D. 62
KRAUSE, H. 60
KRAUTSCHICK, ST. 64
KRIEB, ST. 76
KRIEDTE, P. 113
KRIEGER, K.-F. 73, 81, 82, 94, 107, 111

KROESCHELL, K. 61, 67, 74
KRÜGER, K. 109
KRÜGER, S. 87, 88, 104, 114
KRUPPA, N. 110
KRUSE, H.112
KUBŮ, F. 93
KUCHENBUCH, L. 73, 83, 85
KUHN, H. 63, 103
KÜHNEL, H. 62, 79
KUPFER, E. 71
KURZE, D. 90

LAMMERS, W. 69
LAMPRECHT, K. 58, 73, 84
Landsberg, Markgrafen v. 46
LANGE, H. 89
LE JAN, R. 64, 70, 76, 77, 85
LEGOFF, J. 79
Leuchtenberg, Landgrafen v. 46
Leudast, Gf. v. Tours 6
LEYSER, K.J. 62, 76, 80, 90, 105
LIEBERICH, H. 107
LIEBERTZ-GRÜN, U. 87
Liechtenstein, Fürsten v. 42
LINTZEL, M. 9, 69
Lothar III., Ks. 28
LOTTER, F. 87
Ludwig der Fromme, Ks. 11, 12, 15
Ludwig, Gf. v. Mömpelgard 31
Ludwig v. Pfullendorf, Abt der Reichenau 31
LÜTGE, F. 84, 85, 113
Luxemburg, Hzg. v. 46

MAGNOU-NORTIER, E. 84
Mähren, Markgrafen v. 39
Mainz, Ebf. v. 23
MANDLMAYER, M.C. 116
Manesse, Ratsgeschlecht in Zürich 54
Markward v. Annweiler, Reichstruchsess 29
MARTIN, A. v. 88
Martin, Hl. 35
MARX, K. 59, 97
MASCHKE, E. 98
MASSMANN, E. H. 105
Matfried, Gf. v. Orléans 15
MAURER, F. 87
MAURER, G.L. v. 58
MAURER, H. 78
Mauritius, Hl. 35
MAYER, TH. 59, 60
MCKITTERICK, R. 88

Mecklenburg, Herzöge v. 46
Meißen, Burggrafen v. 46
Merowinger 5, 27, 63
MERSIOWSKY, M. 62, 111
MERTENS, D. 75
MEYER, W. 78, 112
MILITZER, K. 98
MINDERMANN, A. 99
MITTEIS, H. 60, 71, 96, 109
MITTELSTRASS, T. 76, 111
MITTERAUER, M. 61, 74, 76, 77, 94
Mohingara 9
MORAW, P. 39, 81, 82, 89, 90, 92, 107–113
MORSEL, J. 76, 99, 107, 111, 114, 115
MÖSER, J. v. 58
MÖTSCH, J. 85
MÜLLER, D. 88
MÜLLER, P. 111, 114
MÜLLER, R. A. 89, 110
MÜLLER-MERTENS, E. 60
Münsterberg, Herzöge v. 46
MURRAY, A. C. 74
MURRAY, M. 102, 103

Namur, Mgf. v. 46 (s.a. Hennegau)
Nassau, Gf. v. 46
NAUMANN, H. 101
NELSON, J. L. 62
NEUMEISTER, P. 92
NIEDERHÄUSER, P. 99
NIEDNER, F. 103
Nithard 10
NITSCHKE, A. 80, 86
NITZSCH, K.W. 97
Noah 1
NOICHL, E. 85
NOLTE, C. 62
NONN, U. 71
Nürnberg, Burggf. v. 46

OBERSTE, J. 105
Odo, Abt v. Cluny 25
OEXLE, O. G. 57, 62, 79, 86, 87, 91
OLBERG, G. v. 65
ORTH, E. 106, 111
Otto I., Ks. 17, 80
Otto, Bf. v. Freising 20
Otto, Hzg. v. Kärnten 20
OTTO, E. 59, 60, 92, 105
Ottonen 17, 19, 28, 80

PAINTER, S. 103, 104

PARAVICINI, W. 62, 79, 97, 99, 100, 102, 104, 105, 107, 110, 112
PARISSE, M. 73, 90, 96
PASTOUREAU, M. 79
PATZE, H. 78, 85, 108, 115
Paulinus, Patriarch v. Aquileia 15
PETERS, U. 76, 97
PETKE, W. 98
PFEIFER, G 107
Philipp der Gute, Hz. v. Burgund 44
PIENDL, M. 88, 111
PIETZNER, F. 105
Pippin I., der Jüngere, Kg. 11
PIRENNE, H. 86, 96
PLANTA, P.C. v. 90
PLASSMANN, A. 82
PLETICHA, E. 88
POHL, H. 110
POHL, W. 67, 68
Pommern, Herzöge v. 46
Pont-à-Mousson, Mgf. v. 46
PRESS, V. 90, 95, 96, 107, 113
PRINZ, F. 5, 65
PUHL, R.W.L. 71

QUARTHAL, F. 110

RANFT, A. 54, 62, 79, 99, 112, 116
RAUSCH, H. 109
REICHERT, F. 93
REINLE, CH. 88, 112, 115
Reuß, Fürsten v. 42
REUTER, H. G. 106
REUTER, T. 81, 83
REYNOLDS, S. 71
RICHÉ, P. 86
RIEBER, A. 117
RIEDENAUER, E. 108
RISCH, H. G. 114
Rhein, Pfalzgraf bei 23
RÖDEL, V. 95, 111
ROMER, H. 67
RÖSENER, W. 62, 79, 83–85, 88, 95, 103, 104, 110, 113–115
ROSŁANOWSKI, T. 98
RÖSSLER, H. 88, 112
ROTH V. SCHRECKENSTEIN, K.H. 112
ROTH, P. 58
RÜBSAMEN, D. 112
Rudolf v. Habsburg, Kg. 40
Rudolf v. Rheinfelden, Kg. 18
RUPPRECHT, K. 111
RUSS, H. 110

SABLONIER, R. 53, 84, 111, 112, 114–116
Sachsen 9, 10, 69
Sachsen, Hzg. v. 23
Salier 17, 28, 80, 92
SATTLER, H.-P. 114
Savoyen, Gf. v. 46
SCHÄFER, K.H. 114
SCHÄFER, R. 99, 110
SCHEIBELREITER, G. 61, 66, 79, 86
SCHELER, D. 68, 82, 114
SCHEYHING, R. 64, 65
SCHIEFFER, R. 78, 81
SCHILP, TH. 90, 111
Schlesien, Herzöge v. 39, 46
SCHLESINGER, W. 59, 66, 70, 109
SCHLINKER, ST. 81, 108
SCHLINKERT, D. 64
SCHLUNK, A.C. 92, 95, 98
SCHMID, A. 73
SCHMID, K. 68, 74–76, 78, 80, 91, 111
SCHMIDTCHEN, V. 116
SCHMIDT-WIEGAND, R. 63
SCHMITT, J. 60
SCHNEIDER, J. 112
SCHNEIDMÜLLER, B. 68, 72, 76
SCHOLZ, M. 88
Schönburg, Herren u. Grafen v. 42
SCHOTT, C. 60, 67
SCHREINER, K. 26, 63, 82, 86, 87, 88, 90
SCHUBERT, E. 79, 108, 109, 113, 117
SCHULTE, A. 59, 89, 95, 96, 110
SCHULZ, K. 33, 93, 94, 97, 98
SCHULZE, H.K. 60, 61, 64, 70, 71, 74, 77, 78, 83, 84
SCHUSTER, P. 76, 113
SCHWARZ, A. 85
SCHWIND, F. 111
SCHWINGES, R.CH. 89
SEGGERN, H. V. 114
SELZER, ST. 114
SICKEL, TH. 58
Siegfried, Abt v. Engelbrechtsmünster 84
Sigehard, Gf. v. Burghausen 31
Sigismund, Kg. 40, 44
SOHM, R. 58
SPIESS, K.-H. 62, 63, 72, 73, 76, 81, 87, 88, 94, 95, 107, 111, 113, 117
SPRANDEL, R. 70, 98, 99
Staufer 28, 32, 39, 92
STEIN, F. 66

STENGEL, E. E. 92
STEUER, H. 66, 68, 78
STÖRMER, W. 60, 68, 69, 70, 76, 84–86, 114
STROHEKER, K.F. 64
SYDOW, J. 98
SZABÓ, TH. 103

TABACCO, G. 101
Tacitus 5, 10, 27, 36
Tassilo III., bayer. Hzg. 9
TELLENBACH, G. 11, 60, 63, 64, 69, 70, 72, 74, 75
Tenxwind v. Andernach 26, 90
TERHARN, CH. 115
TESKE, W. 89
Thegan 12
Thüringer 9
TIEFENBACH, H. 63
TÖPFER, B. 87, 90
TOEPFER, M. 89
Trier, Ebf. v. 23
Troppau-Jägerndorf, Herzöge v. 39
TRÜPER, H.-G. 93

ULMSCHNEIDER, H. 116
Ulrich v. Hutten 54
ULRICHS, C. 107, 112, 113
UNRUH, G.-CH. 110

VERBRUGGEN, J. F. 104, 116
VERHULST, A. 73, 83
Victor, Hl. 35
VOCELKA, K. G. 116
VOGEL, C. 105
VOGEL, TH. 115
VOGTHERR, TH. 112
VOLKERT, W. 110
VOLLRATH, H. 65, 68, 81

WAAS, A. 59, 71
WAGNER, F.L. 93
WAITZ, G. 58, 91, 100
Waldburg, Truchsesse v. 42

WAGENHÖFER, W. 111
WEBER, M. 3, 67, 97
Weida, Vögte v. 42
WEIDEMANN, M. 67, 83
WEINFURTER, ST. 72, 80, 81
WEITZEL, J. 67
WELTIN, M. 95, 108
WENDEHORST, A. 87
WENSKUS, R. 65, 66, 70, 72, 77
WENZEL, H. 87, 88
Wenzel, Kg. 39
WERNER, J. 66
WERNER, K. F. 6, 61, 62, 64, 65, 67, 69, 72, 75, 77, 86, 88, 93, 102, 105
WERNER, M. 77
Wicker Frosch, Mainzer Scholaster 45
WIDMER, A. 115
Wido, Markgf. der Bretagne 15
WIEBROCK, I. 74
WIELAND, CH. 89
Wilhelm, Sohn des Gf. Bernhard v. Septimanien 15
WILKE, S. 98
WILLOWEIT, D. 81, 109, 110, 113
Wittelsbacher 45
WITTER, K. 85
WITTICH, W. 82, 92
WITZEL, W.H. 93, 94
WOHLFEIL, R. 116
WOLFRAM, H. 94
WOLLASCH, J. 75, 86, 91
Württemberg, Grafen bzw. Herzöge v. 46, 49

Zähringen, Herzöge v. 20
ZEGLIN, D. 96
ZEUNE, J. 78
ZIELINSKI, H. 96
ZMORA, H. 116
ZOTZ, TH. 63, 72, 75, 91–93, 96, 98–100, 104
ZUTT, H. 87

2. Orte, Länder und Regionen

Andelot 8
Aquitanien 35
Augsburg 43
Austrasien 7

Baden 43, 110
Bamberg 43
Bayern 20, 22, 40, 41, 84, 94, 107, 108, 110
Böhmen 39, 42
Brandenburg 43
Braunschweig 49, 94
Burgund 7

Coulaines 15
Courtrai 52
Crécy 52

Dingolfing 9

Ebersheim 32
Elsass 28, 32
Erstein 32

Flandern 16
Franken 28, 40, 41, 49, 107
Freiburg 98
Friedberg 41, 111
Fulda 75

Gallien 5
Goslar 98
Göttingen 99

Halberstadt 98, 110
Hirsau 26

Italien 16, 22, 29, 51, 73, 75, 102, 114

Jerusalem 37

Kärnten 43, 110
Kempten 43
Köln 43, 44, 98
Kortrijk 52
Krain 43

Le Puy 24
Lérins 5
Limburg 27
Lothringen 22, 73

Lübeck 99
Luxeuil 7

Mâcon 72, 100
Mainz 31, 43, 44
Meißen 43
Melfi 37
Morgarten 52

Namur 101
Neustrien 7
Normandie 16, 113

Oberbayern 49
Österreich 32, 39, 42, 94, 110

Paris 8
Pfalz 43
Pressburg 16
Preußen 37

Reichenau 32
Rom 37

Sachsen 20, 22, 28, 80, 84, 112
Salzburg 94
Schlesien 47
Schleswig-Holstein 47
Schwaben 20, 28, 40, 41
Sizilien 37
St. Blasien 26
St. Maximin (in Trier) 32
Stade 99
Steiermark 32, 43, 49, 94, 110
Straßburg 8, 44, 98

Trier 31, 32, 41, 43, 97

Uckermark 49

Vendôme 101
Vogtland 41

Weißenburg 32
Wetterau 40
Württemberg 43
Würzburg 43

Zollern 112
Zürich 99, 107

3. Sachen

adal 62
adalscalhae 9, 27
Adel als
- Gruppe 4, 75
- Idealtyp 3
- Kaste 4, 10, 69
- Klasse 4, 59, 63, 64, 67
- Lebensform 61, 62
- „Mehrzweck-Elite" 62
- mentale Konstruktion 3, 61, 62, 86
- (Ober-)Schicht 4, 7, 10, 14, 63–65, 69–71
- soziale Kategorie 4, 38, 107
- Stand 4, 24, 25, 63, 64, 69
Adel und „Nicht-Adel" s. „Nicht-Adel"
Adelsbriefe s. Briefadel, Wappenbriefe
Adelsfamilie s. Familienstruktur, Dynastie
Adelsgesellschaften 4, 38, 40, 41, 44, 47, 99, 112
Adelsgräber s. Gräber, Grabbeigaben
Adelsheil 59, 65, 66
Adelsheilige 65, 66 (s.a. Heiligenbild)
Adelsherrschaftstheorie 59, 63–66, 71
Adelskrise s. Krise des Adels
Adelskritik 1, 25, 45, 90
Adelsleitbild 14, 86
Adelsrenaissance 88
Adelssterben 50, 93, 110, 111
Agrarkrise 48, 113
Agrarverfassungsverträge 48
Ahnenproben 38, 44
amicitia-Bündnisse 17, 80
Amt, Ämter 6, 7, 10, 12, 15, 17, 19, 20, 27, 30, 33, 50–52, 58, 64, 71, 91, 99, 102, 105
Amtsadel 6, 64
anarchie féodale 72
Antrustionat, Antrustionen 6, 7
Archäologie, archäologische Quellen 5, 9, 66, 68, 69, 78
armiger 37
autogene Herrschaftsrechte, autogene Immunität 19, 43, 59, 60, 61, 67, 73, 78, 81, 82, 108, 115

Bamberger Hofrecht 28
Bauern und Ritter 25, 79, 102
Bauernfehde 115
Bauernunruhen 52
bellatores 24

Bettelorden 26
Bildung 14, 53, 86–88
Bischof, Bischofsamt 5–7, 12, 18, 22, 30, 31, 44, 66, 89, 96
Briefadel 46, 107
bürgerliche Ministerialität 33, 98
Burg, Burgen 9, 21, 30, 53, 59, 76–78, 111, 117
Burggraf 29, 46

Camaldulenser 26
Châtelain 16, 72
Christentum 7, 65, 90
cingulum militare s. Rittergürtel
civis et miles 96, 97
comes, comites s. Graf
comes civitatis 6
Constitutio de expeditione Romana 32

Deutscher Orden 26, 35, 89, 105
Dienstadel 6, 60
Dienstlehen 29, 31, 95
Dienstrechte s. Hofrechte
Dingolfinger Synode 9
dominus 29, 47
Domkapitel 38, 43, 44, 54, 57, 90
Doppelministerialität 94
Dorf, Dörfer
dux, duces s. Herzog
Dynastie 21, 42, 57, 75, 109 (s.a. Familienstruktur)
edel 2
edhilingui 10, 69

Edikt v. Paris 8
Eigenkirchen 7, 65
Einschildritter 23
Encellulement 73
Erziehung 14, 86, 87
Etymologie 62

Familien des hohen Adels 110–112, 114
Familien des niederen Adels 111, 112, 114
Familienstruktur 19–22, 68, 74–78, 91, 111
Fehde 18, 51, 52, 59, 115, 116
Feudaladel 59
Feuerwaffen 52

Frau 36, 87, 88, 103
Freies Eigen 19
Freiheit 1, 58, 60, 61, 92
frilingi 10
Fürst (Spätmittelalter) 38, 45, 81, 107, 108
„Fürstengesetze" Friedrichs II. 23, 109
Fürstenspiegel 14, 86
Fürstentum, Fürstentümer 15, 16, 72

Ganerbenburgen 111
Geblütsheiligkeit 59, 65 (s.a. Adelsheil)
Gefolgschaft 6, 12, 27, 59, 64
Gemeinfreie 58, 82, 84, 82, 84
genealogiae 9, 68
Genealogie 57
gentes 8, 68
Germanen, germanisch 5–7, 10, 12, 14, 27, 36, 58, 59, 64, 65, 68, 69, 74, 78, 82, 83, 86, 102, 105
Geschlechtergeschichte 62
Gesellschaftsmodelle, -theorie (zeitgenössische) 1, 14, 24, 79
Gleve 35
Gottesfriedensbewegung 24, 35, 87, 101
Gräber, Grabbeigaben 5, 7, 66–68
Graf, Grafschaft, Grafenwürde, *comes, comites* 5, 6, 16, 19, 20, 22, 27, 31, 39, 40, 42, 46, 47, 71, 73, 81, 84, 92, 102, 112
Grafen, gefürstete 46
Grafenverein, Grafengesellschaften 40, 112
Grafschaftsverfassung 20, 71
Grundherrschaft 13, 27, 48, 49, 52, 68, 73, 82–85, 91
Gutsherrschaft 49

Handgemal 63
Hausherrschaft 59, 67
Hausmeier 8
Heeresreform Karls des Großen 12
Heerschild, Heerschildordnung 23, 24, 30, 38, 81, 82
Heiligenbild, -viten 14, 25, 35, 65, 66, 87
Herrenstand 43, 59
Herrschaft 59, 60, 67, 68 (s.a. autogene Herrschaftsrechte, Hausherrschaft, Grundherrschaft)

Herzog, Herzogstitel, Herzogswürde, Herzogtum, *dux, duces* 8, 9, 15–17, 20, 22, 29, 72–74, 102 (s.a. Stammesherzogtum, Titularherzöge)
Herzogsfreie 60
Hof, fürstlicher 36, 42–44, 50, 54, 87, 109, 110
Hof, königlicher 36, 15, 36, 82, 86, 87
Hofämter 27, 91, 110
höfische Kultur 30, 34, 36, 54, 86, 96, 97, 99, 100
Hofkritik 103
Hoforden 44
Hofpfalzgraf 45, 107
Hofrat 42, 109
Hofrechte 27, 28, 31
Humanismus 53, 88

Immunität 59, 60, 67 (s.a. autogene Herrschaftsrechte)
Incastellamento 73
ingenui 10
Investiturstreit 18, 19
Inwärtseigen 30, 95

Jagd 36, 62, 79
Johanniter 35

Kanoniker, Kanonissen 25, 38, 57, 89–91
Kapitularien 11, 12, 70
Kaste 4, 10
Kirchenreform 25, 26, 35, 87, 90, 91 (s.a. Reformklöster)
Kirchenvogtei s. Vogtei
Klasse 4, 67
Kleiderordnungen 54, 79
Kleinadel 47
Kloster, -gründungen, Mönchtum 1, 5, 7, 22, 25, 26, 65, 83, 89–91, 93
Königsfreie 60, 84
Königsheil 8
Königshof s. Hof, königlicher
Konsensformel (in Kapitularien) 11, 12, 70
Konstitutionen von Melfi 37
Kreuzzug, Kreuzzugsgedanke 35, 50, 79, 104
Kriegertum, Kriegswesen 12, 13, 30, 34, 35, 51–53, 79, 92, 102–104, 110, 116 (s.a. Reiterkrieger)
Krise des Adels 48, 52, 54, 113–116
Krise des Feudalismus 113

Kurfürsten 23, 39, 42, 82

Laienäbte 15
Laienbrüder 26
Land (nach O. Brunner) 108, 115
Landesadel 11, 70
Landesherr, Landesherrschaft 23, 32, 33, 38, 39, 41–43, 46, 47, 49–53, 57, 58, 60, 73, 95, 97, 107–109, 114–117
Landflucht 48, 49
Landnahme 5
Landsknechte 53, 116
Landstände, Landstandschaft, landständiger Adel 32, 38, 39, 42–44, 47, 51, 109
Landtafeln 47
Lebensformen 61, 62
Lebensstil 62
Lehen, Lehnswesen 12, 13, 16, 17, 19, 23, 24, 27–30, 39, 41, 47, 71, 72, 81, 83, 94, 95, 96, 109, 111
Lehnsgesetze Konrads II. 22
Lehnsverzeichnisse 85
Leibeigenschaft 49
Lesen und Schreiben s. Bildung
Lex Alamannorum 9
Lex Baiuvariorum 9
Lex Burgundionum 8
Lex Salica 6, 7, 64, 65
Lex Saxonum 9
liber 9, 14, 39, 60
Limburger Klosterleute 28
litteratus-illitteratus 87

Matrikel 41, 47 (s.a. Reichsmatrikel)
Meliorat 33, 34, 54, 98
Memoria, Memorialquellen 22, 57, 62, 74, 76, 77, 91, 105
miles, milites, militia 33, 34, 35, 97, 98, 100–102, 105, 106
Militäradel 58, 64
Minnesänger 97
Mobilität, soziale s. soziale Mobilität
Mönchtum s. Kloster

Namengebung 75, 77
„Nicht-Adel" 4, 38, 47, 107
niederer Adel 30, 32–34, 37, 39, 44, 47, 50, 104, 111, 112, 115
niederer Klerus 90
nobilis, nobiles, nobilitas 2, 3, 6, 8–10, 12, 29, 47, 63–65, 68–70, 100

Nobilitierung 45, 107, 108

optimates 6, 8
ordo, ordines 4, 24, 28
ordo militaris, militum 36, 106
Ortsadel 47

Pactus Legis Alamannorum 8
Partikularadel 11
Patriziat 33, 34, 37, 54, 98
patrocinium 5
Patronatsrechte 50
potens, potentes 6, 14, 24, 79
Prämonstratenser 30
primarii gentis 9
primates 8
primores 6
princeps, principes 6, 8, 15, 22, 72
proceres 6, 8, 70
Prunkgrab 66
pugnatores 24

Rang 4, 6, 11, 18, 20–22, 27, 46, 57, 62, 64, 66, 73, 81, 88
Raubritter 51, 113, 115
Reformklöster, -orden 22, 25, 26, 28, 30, 32, 89–91, 93 (s.a. Kirchenreform)
Regionaladel 11
regna 72
Reichsaristokratie 11, 15–17, 69, 70, 73
Reichsburgmannschaften 41, 111
Reichsfürstenstand 22, 46, 81, 108
Reichskirchensystem 17, 81
Reichslandfriede (1495) 52
Reichsmatrikel 41, 46, 47
Reichsministerialität 19, 28, 29, 32, 41, 92–96, 112
Reichsritterschaft 41, 47, 112, 113
Reichstag 38–41, 82, 96, 113
Reichsunmittelbarkeit, reichsunmittelbar 39, 41, 43, 113
Reiterkrieger, -truppe 12, 30, 52, 53, 71, 92, 100, 116 (s.a. Kriegertum)
Renaissance 53, 88
Residenzen 44, 110
Rittergürtel 36, 105, 106
Ritterheilige 35 (s.a. Heiligenbild)
Ritterorden 26, 35, 38, 57, 105 (s.a. Templer-, Johanniter-, Deutscher Orden)
Ritterschlag 36

Ritterstand 33, 34, 36, 37, 99, 100, 105, 106
Ritterzettel 47
Rituale 62

Sachkultur 62, 79
Sachsenspiegel 23, 24, 29
Schenkungen 83
Schicht 4, 63
Schulwesen 86 (s.a. Bildung)
Schwabenspiegel 23
Schwertleite 36, 105, 106
Schwertsegen 36
scutifer 37
Selbstverständnis 74, 76, 77
Senatorenaristokratie 5, 6, 8, 10, 64
Siegel 21, 30
Sippe 21, 65, 74, 75
Söldner, Söldnertum 51, 53, 114, 116
soziale Mobilität 2, 6, 12, 16, 38, 46–48, 50, 55, 75, 77, 91–94, 95, 96, 101, 112, 114
Stadt 33, 37, 37, 40, 51, 53, 54, 97–99, 107, 115
Stadtadel 33, 98
Stadthöfe 54
Städtefeindschaft 99
Stammesadel 11, 59, 70
Stammesherzogtum 15, 20, 21, 72, 75
Ständedidaxe 87
Standeserhebungen 45–47, 107, 108
Stiftergräber 67

Stiftsadel 45
Stiftskirchen 45, 90

Teilhabe am Reich 18
Templerorden 25, 35
Testamente 83
Titularherzöge 20
Tugend, Tugendadel, 1, 3, 14, 25, 35, 37, 45, 86, 87, 102, 103
Tugendsystem 102
Turnier, Turnieradel 32, 36, 38, 40, 47, 54, 99, 103, 104, 107

Universität 43, 53, 54, 88, 89
uodal 62
„Uradel", gemanischer 5, 6
Urbare 85

Verfall des Rittertums 103
Villikationsverfassung 48, 85
Vogtei 20, 22, 41, 50

Wappen 21, 30, 45, 78
Wappenbriefe 107
Weistümer 48
Wergeld 6, 9, 10, 64, 65
Wormser Hofrecht 27
Wormser Konkordat 18

Zensualität 93
Zisterzienser 26, 30
„Zunftkämpfe" 33

Enzyklopädie deutscher Geschichte
Themen und Autoren

Mittelalter

Agrarwirtschaft, Agrarverfassung und ländliche Gesellschaft im Mittelalter (Werner Rösener) 1992. EdG 13	Gesellschaft
Adel, Rittertum und Ministerialität im Mittelalter (Werner Hechberger) 2. Aufl. 2010. EdG 72	
Die Stadt im Mittelalter (Frank Hirschmann) 2009. EdG 84	
Die Armen im Mittelalter (Otto Gerhard Oexle)	
Frauen- und Geschlechtergeschichte des Mittelalters (Hedwig Röckelein)	
Die Juden im mittelalterlichen Reich (Michael Toch) 2. Aufl. 2003. EdG 44	
Wirtschaftlicher Wandel und Wirtschaftspolitik im Mittelalter (Michael Rothmann)	Wirtschaft
Wissen als soziales System im Frühen und Hochmittelalter (Johannes Fried)	Kultur, Alltag, Mentalitäten
Die geistige Kultur im späteren Mittelalter (Johannes Helmrath)	
Die ritterlich-höfische Kultur des Mittelalters (Werner Paravicini) 2. Aufl. 1999. EdG 32	
Die mittelalterliche Kirche (Michael Borgolte) 2. Aufl. 2004. EdG 17	Religion und Kirche
Mönchtum und religiöse Bewegungen im Mittelalter (Gert Melville)	
Grundformen der Frömmigkeit im Mittelalter (Arnold Angenendt) 2. Aufl. 2004. EdG 68	
Die Germanen (Walter Pohl) 2. Aufl. 2004. EdG 57	Politik, Staat, Verfassung
Das römische Erbe und das Merowingerreich (Reinhold Kaiser) 3., überarb. u. erw. Aufl. 2004. EdG 26	
Das Karolingerreich (Jörg W. Busch)	
Die Entstehung des Deutschen Reiches (Joachim Ehlers) 3., um einen Nachtrag erw. Aufl. 2010. EdG 31	
Königtum und Königsherrschaft im 10. und 11. Jahrhundert (Egon Boshof) 3., aktual. und um einen Nachtrag erw. Aufl. 2010. EdG 27	
Der Investiturstreit (Wilfried Hartmann) 3., überarb. u. erw. Aufl. 2007. EdG 21	
König und Fürsten, Kaiser und Papst nach dem Wormser Konkordat (Bernhard Schimmelpfennig) 1996. EdG 37	
Deutschland und seine Nachbarn 1200–1500 (Dieter Berg) 1996. EdG 40	
Die kirchliche Krise des Spätmittelalters (Heribert Müller)	
König, Reich und Reichsreform im Spätmittelalter (Karl-Friedrich Krieger) 2., durchges. Aufl. 2005. EdG 14	
Fürstliche Herrschaft und Territorien im späten Mittelalter (Ernst Schubert) 2. Aufl. 2006. EdG 35	

Frühe Neuzeit

Bevölkerungsgeschichte und historische Demographie 1500–1800 (Christian Pfister) 2. Aufl. 2007. EdG 28	Gesellschaft

Umweltgeschichte der Frühen Neuzeit (Reinhold Reith)
Bauern zwischen Bauernkrieg und Dreißigjährigem Krieg (André Holenstein) 1996. EdG 38
Bauern 1648–1806 (Werner Troßbach) 1992. EdG 19
Adel in der Frühen Neuzeit (Rudolf Endres) 1993. EdG 18
Der Fürstenhof in der Frühen Neuzeit (Rainer A. Müller) 2. Aufl. 2004. EdG 33
Die Stadt in der Frühen Neuzeit (Heinz Schilling) 2. Aufl. 2004. EdG 24
Armut, Unterschichten, Randgruppen in der Frühen Neuzeit (Wolfgang von Hippel) 1995. EdG 34
Unruhen in der ständischen Gesellschaft 1300–1800 (Peter Blickle) 1988. EdG 1
Frauen- und Geschlechtergeschichte 1500–1800 (N. N.)
Die deutschen Juden vom 16. bis zum Ende des 18. Jahrhunderts (J. Friedrich Battenberg) 2001. EdG 60

Wirtschaft
Die deutsche Wirtschaft im 16. Jahrhundert (Franz Mathis) 1992. EdG 11
Die Entwicklung der Wirtschaft im Zeitalter des Merkantilismus 1620–1800 (Rainer Gömmel) 1998. EdG 46
Landwirtschaft in der Frühen Neuzeit (Walter Achilles) 1991. EdG 10
Gewerbe in der Frühen Neuzeit (Wilfried Reininghaus) 1990. EdG 3
Kommunikation, Handel, Geld und Banken in der Frühen Neuzeit (Michael North) 2000. EdG 59

Kultur, Alltag, Renaissance und Humanismus (Ulrich Muhlack)
Mentalitäten **Medien in der Frühen Neuzeit (Andreas Würgler) 2009. EdG 85**
Bildung und Wissenschaft vom 15. bis zum 17. Jahrhundert (Notker Hammerstein) 2003. EdG 64
Bildung und Wissenschaft in der Frühen Neuzeit 1650–1800 (Anton Schindling) 2. Aufl. 1999. EdG 30
Die Aufklärung (Winfried Müller) 2002. EdG 61
Lebenswelt und Kultur des Bürgertums in der Frühen Neuzeit (Bernd Roeck) 1991. EdG 9
Lebenswelt und Kultur der unterständischen Schichten in der Frühen Neuzeit (Robert von Friedeburg) 2002. EdG 62

Religion und **Die Reformation. Voraussetzungen und Durchsetzung (Olaf Mörke) 2005.**
Kirche **EdG 74**
Konfessionalisierung im 16. Jahrhundert (Heinrich Richard Schmidt) 1992. EdG 12
Kirche, Staat und Gesellschaft im 17. und 18. Jahrhundert (Michael Maurer) 1999. EdG 51
Religiöse Bewegungen in der Frühen Neuzeit (Hans-Jürgen Goertz) 1993. EdG 20

Politik, Staat, **Das Reich in der Frühen Neuzeit (Helmut Neuhaus) 2. Aufl. 2003. EdG 42**
Verfassung Landesherrschaft, Territorien und Staat in der Frühen Neuzeit (Joachim Bahlcke)
Die Landständische Verfassung (Kersten Krüger) 2003. EdG 67
Vom aufgeklärten Reformstaat zum bürokratischen Staatsabsolutismus (Walter Demel) 2., um einen Nachtrag erw. Aufl. 2010. EdG 23
Militärgeschichte des späten Mittelalters und der Frühen Neuzeit (Bernhard R. Kroener)

Themen und Autoren 167

Das Reich im Kampf um die Hegemonie in Europa 1521–1648 (Alfred Kohler) 1990. EdG 6
Altes Reich und europäische Staatenwelt 1648–1806 (Heinz Duchhardt) 1990. EdG 4

Staatensystem, internationale Beziehungen

19. und 20. Jahrhundert

Bevölkerungsgeschichte und Historische Demographie 1800–2000 (Josef Ehmer) 2004. EdG 71
Migration im 19. und 20. Jahrhundert (Jochen Oltmer) 2010. EdG 86
Umweltgeschichte im 19. und 20. Jahrhundert (Frank Uekötter) 2007. EdG 81
Adel im 19. und 20. Jahrhundert (Heinz Reif) 1999. EdG 55
Geschichte der Familie im 19. und 20. Jahrhundert (Andreas Gestrich) 1998. EdG 50
Urbanisierung im 19. und 20. Jahrhundert (Klaus Tenfelde)
Von der ständischen zur bürgerlichen Gesellschaft (Lothar Gall) 1993. EdG 25
Die Angestellten seit dem 19. Jahrhundert (Günter Schulz) 2000. EdG 54
Die Arbeiterschaft im 19. und 20. Jahrhundert (Gerhard Schildt) 1996. EdG 36
Frauen- und Geschlechtergeschichte im 19. und 20. Jahrhundert (N. N.)
Die Juden in Deutschland 1780–1918 (Shulamit Volkov) 2. Aufl. 2000. EdG 16
Die deutschen Juden 1914–1945 (Moshe Zimmermann) 1997. EdG 43

Gesellschaft

Die Industrielle Revolution in Deutschland (Hans-Werner Hahn) 2., durchges. Aufl. 2005. EdG 49
Die deutsche Wirtschaft im 20. Jahrhundert (Wilfried Feldenkirchen) 1998. EdG 47
Agrarwirtschaft und ländliche Gesellschaft im 19. Jahrhundert (N.N.)
Agrarwirtschaft und ländliche Gesellschaft im 20. Jahrhundert (Ulrich Kluge) 2005. EdG 73
Gewerbe und Industrie im 19. und 20. Jahrhundert (Toni Pierenkemper) 2., um einen Nachtrag erw. Auflage 2007. EdG 29
Handel und Verkehr im 19. Jahrhundert (Karl Heinrich Kaufhold)
Handel und Verkehr im 20. Jahrhundert (Christopher Kopper) 2002. EdG 63
Banken und Versicherungen im 19. und 20. Jahrhundert (Eckhard Wandel) 1998. EdG 45
Technik und Wirtschaft im 19. und 20. Jahrhundert (Christian Kleinschmidt) 2007. EdG 79
Unternehmensgeschichte im 19. und 20. Jahrhundert (Werner Plumpe)
Staat und Wirtschaft im 19. Jahrhundert (Rudolf Boch) 2004. EdG 70
Staat und Wirtschaft im 20. Jahrhundert (Gerold Ambrosius) 1990. EdG 7

Wirtschaft

Kultur, Bildung und Wissenschaft im 19. Jahrhundert (Hans-Christof Kraus) 2008. EdG 82
Kultur, Bildung und Wissenschaft im 20. Jahrhundert (Frank-Lothar Kroll) 2003. EdG 65

Kultur, Alltag und Mentalitäten

168 Themen und Autoren

Lebenswelt und Kultur des Bürgertums im 19. und 20. Jahrhundert
(Andreas Schulz) 2005. EdG 75
Lebenswelt und Kultur der unterbürgerlichen Schichten im 19. und
20. Jahrhundert (Wolfgang Kaschuba) 1990. EdG 5

Religion und Kirche, Politik und Gesellschaft im 19. Jahrhundert (Gerhard Besier)
Kirche 1998. EdG 48
Kirche, Politik und Gesellschaft im 20. Jahrhundert (Gerhard Besier)
2000. EdG 56

Politik, Staat, Der Deutsche Bund 1815–1866 (Jürgen Müller) 2006. EdG 78
Verfassung Verfassungsstaat und Nationsbildung 1815–1871 (Elisabeth Fehrenbach)
2., um einen Nachtrag erw. Aufl. 2007. EdG 22
Politik im deutschen Kaiserreich (Hans-Peter Ullmann) 2., durchges. Aufl.
2005. EdG 52
Die Weimarer Republik. Politik und Gesellschaft (Andreas Wirsching)
2000. EdG 58
Nationalsozialistische Herrschaft (Ulrich von Hehl) 2. Aufl. 2001. EdG 39
Die Bundesrepublik Deutschland. Verfassung, Parlament und Parteien
(Adolf M. Birke/Udo Wengst) 2., überarb. und erw. Aufl. 2010). EdG 41
Militär, Staat und Gesellschaft im 19. Jahrhundert (Ralf Pröve) 2006. EdG 77
Militär, Staat und Gesellschaft im 20. Jahrhundert (Bernhard R. Kroener)
Die Sozialgeschichte der Bundesrepublik Deutschland bis 1989/90 (Axel
Schildt) 2007. EdG 80
Die Sozialgeschichte der DDR (Arnd Bauerkämper) 2005. EdG 76
Die Innenpolitik der DDR (Günther Heydemann) 2003. EdG 66

Staatensystem, Die deutsche Frage und das europäische Staatensystem 1815–1871
internationale (Anselm Doering-Manteuffel) 3., um einen Nachtrag erw. Aufl. 2010.
Beziehungen EdG 15
Deutsche Außenpolitik 1871–1918 (Klaus Hildebrand) 2. Aufl. 1994. EdG 2
Die Außenpolitik der Weimarer Republik (Gottfried Niedhart)
2., aktualisierte Aufl. 2006. EdG 53
Die Außenpolitik des Dritten Reiches (Marie-Luise Recker) 1990. EdG 8
Die Außenpolitik der Bundesrepublik Deutschland 1949 bis 1990 (Ulrich
Lappenküper) 2008. EdG 83
Die Außenpolitik der DDR (Joachim Scholtyseck) 2003. EDG 69

Hervorgehobene Titel sind bereits erschienen.

Stand: (März 2010)

www.ingramcontent.com/pod-product-compliance
Lightning Source LLC
Chambersburg PA
CBHW020412230426
43664CB00009B/1261